长安史迹研究

[日]足立喜六——著
王双怀 淡懿诚 贾云——译

《丝路·长安国际译丛》（第一辑）

主编 王双怀 高兵兵

三秦出版社
陕西新华出版传媒集团

图书在版编目（CIP）数据

长安史迹研究 /（日）足立喜六著 ；王双怀，淡懿诚，贾云译. — 西安 ：三秦出版社，2021.7(2022.7重印)
（丝路·长安国际译丛 / 王双怀，高兵兵主编. 第一辑）
ISBN 978-7-5518-2410-1

Ⅰ. ①长… Ⅱ. ①足… ②王… ③淡… ④贾… Ⅲ. ①名胜古迹—研究—西安 Ⅳ. ①K928.704.11

中国版本图书馆CIP数据核字(2021)第125616号

长安史迹研究

[日] 足立喜六 著 王双怀 淡懿诚 贾云 译

出版发行	陕西新华出版传媒集团 三秦出版社
社　　址	西安市雁塔区曲江新区登高路1388号
电　　话	(029) 81205236
邮政编码	710061
印　　刷	陕西隆昌印刷有限公司
开　　本	720mm×1020mm 1/16
印　　张	22.75
字　　数	306千字
版　　次	2021年7月第1版
印　　次	2022年7月第2次印刷
标准书号	ISBN 978-7-5518-2410-1
定　　价	115.00元
网　　址	http://www.sqcbs.cn

《丝路·长安国际译丛》（第一辑）编委会

《丝路·长安国际译丛》序

由王双怀和高兵兵教授主编并由他们与徐璐、翁建文等西大学人分别翻译的《丝路·长安国际译丛》即将付梓，兵兵教授邀我写几句话。我对口语翻译及该领域在日本的研究现状都不懂，本应婉谢，之所以要说几句捧场的话，是因为以下三端：

首先是对高兵兵教授事业的支持。兵兵六年前从日本大阪大学获博士学位，学成归来，给她开出诱人待遇与条件的学术机构很多，兵兵选择了西北大学文学院，这对我校刚刚起步的对外汉语专业是一个很有力的支持。她在紧张的教学之余，很快调整工作状态，以适应国内的教学科研环境。先后推出一系列有关日本汉诗及汉文学研究的成果，而且主办了多场国际学术会议。由于她的成果突出，当时成了西北大学文科第一批通过特别评审晋升教授的归国人员，一时很引人关注。兵兵并没有满足于已经取得的成绩，几年前就吐露出要进行日本长安学研究翻译一事，并积极申报课题，一转眼已经有第一批成果问世，确实是值得祝贺的。

其次是给我提供先睹为快的机会。日本学界对该领域的研究状况我无法准确评判，但本辑中的几部著作如《长安的都市规划》（妹尾达彦著，高兵兵译）、《唐代长安镇墓石研究》（加地有定著，翁建文、徐璐译），仅从题目上我就特别喜欢。原著者在日本都是该领域的翘楚，很多年前我就拜读过妹尾教授研究唐代文人生活状况的大作，还多次引用过他关于白居易等文人在长安、洛阳等地居住的研究成果。印象中，妹尾先生与陕西学界联系较多，听说他曾师从著名史学家史念海先生。二十世纪八十年代中后期，我也在师大随霍松林先生读书，校园中曾多次见过他进行学术交流的海报，可惜当时忙忙碌碌，没有聆听并拜见，这次通过兵兵教授的翻译，比较系统地了解了妹尾先生关于长安都市规划的学术见解。几位日本学人的成果，所讨论的问题既深入又细致，既可以帮助我们了解该专题的学术前沿，又可以让我们略窥日本汉学学风之一斑。

再次是提供了长安学研究的“他者”视角。据我的不完全了解，国内关于长安的研究也正方兴未艾。仅以陕西学界而言，李炳武先生曾主持编辑皇皇十多册的《长安学丛书》，王军、陈学超先生曾以长安学申报西安市社科重大课题，并在陕西师范大学设立长安学的学位点。张新科先生主编《长安学研究》杂志，已经推出多期成果。陕西师范大学和西安文理学院都以长安学作为重点研究方向，特别是陕西师范大学将以长安研究作为申报协同创新研究平台的重要项目。可见长安研究已由原来荒寒冷僻的专家之学，变成今日各方关注的显学。海外的研究，特别是与中国文化关系密切的日本研究，也是一个重要的它山之石。国内特别是陕西学界不能忽视这个视角，以避免做低水平重复性的简单工作。高兵兵、徐璐、翁建文等学者的努力，无疑是在为这个领域做最基础的铺路垫石工作。由于目前的科研体制所限，重著述轻翻译，助推了浮躁的学风。故高兵兵和她的团队正在做的这项扎实工作，更值得学术界的肯定。

当然，翻译本身也有它的学术标准，董桥先生认为优秀的译作应该是原作者与译者的“门当户对”。故如何在遵守专业规范的同时使译笔更流畅准确，既符合原文的行文风格，又有清通畅达的汉语，确实有难度。本人没有过翻译实践，只是随意说说而已，说得多了就要出乖露丑了，就此打住。

李浩

2012 年 10 月 25 日

旅次渝州

总　序

长安曾是周、秦、汉、唐等中国最重要朝代的都城，是中华文化的根基所在。它曾是世界上最大的都市，地处中原腹地，东西贯通、南北交会、政经繁荣、文化灿烂，是世界各国、各族人民向往的地方。其发达、灿烂的文化对丝绸之路沿线以及整个世界都产生过巨大的影响。

“长安”不仅是一个城市、一个地名，它可以说是中国文化中一个重要的文化符号。近年来，随着中国国际地位的日益提升以及影响力的扩大，中国对自己的文化如何向外传播格外重视起来。鉴于古都长安在中国传统文化中的核心地位以及历史上曾经享有的国际地位，我们迫切需要了解古代长安文化对世界的影响。

古代长安所在的西安市，继作为国家西部大开发龙头城市之后，又被公认为世界遗产“丝绸之路”的起点，迎来了前所未有的发展契机。在这样的情况下，我们必须要以国际化的视野来重新审视西安的历史与未来。了解古代长安的国际影响，将对我们把西安建设成为国家中心城市起到重要的借鉴作用。

研究长安的国际影响，一方面需要了解长安文化在域外的传播及本土化过程，另一方面需要了解国外学界是如何研究长安的。

关于前者，近年来，丝绸之路的国际合作研究、遣唐使及东亚留学生的国际合作研究等已经蓬勃开展，像日本遣唐使井真成墓志、百济祢氏家族墓志的保存和研究等，使古代长安历史文化的研究上了一个新台阶。本人所在的西北大学，近年来在丝绸之路及东亚研究两方面都取得了丰硕的成果，如以井真成墓志的保存为契机的与日本专修大学的合作研究，已在中国和日本同时出版了论集《长安都市文化与朝鲜、日本》。

但关于后者，即国外学界研究长安文化的成果，却几乎都没有被介绍到国内来。如日本著名唐史学家石田幹之助（1891—1974）博士研究唐代长安文化的名著《长安之春》（1941），自问世以来，在日本多次再版，经久不衰，该书既有翔实的考证，又充满着浪漫气息，可以说，就是这部书，让广大日本人民对古长安也对今天的西安心驰神往。这么重要的著作，在韩国似已有译本，但还没有中译本，这不能不说是长安文化研究的重要缺失。再如新一代的中国研究专家、专门从事中国都市史研究的妹尾达彦（1952—）博士的专著《长安的都市规划》，以新锐的全球化视角，把唐代长安城放到欧亚大陆及世界文明发展史中来重新审视；同时又从儒家文化的角度分析了唐长安城的结构，并与中国其他都城做了比较；他还以自己独特的视角，对唐长安城内的生活情境进行考查和描述，此书可谓是21世纪长安研究的代表作，具有很强的可读性，目前在日本市场已经售罄，该书在韩国也已经被翻译出版，而中译本还没有问世。

以上虽仅以日本为例，但可以见得，古代长安文化国际研究成果的引入，目前在国内还基本上处于空白。"它山之石，可以攻玉"，作为一个西安学者、一个古长安文化的后继者，我深感自己有责任传承和发扬长安的历史文化，更有责任将国际上研究长安文化的丰富成果在国内加以推介。

以上就是我们主编本套丛书的初衷。我相信，这项事业，将对今后西安地域文化发展、促进古代长安文化研究的国际化以及弘扬中华民族伟大传统精神，做出重要的贡献。

丝绸之路沿线及西方世界，历史上与长安交往的时间长短、层次范围均不相同，因此应不同对待。比起现代欧美诸国，东亚、中亚诸国与长安文化往来的历史较长，受长安所代表的中国文化的影响也要深远得多。在中亚、东亚诸国，研究长安文化就等于研究各国自身古代与中国的交流史，因此，这些国家在对长安文化的关注度上，以及有关长安的文献和当代研究成果方面，都要远远超出欧美各国。尤其是朝鲜、日本等东亚诸国，自古受到中国文化的全面影响，他们使用汉字，学习以儒家经典为核心的汉文典籍，接受儒、释、道等中国思想价值体系，与古代长安的交流广泛而深入，使节往来频繁。他们从都城长安带去当时最先进的中国文化，可以说，长安文化已经融入到他们自身的文化体系当中。

鉴于以上理由，本丛书将首先介绍东亚诸国对长安的研究。加之本人所学的专业及研究范围所限，第一阶段将主要集中在日本成果的推介，然后再扩大到朝鲜半岛以及世界其他各国。今后成果推介范围的扩大，还要依靠西北大学各相关学科和研究团队的加盟，以及国际合作研究的蓬勃开展。

本套丛书从策划到第一批译著问世，再到今日的再版修订，已过去了十年，其间，许多这方面的成果也陆续问世，如妹尾达彦继《长安的都市规划》后，又有《隋唐长安与东亚比较都城史》（中文版，西北大学出版社，2019 年）及《全球史》（日文版，中央大学出版部，2018 年）等新著，其他日、韩学者也不乏新著出现。我们一定再接再厉，期待着这套丛书今后能源源不断注入新的血液！

另外，本丛书并不局限于研究专著，只要是与长安历史文化相关的内容，我们都将广泛吸纳。以往已经在国内翻译出版的一些零散的译著，如有必要，我们也会重新组织翻译。国际上研究长安的优秀单篇论文，我们也会将其陆续以专题论文集的形式加以介绍。

本丛书的问世，离不开西安这块地域，离不开长安厚重的历史文化底蕴，离不开陕西强大的人文学科优势。在此谨对西北大学李浩教授和陕西师范大学杜文玉教授、王双怀教授等人的大力支持表示诚挚的感谢！本人除了编好这套丛书，无以为报。

本丛书选择由三秦出版社出版，也是有特殊缘由的。三秦出版社一直致力于古代长安丰富文献资源的发掘和最新长安研究成果的推介，与长安历史文化相关书籍的出版发行，非其莫属。再者，该社之前就已经出版过一些国际上与长安有关的译著了，如日本教师足立喜六的《长安史迹研究》、吉川幸次郎之子吉川忠夫的《秦始皇》等，这也让我自然而然地想到了三秦出版社。在此也感谢三秦社总编辑赵建黎先生、副总编辑贾云先生的信任和支持，希望这项事业结出累累硕果！

最后，期待广大读者能够喜欢这套丛书。

高兵兵

2021 年 7 月

于长安蜗居

《长安史迹研究》新译本序

日本学人足立喜六的《长安史迹研究》，是一部有价值的著作，三秦出版社出版它的新译本，确实是件好事。

足立喜六应聘于清光绪三十二年（日本明治三十九年，公元1906年）至宣统二年（明治四十三年，公元1910年）在西安的陕西高等学堂任教习，利用他的数学、物理知识，对西安及其附近的历史遗迹进行实地考察并做了测绘，回国后写成这部《长安史迹研究》，列入《东洋文库论丛》出版问世。其经过以及著述体例，已备详于他所写的小引。日本史学界的那波利贞给写了序，肯定了它的学术价值。

研究我们中国自己的历史和文化，我认为足立这部书也确有其用处。

众所周知，对长安历史遗迹作记述和研究，早的宋代有宋敏求的《长安志》和程大昌的《雍录》，元代有骆天骧的《类编长安志》和李好文的《长安志图》。到清代还有乾隆时毕沅的《关中胜迹图志》，嘉庆时董祐诚等的《长安县志》和《咸宁县志》，以及嘉庆道光时徐松的《唐两京城坊考》。可进入近代却一度中断了。足立这部著作正好填补了这个空白，把清末的实际情况详细地记录了下来。本书不仅可以和毕沅、董祐诚、徐松等的著作相比对，且可让今天的同胞们回顾旧时代西安的面目，以振奋起开发西部的雄心壮志。

正如古人所说的"物换星移几度秋"，20世纪初西安及其附近的景物，今天单凭想象是不容易描画出来了。足立这部书给我们提供了多至170张的图片，绝大部分都是他在当时一一拍摄，然后制版印出的，这就成为要了解当时的情况，尤其是若干文物的实况的重要依据。例如著名的昭陵六骏，四骏如今陈列在西安碑林博物馆，二骏却流落在美国，并且都受到了人为的损伤，而足立所摄尚是六骏当年在昭陵的原状。还有今天也在碑林博物馆的唐睿宗撰书铭文的景云年铜钟，足立则摄到了它当年高悬迎祥观的景象。近年来旧照片颇被珍视，这些文物旧照片应该倍加可贵。

过去虽有如上所说多种记述长安的著作，都不曾对遗迹做过比较科学的测量，做测量图绘也是始于足立这部书，其成果多已印作本书的插图。同时，足立这部书对我国古代的尺度、里程也作了计算推测，花了不少气力。当然，由于足立毕竟只是一位自然科学工作者，而并非专门从事历史文献研究的，所以在运用史料以及所作考证上往往不能令人十分满意。这也不要紧，将阅读作为参考而不轻率信从就行了。还有一些是后来的新发现，如熹平石经残石和正始石经的大块残石在洛阳出土，已到民国时候，所以作者在书里会说“俱已亡佚，不能见到片石”。朱雀门街之西第一街第一坊坊名善和，第二坊坊名通化，宋敏求《长安志》虽缺失，仍见于《类编长安志》，近年来才被我和辛德勇博士考证清楚，此书自只能沿用徐松《唐两京城坊考》第一坊坊名光禄、第二坊坊名殖业的错误猜测。这些我们都应该知道，但不能以此来苛求足立。

足立这部书曾有杨錬的译本，民国二十四年九月商务印书馆初版印行。惟印数不多，至今已很难找见。而且可能为了节省工本，珍贵的图片只选印了 52 张，译文也有些不必要的节略。因此王双怀博士、淡懿诚先生和贾云先生重新翻译出这个新本子，以应读者的需求。此次新译，为保留原文原貌对于“回教”等一些表述不作修改，原文已尽量译出，170 张图片也全数精印，使这部著作充分显示出其学术上的作用。

黄永年谨序

2002 年 10 月 12 日

序

隋文帝开皇二年（582）六月，以左仆射高颎为总裁，由太子左庶子宇文恺创制，在将作大匠刘龙、工部尚书钜鹿郡公贺娄子干、太府少卿尚龙义等人的监督指挥下，开始创修大兴城。唐太宗贞观八年（634）以来增筑大明宫（蓬莱宫），同时分割翊善、永昌二坊之地，增设光宅、来廷二坊。唐玄宗开元二年（714）将原来的五王子宅改为兴庆宫，兴庆坊随之消失。开元十四年（726）及二十年（732）两次开拓兴庆宫，使胜业、安兴、永嘉、政道四坊及东市面积缩小。此外，开元十六年（728）一月后还增筑了夹城。上述情况虽使唐都长安有所变迁，但其宫城、皇城和外郭城等主体部分的规模制度，大体上皆因袭隋代之旧。

在中国历代都城乃至中国历代的大都市中，唐都长安从各方面来看都是值得关注的。其一，从都市规划方面来看，西晋首都洛阳城、北宋东京开封府城、元大都燕京城以及明清首都北京城，都是按照《周礼·冬官考工记》匠人条和《礼记》礼器图朝市廛里条的有关记载，采用中国传统的理想都市计划，即所谓前朝后市、左祖右社、中央宫阙、左右民廛。而唐都长安城的中央部分位于都城的北部，东西两市左右相对，分别位于宫阙东南和西南的郭城之内。这实际上是违背前朝后市之制的。其二，唐都长安坊里、街道的区划规模壮大豁达，这对于都市居民实际生活的便利是自不待言的。无论如何，都市计划规模雄壮浑厚，不仅实现了自古以来中国有识之士所追求的理想的首都设计方案，而且成为世界上的壮观。其三，唐都长安是东方诸国都市规划的楷模。东洋诸国首都，特别是我们日本奈良的平城京和京都的平安京就是模仿这种规划的结果。长安城的都市行政、警察制度和市场贸易的实际状况，以及廛铺样式等一切都市生活内容，酝酿了日本王朝时代的都市生活。唐风促进了我国上代文化的发达。所以研究日本平城京和平安京，考察日本王朝时代的士民生活，可以以此作为比较的基准。其四，从东汉开始，流传影响于中国的外国文化日益显著，遂与隋唐尤其是唐代中国固有的文化浑然融合。这种文化的精华在唐长安城朝野人士的生活中有明显的反映。通观中国文化发展史，长安作为划时代的文化舞台，其意义确实是很重大的。其五，作为日本遣唐使和留学生等人的逗留地，长安城内外的风华景物，为日本国民所熟知并得以彻底模仿。其凤阙龙楼之驳娑、道观佛刹之轮奂、金姿宝颜之色相、南郊祭天之典礼等等，或传载于我国的典籍，或摹写于我国的宫观，或残留于我国的遗迹遗物之中。探讨其层楼、阙殿、荒冢、残碑的缘由与现状，研究其人民、城郭、风土及食货轻重等方面的往事，仿佛一一发生在眼前。这在日本人看来是很有趣的事。同时，以此作为学术研究的对象，固有重要的价值，这是不言而喻的。

唐都长安自天复四年（904）正月朱全忠挟持唐昭宗东迁后，即遭到人为的破坏。其宫殿、百司、民屋的木材，被从渭水经黄水浮运到洛阳。此事酷似日本平氏福原迁都的情景，是一出令人悲哀的历史剧。同年三月，在长安城修建作为佑国军节度使治所的奉元城时，仅以盛唐时期的皇城为中心，只不过是在其北面和东面略有扩展而已。此后一千多年间，其规模几乎没有变更。直至今日，西安府城仍然是沿袭其旧。因此，说唐都长安在天复四年以后已奄奄沦为废墟，绝不是夸大之词。

由于上述原因，憧憬隋唐盛况而考核其疆域坊制、调查其故迹旧址并试图复原作图的学者不乏其人。如北宋宋敏求撰《长安志》二十卷，元代李好文撰《长安志图》三卷，清代徐松撰《唐两京城坊考》五卷，陆耀遹、董祐诚编嘉庆《重修咸宁县志》二十六卷，张聪贤、董曾臣等编《长安县志》三十六卷，程鸿诏撰《唐两京城坊考校补记》。这些研究成果均已付梓。此外，唐人韦述的《两京新记》逸文、宋人张礼的《游城南记》、明人赵崡的《游城南记》① 等，亦互为表里，足资研究之用。其中，徐松的著作以宋敏求所著为蓝本，较之更为精细。《咸宁县志》的研究注重对文物古迹的考证，进一步追求准确。以上两书都堪称是上乘之作，但其实地测量的数据，则不能说极为精确已完全符合实际。在西方学者中，法国人亨利·夏鸣雷虽在《西安府景教碑考》第2卷1895年版中论及此事，但大体上只是祖述《咸宁县志》的研究。其《唐代的长安》一节中的《近代西安府》与《古代长安》二图，也不过是转载《咸宁县志》中的《唐京城总图》与《今城唐城合图》罢了。

本书著者足立喜六先生是静冈县磐田郡袖浦村字冈人，明治三十一年（1898）毕业于东京高等师范学校。明治三十九年（1906）春，应清政府招聘，出任陕西省西安府的陕西高等学堂教习，至明治四十三年（1910）春，始返回日本。侨居该地期间，利用讲课之余，调查西安附近史迹。明治四十年（1907）秋，遇桑原骘藏博士偕宇野哲人博士来游陕西。因得到博士指导，深受感动，决心完成研究长安史迹的夙愿，应用他在数学、物理学方面的知识，致力于遗址的测量，并草拟成了初稿。任满归国后，在担任爱知县立第一高等女子学校及一宫高等女子学校教职期间，为完成研究更加努力。到昭和元年（1926），终于定稿。昭和三年（1928）请求桑原博士校阅此稿，并请博士代为斡旋刊行之事。

---

①译者按：赵崡所撰《游城南》凡五千字。此处“记”字当为衍文。

著者此项研究的目的，主要是从对遗址进行实地调查的角度出发，复原唐都长安的城坊范围，并与文献记载和今人的研究成果相对照，从而订正前人的谬误，使研究的结果更加精确。书中详细记述了长安县、咸宁县、咸阳县、三原县、高陵县、临潼县、泾阳县、鄠县、盩厔县、兴平县、醴泉县等县及乾州历代史迹的现状，以追溯符合历史原貌的情景。关于前者，一方面以《咸宁县志》为据，实地勘察测量今日池底村（唐代鱼藻池遗址）、午门址（唐代大明宫南墙遗址）、含元殿（唐代含元殿遗址）、孙家湾（唐代太液池遗址）、西五台（唐代宫城南墙西部遗址）、东门大街（唐代景风门大街遗址）、南门大街（唐代安上门大街遗址）、广济大街（唐代承天门街遗址）、西门大街（唐代顺义门大街遗址）、华藏寺（唐代翊善坊保寿寺遗址）、金花落（唐代兴庆宫东侧金花落遗址）、景龙池坊龙王庙（唐代兴庆宫沉香亭遗址）、景龙池坊洼地（唐代兴庆宫九龙池及龙首渠遗址）、元兴门（唐代延兴门遗址）、石佛寺（唐代新昌坊青龙寺遗址）、曲江村（唐代曲江遗址）、大雁塔（唐代进昌坊大慈恩寺塔遗址）、小雁塔（唐代安仁坊荐福寺塔遗址）、兴善寺（唐代靖善坊大兴善寺遗址）、三门口（唐代安化门遗址）、木塔寺寨（唐代永阳坊大庄严寺塔遗址）、崇圣寺（唐代义宁坊波斯胡寺遗址）、玄都观（唐代崇业坊玄都观遗址）等旧迹，努力确定其位置和范围。另一方面，研究唐代尺度里程的实际长度，与文献所载长安城的广袤数据进行考证比较，通过这两方面的互审，获得实测研究的结果，再参酌文献研究的结果，以考定城坊的区域范围。关于后者，则详细论述汉代长安城遗址、汉唐诸帝陵墓及功臣墓葬的形制与现状，以及碑林等关中名胜古迹。其中著者对唐代尺度里程实际长度的研究，曾倾其全力为之。所得出的结论虽不能说是定论，尚有研究的余地，但大体说来，论旨稳健，论证扎实，与文献上记载的数字相差甚微，可以称为一家之言。前人目测的结果都说含元殿与大雁塔在南北一条直线上，著者则认为，站在含元殿测量，大雁塔位于偏西一度的地方。凡此种种对学术界都是大有裨益的。况且书中插入文物古迹照片甚多，与沙畹的《考古队》及西加林等人编的《中国南部考古》互有出入，往往是罕见图片，可资学者参考者不在少数。

本书的草稿原来分为五大册：第一册由序说至汉唐尺度里程考，第二册由秦以前的遗迹迄至逍遥园条，第三册由隋唐长安城至于马嵬驿条，第四册由著名的道观至于对祆教的论述，第五册由唐代的陵墓至于结尾。当初桑原博士在允诺校阅本稿时说，既冠其名，当行其实，希望做好此事。若仅用片言只语，则不如不阅。故计划先通览全书，然后遂册增删订正，最后用一年时间进行严密的校阅。故从第一册起，引文皆与原书进行对照，正谬误、补不足、增短缺，以至于添削的红色笔迹遍于每页，几乎没有空白之处。这是我奉博士之命，在协助他进行第二次校阅时亲眼看到的。博士的努力为本书的面貌与价值增色不少。著者对于这种真挚的校阅，亦表示衷心的感谢。博士完成对第一、第二、第四、第五各分册的第三次终校之后，正当着手校阅第三册时，于昭和四年（1929）八月二十四日偶以过劳抱病，不能执笔。书中讨论唐长安城研究中所必须参考的《咸宁县志》有价值的地方，就是博士的搁笔之处。博士命我完成第三册的第三次终校及第五册的第四次校补工作。我本来是不能胜任此业的，但因恩师严命，加之事不可避，只得勉为其难，续成此事，聊以安慰抱病的恩师，希望他早日康复，这也许就是报恩的一种方式吧。出于这种考虑，遂不揣浅陋，利用讲课之暇，精心校阅，于同年十二月末完成这一重任。当时，桑原博士正在静养之中，我不能直接仰承校阅方面的指导，又不敢请益，害怕妨碍他的保养。虽然第三册的最后校阅与第五册的补遗工作是我做的，但实际上博士在第二次校阅时，添削已极周密。所以，说是博士校完了全部书稿，一点也不过分。

从昭和五年（1930）到昭和六年（1931）春，博士病情加剧，最后未能撰写原来答应著者的序文而谢世。我感到事情不可回避，且呵不文之笔，把校阅本书的经过写下来。在此首先钦佩著者研究的苦心、名誉以及对学术界的贡献，衷心祝贺此书的刊行。同时，追怀笔者不得不草写这篇序文的背景，不禁悲痛系之。相信著者的心中，也会有同样的感受。

那波利贞

昭和六年七月二十日

目　次

插图目次

图片目次

小　引

一、著者自明治三十九年（1906）一月至四十三年（1910）二月，执教于中国西安府陕西高等学堂。讲课之余，有志于汉唐长安规模、遗迹的研究。一方面尝试着考究文献，另一方面进行广泛的实地考察，并对故迹和遗址进行测定。明治四十年（1907）九月，桑原博士游历中国内地，在西安逗留了大约一个月时间。著者亲得博士指导，颇受启发。自此专心对西安附近及其邻县的长安遗迹进行更进一步考察，并尽力搜集史料。归国以后，在公务之余，努力整理与考证，最终完成了此项研究。

长安遗迹，分布范围颇广，从事这方面研究的学者也不少。但要对它们一一进行实地考察再下结论，并不是一件容易的事。过去中国的学者，一般都是注重文献记载，而忽视实地踏查。然而史籍所载，谬误滋多。且今日遗迹，均已湮灭。故这种研究使人尤其感到困难。著者回国后，随着研究的深入，往往发现实地调查的不足，而深悔当初的脱漏。

二、考察实测的范围，包括长安县、咸宁县、咸阳县、三原县、高陵县、临潼县、泾阳县、鄠县、盩厔县、兴平县、醴泉县等十一县及乾州地区，但未涉及与长安关系密切的扶风县、凤翔县、岐山县、富平县、蒲城县等县。对此，著者感到很遗憾。

中华民国自二次革命成功以后，对地方制度进行了改革：全部废除了清代的府和州，规定地方政区为省、县二级。同时，政区分合与改称的情况也较为普遍。比如，废西安府（长安县、咸宁县），改为长安县；废乾州，改为乾县等。此外，还设分划一省而联合数县的道。在陕西，以南至秦岭北至北岭的四十三县（关中故地）为关中道，其南为汉中道，其北为榆林道。现在关中道诸县与原来府、州的关系如下：

长安县（原来包括西安府附郭的长安、咸宁二县）、咸阳县、兴平县、临潼县、高陵县、鄠县、蓝田县、泾阳县、三原县、盩厔县、渭南县、富平县、醴泉县、同官县、耀县（耀州）、大荔县（同州府）、朝邑县、郃阳县、澄城县、白水县、韩城县、华阴县、潼关县（潼关厅）、华县（华州）、商县（商州直隶州）、蒲城县、雒南县、柞水县（孝义厅）、凤翔县（凤翔府）、岐山县、宝鸡县、扶风县、郿县、麟游县、汧阳县、陇县（陇州）、邠县（邠州直隶州）、栒邑县（三水县）、淳化县、长武县、乾县（乾州直隶州）、武功县、永寿县。

旧西安省城改为长安省会，在此驻扎都督（以后之省长、督军或督办），以统辖全省。但这只不过是行政上的改革，一般仍沿用旧区划和旧名称。当时在铁路、邮政等方面，亦未见使用新名称和新区划。本书若采用新制，反而有使关系复杂之虞，故仍按旧时惯例进行叙述。

三、长安古迹图、西安近郊地形图及书中插入的地图和略图等，都是根据著者实地考察的结果绘制的。图后所附调查日期多据我国日历，但书中所涉及的历史事实，则采用中国年号，而附以公元年代。此外，一一注明考察史迹的时间是必要的，对当时的纪行也有几分参考价值。但这样做恐怕过于烦杂，故在书中省去不少。

另册中所收图片的原版，大部分为著者亲自拍摄。按照东洋文库的计划，采自西方学者著作者的仅有两三幅。对于这部分图片，在图片目录中都做了注记，列出了该图的出处。至于著者所拍摄的图片，凡能判明摄影日期的，也顺便附记于图片目录之上。

四、中国的尺度、里程，历代制度不同，相互关系甚为复杂。在本书中，叙述汉代问题时使用汉制，叙述唐代问题时则用唐制，各随其时代而用其制度。此外，自古典籍所载里程步数，大抵仅举其概数，有的是根据传说，实测者极少。所以没有适用正确换算的精密数字。如果有必要进行精细的调查研究，则可用下表予以换算：

汉唐尺度里程表

尺度或里程	折合公尺	折合日本曲尺
汉一尺	0.230	七寸六分
唐小尺一尺	0.252	八寸三分三厘
唐大尺一尺	0.303	一尺
清一尺	0.316	一尺四分二厘
汉一步（六尺）	1.381	四尺五寸六分
唐一步（小尺六尺）	1.514	四尺九寸九分
唐一步（大尺五尺）	1.515	五尺
汉一里（三百步）	414.5	一千三百六十八尺（三町四十八间）
唐一里（小程）	454.4	一千四百九十九尺（四町九间五尺）
唐一里（大程）	545.5	一千八百尺（五町）
清一里（千八百尺）	568.4	一千八百七十五尺（五町十二间四尺）

中华民国的华里（又称中国里），与清代的里相同。我国现在实行米制，本书理应采用，但为方便起见，暂且仍据曲尺及里町古制。

五、关于本书内容中的缺点，谅亦不少。对汉唐尺度里程的考证是本研究的基础，因而费力甚多。对秦以前的史事叙述不够完整，是缺乏资料的缘故。与汉唐有关的文物颇多，但大半已经湮灭无闻，故仅对陵墓、废墟、遗址、碑碣及出土文物加以叙述。至于日本人最感兴趣的遣唐使和留学生的行踪，至今已无残迹可寻。与留学生有关的，仅存青龙寺而已。

六、序说所言虽与我国的现状不同，但为了把读者的兴趣引回一千年前的历史环境中，仍附记于书中。本书所记内容的性质颇为烦琐，恐怕会埋没不少长安的趣味。所以，在适当的地方插入若干有名的诗文，多少有些润色，以免枯燥乏味。因为都是脍炙人口的诗句，我想没有改写或解释的必要。

七、总的说来，长安是中国历史上的第一名都，与世界各国交往频繁，特别是隋唐两代，与我国文化的关系最深。然而古来如实记载长安真相的书籍并不多见。近年东西方学者旅行该地，虽有零星报告发表，但仍缺乏有组织的系统研究。因此，著者不揣浅陋，写成本书，如果能对现代的中国学研究有所贡献的话，二十余年的辛劳就不为枉费了。

八、昭和三年（1928）三月，本书原稿渐成，于是请桑原博士校阅。博士不惜利用自己宝贵的时间，再三慎密校阅全编，就连细微之处，也都一一指出其谬误与脱漏，并予以指导订正。盛情极为恳切，使著者感激难忘。昭和四年（1929）八月，博士抱恙，将最后校订之事，委托其高足那波学士。学士深体博士之意，倾其造诣，细心认真地从事补修删订工作。对此，著者亦铭感在心。桑原博士原先允诺赐序文于本书卷首，但至昭和六年（1931）五月，未及动笔而辞世，著者诚觉遗憾千万。幸得那波学士代博士执笔，以装饰本书。著者受益不浅。此外，东洋文库依桑原博士的推介，将此书列为东洋文库的论丛之一，尤其注意图片的印刷。这也是我最感光荣的地方。此书得以公开出版，多承桑原博士的厚意。同时，东洋文库理事白鸟博士，亦尽力不少。在此谨表深切的敬意。至于印刷之事，专烦文库主事石田幹之助、副主事岩井大慧两学士以及文库诸职员。在此一并表示感谢。

著者识

昭和七年三月

序　说

一　西安之行

明治三十九年（1906）一月，著者在确定接受中国陕西高等学堂教习的聘任之后，就立即匆匆准备，于同年二月十六日由神户港出发，乘轮船至上海。然后溯长江而上，由汉口乘火车沿京汉铁路至郑州。在此勾留数日，做好旅行内地的准备。三月十一日拂晓自郑州出发，经荥阳县、巩县、洛阳县、铁门镇、观音堂、磁钟镇、灵宝县、友底镇、华阴县、赤水镇、临潼温泉等处，各宿一夜，于三月二十二日抵达陕西省西安府。因为这个序说是纪行的一个部分，所以首先叙述河南路的概况，潼关以西则采用纪行体。现在由郑州经洛阳至观音堂一百三十三英里的陇海铁路已经开通，潼关至西安的八十五英里间，也有汽车定期往来。因此，谈起二十年前乘坐中国马车备尝摇晃危险与困苦的十二天旅行，宛如一梦。但由此可想见几分汉唐时代长安街道往来的情景，有一定的资料价值，故写在此处。

二　中国黄土

中国黄土在世界上是有名的地理现象。南自秦岭山脉，北迄满洲、蒙古，中国北部均有黄土的分布。据李希霍芬（Richthofen）讲，在冰河时代，中亚细亚曾为冰河所覆盖，但后来空气干燥，西北风强劲。该处的黄土逐渐被风输送堆积到这里，从而形成了黄土层。如果对黄土地层进行观察，可以发现下列问题：（一）黄土地带山与平地堆积的厚度相同；（二）黄土的厚薄层与地层平行；（三）黄土中还积存着一些远古时代陆生动物如蜗牛、蛹等卷贝之壳所形成的化石层。因此，黄土明显是风力作用的结果。现在中国北部地区常刮所谓“蒙古风”，致使天地晦暝，有时黄尘远袭日本，看上去太阳成为青铜色。这是大家知道的事实。

黄河流域是黄土层最为发达的地区。一般人认为绿色能舒缓人的眼睛压力并给人活力，但黄土之国居民的眼睛是被黄色化了的，所以崇尚黄色。在中国，黄色是王者之色。像黄帝、黄龙、黄袍、黄屋之类的名称，都具有一种尊贵威严的意义。“黄尘万丈”绝不是中国流行的形容词。在河南

图片一　函谷关北门

地区的道路上，一步一步蹴起黄尘，后车之人不见前车之马，且沙尘侵入眼口，令人窒息，但中国人不仅不以此为苦，反而以黄尘朦胧的光景或屹立的黄土断崖为美景。

三　函谷关

图片二　函谷关内道路

自古有名的函谷关是黄土峡谷中的关隘，形势险要，所谓“一夫当关，万夫莫开”。谷中的道路，不容两驾马车并行。两侧屹立着数十丈高的绝壁，从下面向上仰望，恰如井底观天。在谷中连续行走五六里，不能不令人胆寒。如果东西往来的车马在此狭路相逢，常常会惹起争端：始则发生口角，喝令“你退开！”“让他避开！”继而就像电车发生故障，后方马车杀到，越积越多，进退维谷，数小时在隘路上喧哗骚扰，以至于上演流血的惨剧。因此，经过此处时，一般都是十几辆马车结为一队，预计时间，侦察前方，呐喊疾行，声势颇为悲壮。黄土因受水的侵蚀作用，在谷中形成周围二三里的深坑。坑边断壁高数十丈，既非谷，又非穴，使人尤觉凄凉。昔日秦将白起在长平坑杀赵国降卒四十万人，秦始皇坑埋儒生，项羽在新安城外坑杀秦降卒二十万人。凡此种种史实，可能都是人突然落入此类黄土被水侵蚀的深坑中而被杀害。经过新安附近时，曾多次看到这种面积广大的深坑。（参见图片一、二）

四　潼关

潼关是河南、陕西、山西三省边界的门户，险要程度不亚于函谷关。其东门位于黄河的绝壁之上，城门构筑壮大，上面题写“天下第一关”几个大字。入门后是峻陡的坡路，直入潼关街市。城中居民不过数百户。虽然街市狭隘简陋，但城郭构造颇为坚固。街市的背后，便是黄河主流要冲，对岸是山西赭色的山脉，状如伸出的手臂，十分少见。（见图片三至五）

《题潼关楼》

［唐］崔颢

客行逢雨霁，歇马上津楼。山势雄三辅，关门扼九州。

川从陕路去，河绕华阴流。向晚登临处，风烟万里愁。

由潼关往西，即所谓关中平原，乃是一望无际的沃野。此处形势，恰似关中的袋口。旅客经过这里，行李要受严密的检查，并征收厘税，也就是一种过关税。特别是若带鸦片，会被课以重税。此处出卖一种有名的酱菜，名叫酱渍莴苣，其味甚美。

图片三　潼关县城城墙与黄河

图片四　潼关东门

图片五　从潼关县城内望黄河及山西省的丘陵

五 华山之阴

经过潼关后进入陕西，虽然同为黄土地带，但其景观与河南迥异：道路平坦，车行平稳，黄尘也比较少。左方为河南山脉的余波，绵延相继。

图片六　从华阴县城西郊望华山

图片七　从华阴县华岳庙望华山

前方远处的西岳华山，犹如夏空积云，横亘天际，呈现出一副雄伟神化的姿态。右边是渭水沿岸平原，盛产菽麦和罂粟等作物，到处可以看到古柏森森的墓地。晚春时节，大道两侧细柳低垂，新绿飘荡。其时车夫假寐于车上，复高举其长鞭。《尚书》所谓“归马于华山之阳，放牛于桃林之野”，即指此处。周武王收缴天下兵革，将战马放归自然以乐天年，其仁德足以令人追怀。此夜宿于华阴。从太阳落山时起，大风刮着沙尘，终夜有声。次日，继续前行，华山、渭水不离左右，夜宿赤水镇。从这里已可望见多年景慕的骊山山顶。（参见图片六至八）

图片八　华阴县附近的村落与道路

六　新丰鸿门坂

由赤水镇向西行走七八十里，在临潼县东约十五里的地方，有荒废寥落的新丰驿。此地现在虽为居民稀少的寒驿，但在古代却甚为繁盛。唐代诗人王维和白乐天等，常在诗中咏及此地。

《少年行》

［唐］王维

新丰美酒斗十千，咸阳游侠多少年。

相逢意气为君饮，系马高楼垂柳边。

特别是此处即秦汉时举行鸿门宴的旧地。（参见图片九）今新丰驿的北门上，犹有“古鸿门坂”的题额。门外北侧的山丘上有一块小碑，上刻“汉

图片九　临潼县新丰驿鸿门宴遗址

代名区，南原鸿门。楚霸王宴汉高帝处”字样。此碑建于康熙壬午年（1702）三月。汉高祖在战胜项羽、统一天下后，定都长安。其时高祖父太上皇亦居于新都宫城中，但他眷恋故乡沛县丰邑，不以新居为乐。因此，汉高祖在新丰镇建筑了与丰邑相同的街市，移丰邑居民于此，起名为新丰县，以安居太上皇，使他每日能够与故旧知交相过从。新丰地名即起源于此。

七　骊山温泉

由新丰驿抵达临潼时，夕阳西下，已落到骊山之巅。四周景色为山影所蔽，顿形暗淡。从临潼县城的南门到骊山温泉，相隔不过十数町的距离。在暮霭中穿过夹道杨柳，即可进入华清宫的大门。华清宫有数栋宏伟壮丽的殿阁楼台，与阁道相连。山上的观览亭与远望台等，配置颇为得宜。山下莲池中央，有一座朱漆栏杆式的桥梁，其宏大的结构与清新的雅趣相调

图片十　临潼县骊山温泉

图片十一　临潼县骊山温泉

图片十二　临潼县骊山温泉中的莲花汤

和，宛如一幅美好的图画。著者连续十一日风尘仆仆的中国旅行，在险路与烦恼中饱尝辛苦，至此始觉耳目一新。于是立即到温泉洗涤积垢，穿浴衣而出亭榭，此身俨若淡烟之影，映照于暮静的池水之上，紫丁花香气袭人，尤觉心旷神怡。

温泉在骊山东北麓，清透如镜，水量甚丰，四时滚涌，温度恰适人体。文人骚客，来游者甚众。凡是东西往来的贵宾，例必憩宿于此处。故此地无异于临潼的大公馆。庚子之役，西太后蒙尘西安，途中亦曾驻驾于此。（参见图片十至十二）

八　灞桥

拂晓雨过天晴，旭日的光芒格外鲜艳。今天仅有五十里路，半日行程。马足不劳，人力不倦，居然在上午十时，即安全抵达灞桥。灞水与浐水并行，均发源于终南山，而流入渭水。此处河面宽及三顷左右。白沙上面的澄清流水，曲折而行。西岸细柳新绿之间，不时显出盘屈的老树。暮春柳絮，长闲飞舞。灞桥在明代曾被大加修葺，用黑色大理石建造。此处有名叫灞桥镇的村落。唐代将此地称为灞亭。相传长安人士远送东行者至此，照例要折下柳枝，以表达惜别之情。故《开元天宝遗事》又称此桥为“销魂桥”。

《送友人东归》

［唐］戴叔伦

万里杨柳色，出关送故人。

轻烟拂流水，落日照行尘。

积梦江湖阔，忆家兄弟贫。

徘徊灞亭上，不语自伤春。

图片十三　灞桥

《杨柳枝词》

［唐］韩琮

枝斗纤腰叶斗眉，春来无处不如丝。

灞陵原上多离别，少有长条拂地垂。

《赋得灞岸柳留辞郑员外》

［唐］杨巨源

杨柳含烟灞岸春，年年攀折为行人。

好风傥借低枝便，莫遣青丝扫路尘。

即在今日，西安人士仍常沿袭故事，将东行的客人远送至此。（参见图片十三）

九　灞上

灞桥左侧的高原是白鹿原，古代称之为灞上。灞上在历史上是著名的军事要地。此处前临浐水，后控灞河，渭水流域西北方的平原尽在眼底，长安、咸阳俱在腋下。所以，汉高祖在攻破武关、峣关之后，即由蓝田将大本营移到这里，然后西取咸阳，与关中父老约法三章，尽除秦代苛法以收买人心，复派十万人军驻扎灞上，静待从东方前来的项羽，可谓得策。其后东晋时桓温，乘在蓝田大破苻健之势，长驱至此，占领灞上，震惊长安。所有这些，都是为了利用此处地势。

十　慈觉大师入唐的路线

遣使至唐或派游学僧至长安，其路径一般是由汴州（开封府）经洛阳、函谷关、潼关，而往返于现在的河南道上。但慈觉大师（即圆仁）所走的路线与此不同。他是从山西五台山往西南行走，在龙门县渡过汾河，再从临晋县渡过黄河，经过朝邑县，在同州府（大荔）渡过洛水，经冯翊、栎阳二县至于渭水。其行程在《入唐求法巡礼行记》中有详细的描述。兹摘录其行记，对其渡渭水南下，经灞、浐二水进入长安的经过作以介绍。

《入唐求法巡礼行记》卷三载：

> 到高陵县渭桥，渭水阔一里许。桥阔亦尔。镇临渭水，在北岸上。渭水本从吐蕃出来，东流远入黄河。过桥南行五里，到三家店佛殿宿。廿日早南行廿五里，到万年县灞桥店断中。灞水本从终南山来，入渭河。斋后从灞桥南行十五里到浐水桥。浐水从终南山来入于渭河。灞、浐两水向北流去。水色清，唯未问得泾水。西行十里，到长安城东章敬寺前歇。寺在城东通化门外，从通化门外南行三里许，到春明门外镇国寺西禅院宿。

按行记圆仁系渡浐水桥而前往长安之通化门。但今西安城之东门，与唐代通化门的位置不同。大体而言，其方位尚无大异，所以圆仁所取路径，大体与今日路径相同。唐代长安城之东郊，与今日西安城之东郊似无特别的差异。

十一　陕西省城

由灞桥行十里许至浐桥，也就是圆仁所说的浐水桥。但桥已非唐代所建。桥系石造，两端建立牌坊，与四面风景甚相调和。（参见图片十四）过桥后经过峻陡的坡道，抵十里铺。此坡在唐代名叫长乐坡，为东郊名胜之一。由此约行十里，即至西安街市。在坡道上已可望见省垣的东门和城墙。在东关门前，换乘绮丽的马车，振作威仪入城。城壁之伟大、城门之宏壮与门内之热闹，均可令人惊异。听惯的马夫叫声，今日却使我异常紧张，身旁的各种马车不断地将人送至闻鼓前。经关吏检查，得以安然通过。于是，即向陕西高等学堂走去。到达陕西高等学堂后，即与监督及职员行见面礼。下午四时搬入已经准备好的东柳巷寓所。门前贴着写有“东教习足立公馆”字样的红纸条。公馆，本指当官者的邸宅。这是我四年间回忆颇多的寓居。东柳巷是清静的横街，侧面为布政使樊增祥先生的邸宅。我的宅第并不广大，除一堂二室外，还有仆役室、厨房和厩舍。邸内地面用砖铺成，庭中有深达五十尺的清洌的水井。房后有大花苏芳一株，时来鹊鸦狂鸣，此外并无他物。此屋本为某富户的别墅，涂丹抹碧，壁间或屏中贴嵌有汉唐名诗嘉言等，是一所趣味很深的中国式优等住宅。（参见图片十五至二十及插图一）

图片十四　浐桥

图片十五　西安城北门

图片十六　西安城北门门楼

图片十七　西安城南门

图片十八　从西安城南门西侧的城墙上望南方

图片十九　西安城的南城墙

图片二十　西安城西门内贡院中的明远楼

会城肇自隋唐，周秦都城无考。今城西北十余里为汉城故址。自隋文创建新都，唐初城郭市坊皆因隋制，详载《六典》及《长安志》诸书。然当日都城禁苑实拓今城四郭之外。至天祐元年，节度使韩建约其制，改筑新城，实既今城。宋、金、元无改。明初，都督濮英增修之门四：东长乐、西安定、南永宁、北安远。四隅角楼四，敌楼九十八。城内建钟鼓各一楼。明末筑四郭城，本朝因之。其东北隅为秦藩府基，今改筑满城。其门五：东仍长乐门，西南以钟楼门洞为门楼，北曰西华门，又北曰新城门，钟楼东曰端履门。康熙二十二年复于端履门东另筑新区为南城，添驻汉军，就新墙开通化门。四十五年，汉军出旗，南城仍隶县治总按。今城属西安府，分咸、长两县，今勘分界，北自安远门，东循满城，南行过糖坊街、曹家巷、梁府街东口，入至宝陕局门止。复由梁府街东口起，南行过五家巷东口，又南行数十丈，斜折西南行至协标教场东，又南行至协标教场门中心，折而西南行至八家巷内东栅，南行循箭道西墙出，折而西至北院门中心，顺北大街中南行，过小花角巷、鼓楼巷东口内约数丈，从鼓楼门南出，至鼓楼什字折而西，由街中心行至南院后墙正中止。又从南院前中心起，

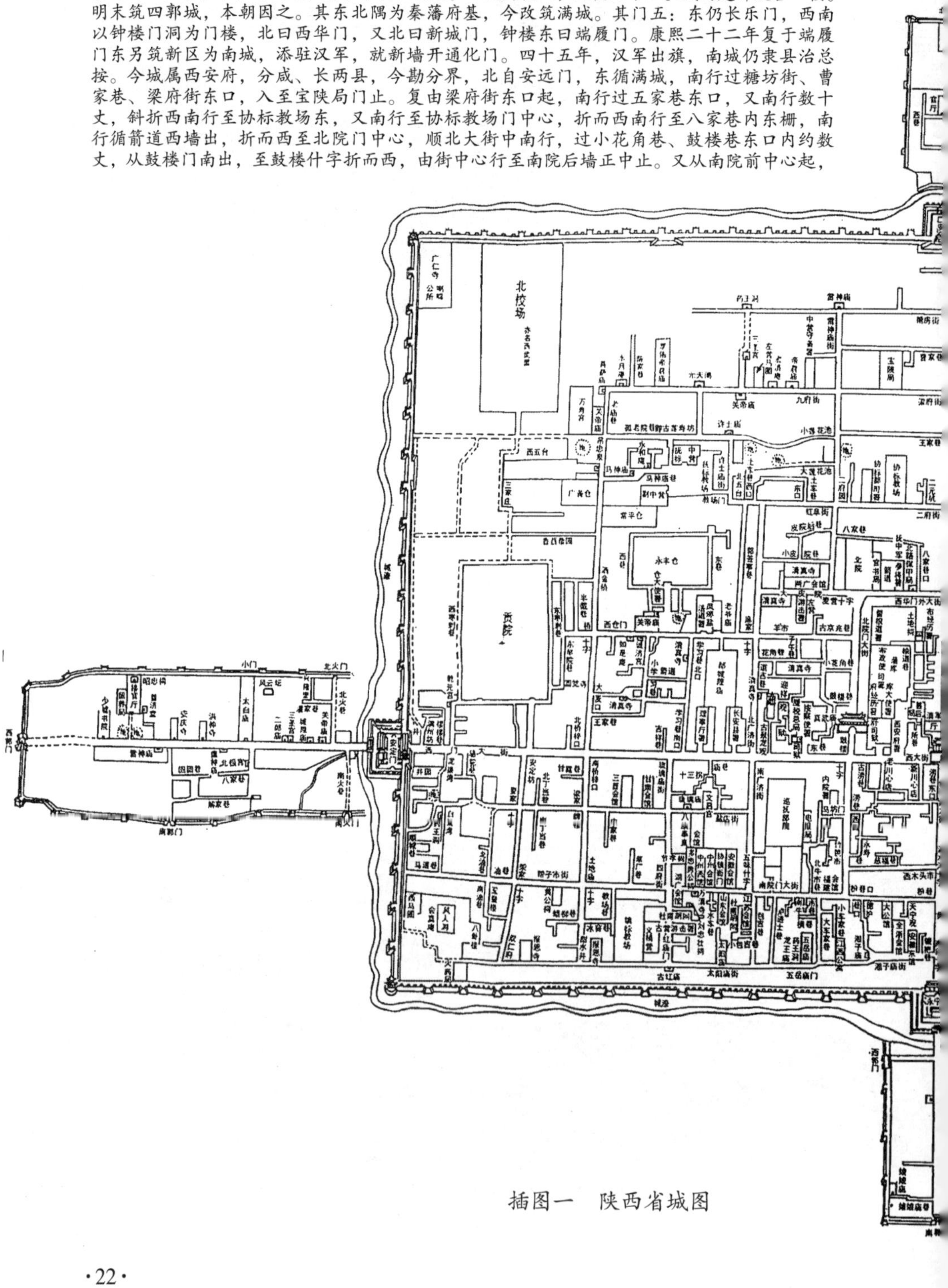

插图一　陕西省城图

正南行过曲巷西偏后，南行数十丈折而东，过五岳庙后折而南循大车家巷、西五岳庙东，正南至南城根止。迤东为咸宁界，迤西为长安界。其衙署将军以下八旗驻防均驻满城。巡抚、布政、粮道、府及清军厅、中军参将、府县三儒学均在咸宁。总督行署今曰南院，按察、盐道理事厅、城守营均在长安。其大祀文庙、文昌庙在咸宁。武庙在满城。省城隍庙、五岳庙、西岳庙在长安。其城内分坊在咸宁界者，东路九，西路七，北路六，共二十九坊。在长安界者，西路十一，南路十，东北路十，西北路九，中北路十三，共五十三坊。其大街，咸宁十十六，长安十九。其小巷，咸宁七十七，长安七十。满城则大街七，小巷九十四。外四郭城，东、南郭全属咸宁，北郭两县中分，西郭全属长安。每坊五十丈。今实测城周四千三百九十丈，为二十四里三分零，东西距一千三百七十丈零，为七里六分零。南北距八百二十五丈，为四里五分零满城周二千六百三十丈，为十四里六分零。东西距七百四十丈，为四里一分零。南北距五百七十五丈，为三里一分零。

光绪十九年十月中浣舆图馆测绘

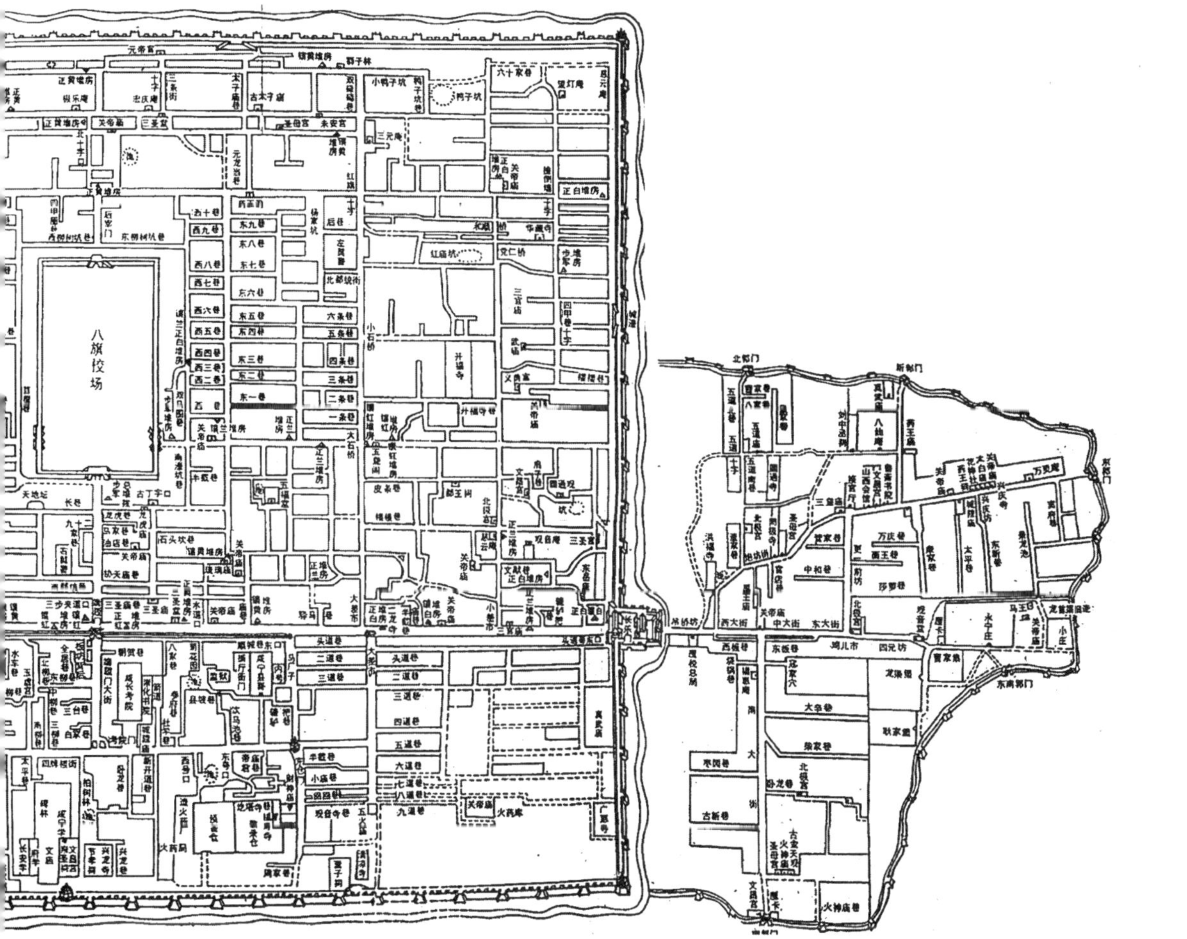

第一章 关中的形势

一 长安概况

以长安为中心的一带地方，即所谓关中四塞之地。其地适当《禹贡》之雍州，西周之王畿，秦朝之内史，西汉之司隶。自魏晋以来虽失去全国首都的地位,但仍被称作(雍州)京兆郡。中国历代在这里奠都的,计有周(镐京)、秦(咸阳)、西汉、前赵、前秦、后秦、西魏、北周、隋、唐等王朝，历时共一千一百六十年。其中汉唐时代的长安，尤其是唐代的长安，是最为隆盛的。因洛阳被称为东都，长安与之相对，被称作西都或上都。

中国是世界上古老的国家。汉族在距今四千五六百年前的上古时代，已建国于黄河沿岸，造书契，定历法，并有唐虞的黄金时代出现。这种原始文化到了将此地称为王畿的周代，有了显著的进步。至汉唐时期复与输入的印度西域文化相结合，更加发达。中国文化达到其顶点，同时也成为当时世界文化的中心。

中国四千年文化的精华，实即此地汉族的活动。同时，也可以说是长安的历史。自唐代灭亡后，中国的文化中心逐渐向东南转移，长安遂成为一个地方性的都会，只不过残留着往日的名称而已。其后经过一千余年漫长的岁月，特别是其间王朝的兴亡、胡人的侵入和乱贼的掠夺，致使这个

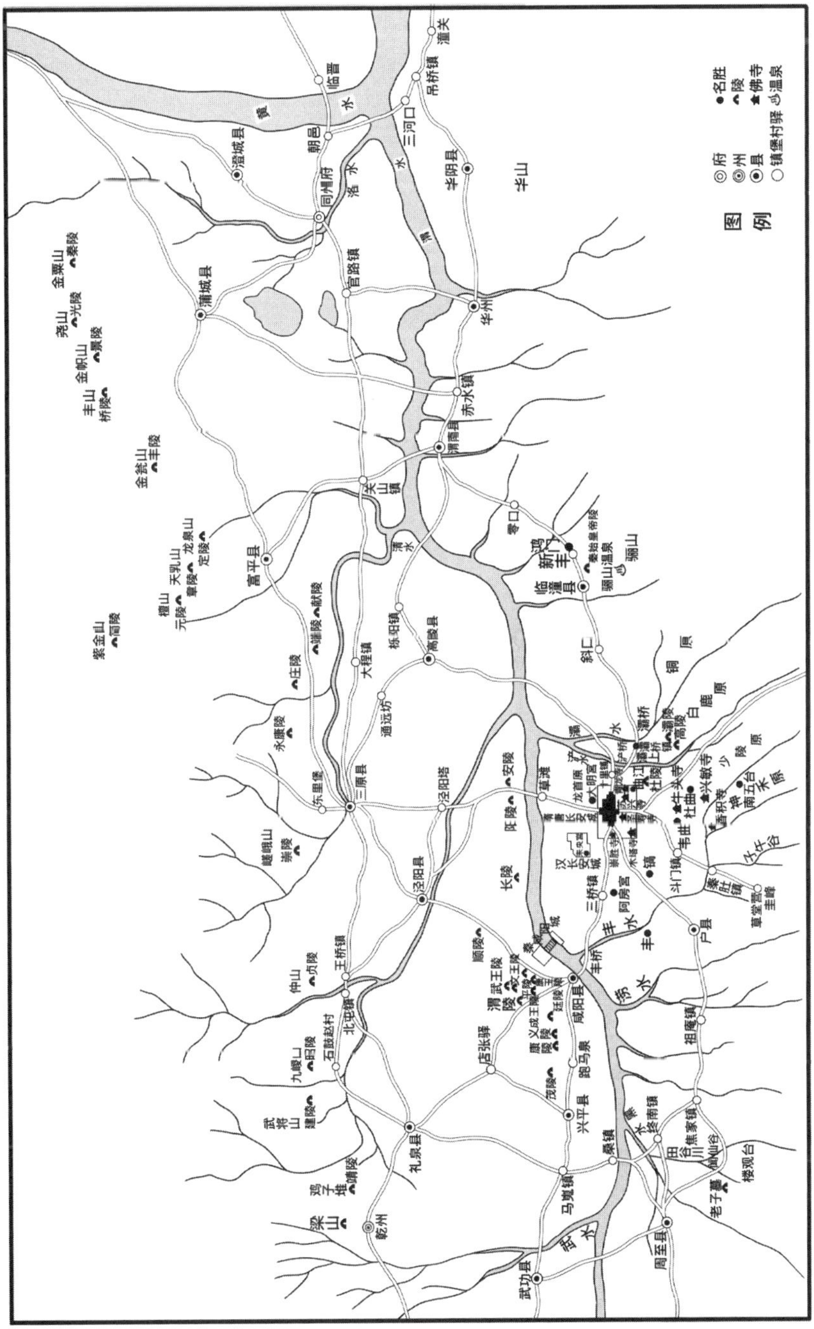
图例
◎府
◉州
●县
○镇堡村驿
●名胜
陵
佛寺
温泉
黄
水
渭
洛
水
潼关
临晋
吊桥镇
朝邑
三河口
澄城县
同州府
华阴县
华山
蒲城县
官路镇
华州
赤水镇
渭南县
关山镇
零口
新丰
临潼县
骊山
富平县
栎阳镇
高陵县
三原县
泾阳县
咸阳县
兴平县
礼泉县
乾州
武功县
周至县
户县
韦曲
杜曲
斜口
北屯镇
王桥镇
马嵬镇
店张驿
桑镇
祖庵镇
楼观台
老子墓
梁山
九嵕山
嵯峨山
仲山
尧山
金粟山
金帜山
丰山
金瓮山
紫金山
长陵
安陵
阳陵
茂陵
昭陵
乾陵
建陵
贞陵
崇陵
庄陵
献陵
端陵
定陵
泰陵
光陵
景陵
桥陵
丰陵
元陵
章陵
简陵
顺陵
永康陵
草滩
大明宫
曲江
杜陵
霸桥
灞桥
浐水
丰水
丰
阿房宫
三桥镇
斗门镇
秦渡镇
子午谷
少陵原
铜原
白鹿原
武水
涝水

插图二　西安附近史迹图

名都的遗迹几乎湮灭无闻。但若亲访其地，踏查访古，其一木一石，皆潜藏千古之色，仿佛可以看到昔日长安城的情景，使我们不禁感慨万千。（插图二）

二　关中

长安所在的关中，是一个南北五十里、东西四百里的大平原[①]，周围环绕着南山、北岭两大山脉。秦汉时代，因东有函关（函谷关），西有散关，南有武关，北有萧关，四塞为固，所以被称为关中。

三　秦岭山脉

岷山作为雪岭的一个支脉，从中亚细亚向东蜿蜒，进入陕西内后，

图片二十一　从终南山的南五台望秦岭

①编者注：平原面积为作者估计，不可作为准确面积参考。

图片二十二　终南山南五台的溪谷风景

图片二十三　终南山南五台之巅

被称为秦岭山脉。秦岭高达数千尺，广袤千余里，重峦起伏，是关中南面的屏障，故又名南山。（参见图片二十一至二十三）南山山脉大体上可分为三个部分：西部为太白山，中部为终南山，东部为骊山、大华山及小华山。华山山脉延伸至东北，迫近黄河之处，就是有名的潼关。

四 峣关与武关

越过秦岭山脉，有东西两条道路。东道自蓝田县越蓝关（峣关），在深谷与群峰之间穿行十余日，经武关，出龙驹寨，顺汉水而下，可抵达湖北省。汉高祖大破秦军，直冲关中即由此道。不知从何时开始，韩愈被贬潮州时在途中所写的“云横秦岭家何在，雪拥蓝关马不前”诗句，也被刻在了山间的石崖上。今日经过此山，不禁怅然念之。

五 蜀之栈道

翻越秦岭的西道即所谓蜀之栈道。通过宝鸡县的大散关后，在千山万壑之间只有崎岖的羊肠小道。有时须攀上数千尺的云表，有时则要下行至

图片二十四　五丈原古战场远望

数百仞的深谷。攀越悬崖，翻越栈道，经过汉中，才能到达四川成都。其行程需三十余日。三国时代，诸葛亮抱定由蜀恢复中原的雄图，曾出兵至五丈原[①]。(参见图片二十四至二十六及插图三)唐玄宗蒙尘奔蜀时，吟咏“剑阁横云峻”的诗句。所有这些往事，都发生在蜀道上。

图片二十五　五丈原上的孔明庙

①五丈原位于渭水之南，太白山之北的棋盘山北麓，是一个高度为五六间的平原。译者按:间为日本长度单位，一间为六尺，合公制1.98公尺。五丈原实际高度为140余米，面积为12平方公里，图中所见前方的河叫作麦河。原上不远处有孔明庙。孔明庙又叫武侯祠，初建于至元元年，明嘉靖三十九年重修，结构颇为华丽。大殿的左右墙壁上嵌有岳飞书写的《出师表》石刻。中央安放着诸葛武侯的神位，左右两侧分别安放着姜维（字伯约）和杨仪（字威公）的神位。图中左侧看到的树木是柏树。据说在庙东南十华里，五丈原东麓落星湾南八里，有一座被称作武侯城堡的村落。在孔明庙的大殿的左右两壁，嵌有刻有岳飞书写的《出师表》石片。左壁有《前出师表》二十枚，右壁有《后出师表》及跋十九枚，高一尺八寸，宽大约二尺，皆为黑色大理石。相传南宋绍兴年间，岳飞因故谒南阳武侯祠，一口气书写了前后两表。后来汉中的石刻是清光绪四年据此石重刻的，即成为图中所示的东西。

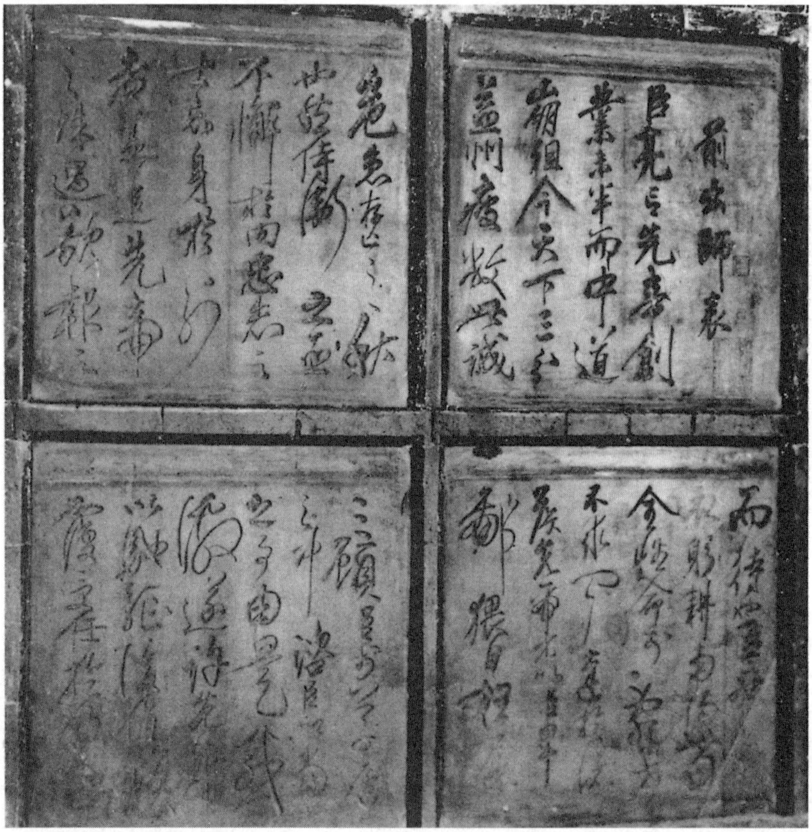

图片二十六　五丈原孔明庙内岳飞所书《前出师表》石刻

六　北岭山脉

岷山在陕西西部，分一脉蜿蜒趋于东北。陇山耸立于西端，有秦代陇关的遗址，是从关中至甘肃的必经之地。陇山的东边是岐山，东北方是梁山（唐高宗乾陵），又有九嵕山（唐太宗昭陵）与嵯峨山（唐德宗崇陵）相互峙立。由此向东，紫金山（唐懿宗简陵）、金瓮山（唐顺宗丰陵）、金帜山（唐宪宗景陵）、尧山（唐穆宗光陵）、金粟山（唐玄宗泰陵）等，峰峦叠嶂，直达于黄河。这是关中的西北屏障，总称为北岭山脉，又称为北山。

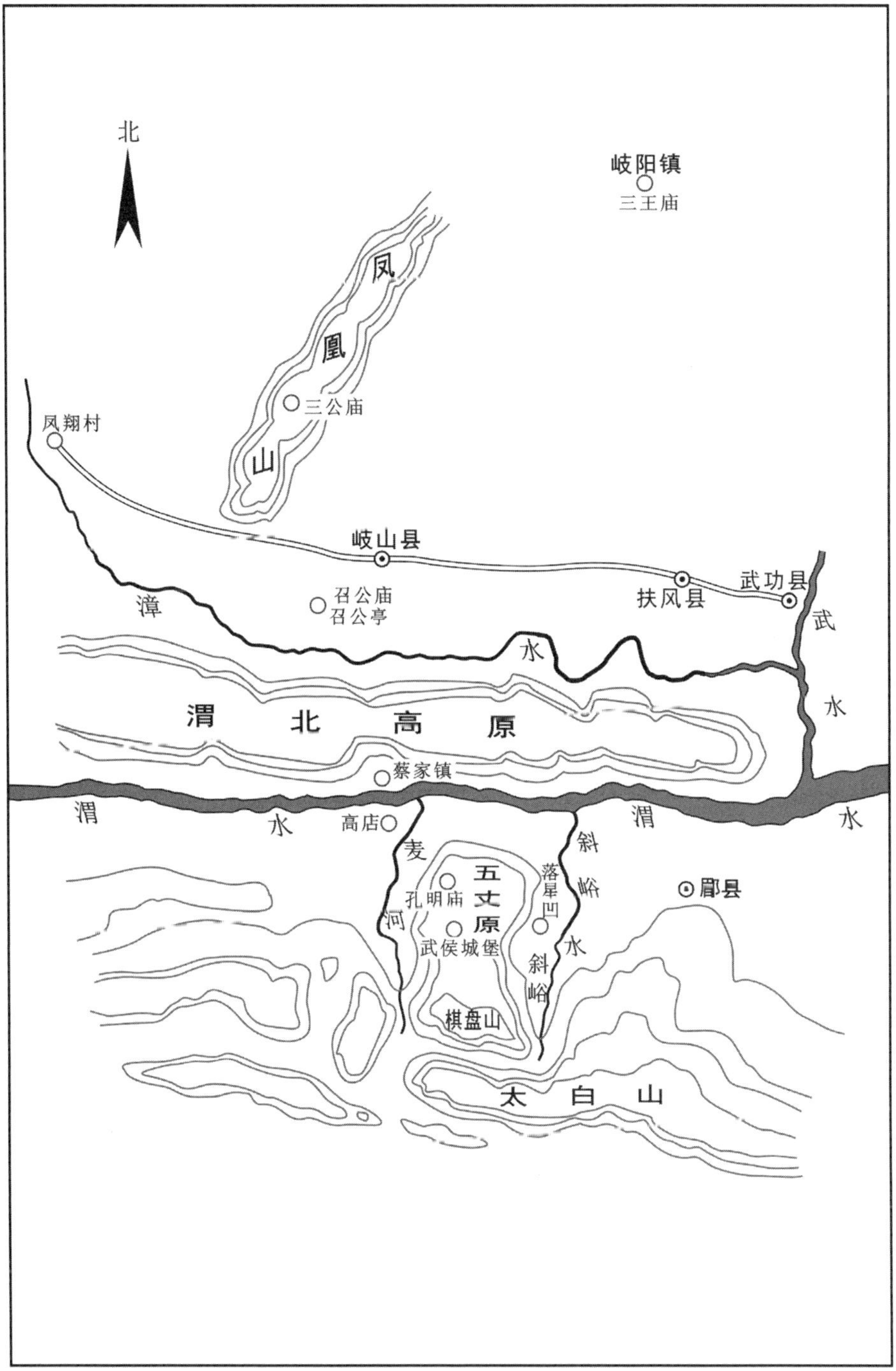
北
岐阳镇
三王庙
凤凰山
三公庙
凤翔村
岐山县
扶风县
武功县
召公庙
召公亭
漳水
武水
渭北高原
蔡家镇
渭水
高店
渭水
麦河
五丈原
孔明庙
武侯城堡
落星凹
斜峪水
斜峪
郿县
棋盘山
太白山

插图三　五丈原地形图

七　渭水

渭水发源于甘肃临洮，从关中平原的中央向东奔流，至潼关流入黄河。滔滔浊流，未尝澄清。因泥沙壅塞、水流受阻，河道经常发生变化，甚至造成水患。此河只有咸阳以东河段可通舟楫。河中船只，方形平底，宛如浮箱，既没有柁，也没有橹，还缺乏篷帆等设备。船中央设立板栈，系铃数十。船公站在船上击铃指挥，众水手曳船索寻浅濑而行，其状态不仅颇为奇特，而且行进速度缓慢。如果让生性暴躁的日本人来从事这项工作，费日多而行程慢，早已气馁了。然而此处却用这种船从事运输，搬运山西的煤炭（黑炭）、篮炭（骸炭）、白盐（山盐）等物，供给西安和咸阳等地的市场。

八　南北诸水

渭河流域甚广，汇集关中南北诸水，故水量逐渐增大。由南山流入渭水的河流，在西安以西有丰（沣）水、涝水、黑水，在西安之东则有灞水、浐水。这些河水皆为细流，大体上入冬后就干涸了，但有些河水常年清冽可掬。由北山注入渭水的河流，因为都是从黄土地层中长流而来，故逐渐混浊，水势虽大，但难通舟楫。其中武水、泾水、清水尤为著名。其他诸水如洛水并合关中东北地方诸水，过同州西至潼关西北与渭水共同汇入黄河。黄、渭、洛三水辐辏之处，称为三河口（此洛水与河南省的洛水不同，不可混同视之）。

九　关中的地势

渭水流域，也就是人们通常所说的关中平原，一般都是平坦的田野，但有三个高原东西绵亘，与渭水平行，其高度不过十丈至二十丈。（插图四）

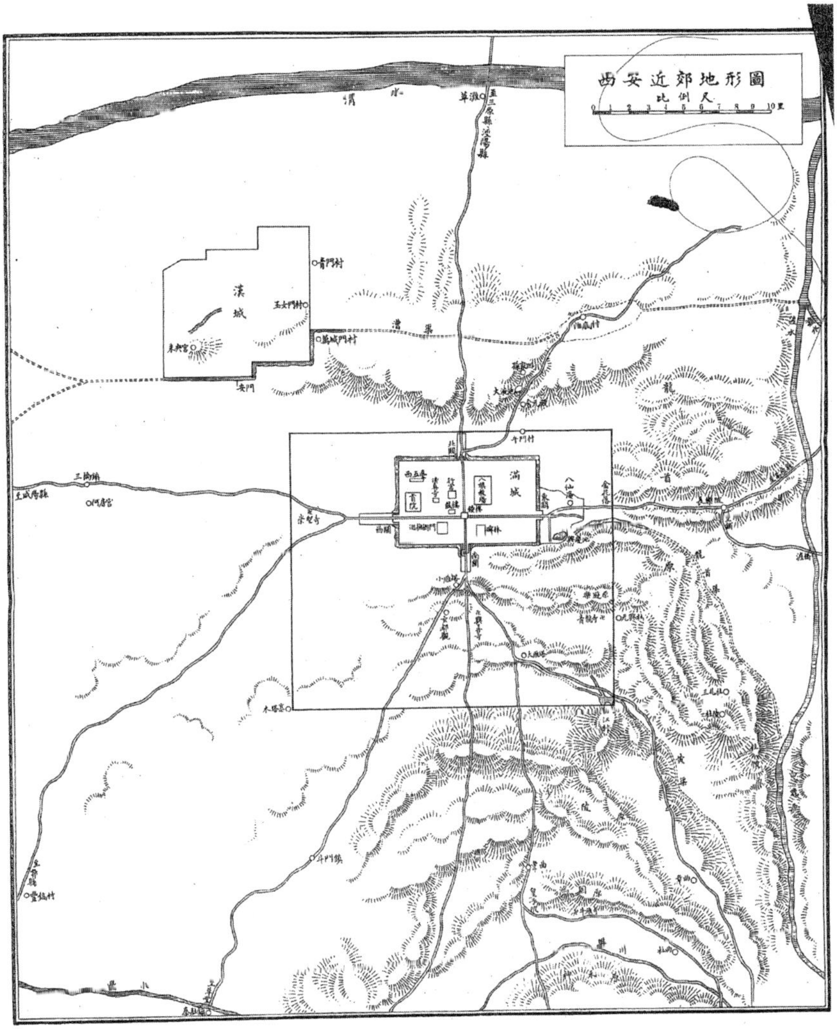

插图四　西安近郊地形图

具体说来，一是沿南山之阴断断续续绵延的高原，原上多为古代有名的园囿、胜景之地。二是北山之阳的高原，依山势而呈现出山麓野地的状态。三是渭水北岸的高原，东端自高陵县横跨泾水，经咸阳、兴平、武功诸县而至于岐山一带。在这个高原上，散列着周汉以来许多帝王、名臣的陵墓。

十　关中的气候

由于南山山脉可屏蔽东南风，北山诸岭又能防止塞北烈风，因此，关中气温即使是在盛暑时节，也不过三十五摄氏度；至于严寒的冬季，很少有下降到零下四五摄氏度的。当四五月间南风初至时，经常连续下雨十余日。而当九月、十月之交，北风渐起，亦常会下一个来月的连阴雨。这是长安的雨季，道路泥泞，淹没车辐，甚至足以杜绝行人交通。过了这些时节，很少下雨降雪，风尘也比较少。那种北风卷起尘土、掩蔽天日的暗淡光景，在这里是很罕见的。

《清明》

［唐］杜牧

清明时节雨纷纷，路上行人欲断魂。

借问酒家何处有，牧童遥指杏花村。

十一　沃野千里的天府之国

关中地方，一般寒暑顺适，空气清澄，干湿得宜。从上古之时，即开稼穑之道。平原自不待言，就连高原、山腹都已开拓。农人耕耘之时役使牛马，耕作方法极为粗杂，很少施用肥料。但因土地肥沃，高粱、麦菽之丰饶与城西白菜、西瓜之甘美，足以使人称道。五六月间，眺望西安郊区，早熟的小麦在阡陌间泛起黄色的波浪，火红的罂粟花点缀其间，显得十分美观。在滴绿的白杨树下，驴马懒洋洋地拉着水车给高粱地浇水。秋冬时节，夕阳辉映在终南山上，不时传来驱羊牧童的歌声，非常有趣。拾啄落穗的鸿雁成群交飞，显示出毫不畏惧行人的样子。总之，在此可以追怀上古时代的纯朴之风。同时可知“被山带河，沃野千里，天府之国”的说法并非过誉之词。

如上所述，关中外有天险不拔的要隘，内有天赋无尽的富藏，寒暑宜时，风光尤佳。所以，它成为千余年间帝王的都城所在，以及群雄争夺的中心，绝不是偶然的。

十二　简述帝都长安的沿革

研究长安的史迹，不能不首先概观它作为帝都的历史：

公元前两千二百年前后，大禹治水，分天下为九州，而确定各地的贡赋。当时关中一带被称为雍州。

公元前一千三百五十年左右，古公亶父受到獯鬻攻击，离开先祖所居的邠地，迁至岐山脚下的周原。邠人慕其德，均移居于此地。这便是周的起源。

公元前一千二百年前后，周文王成为西伯，大布仁政。文王德望极高，曾迁都于丰邑。周室之所以能够得天下，主要是这方面的原因。

公元前一千一百二十二年，周武王大会诸侯，消灭殷商，定都镐京。西周定都于此地者，计有武王、成王、康王、昭王、穆王、共王、懿王、孝王、夷王、厉王、宣王、幽王等十二世，凡三百五十二年。

公元前七百七十年，周平王遭受犬戎侵扰，迁都于洛阳。从此，天下进入春秋战国时期。秦襄王恃拯救周室之功，使周平王赐给秦岐、丰故地。

由此秦据关中，势力逐渐增长。

公元前二百二十一年，秦始皇吞并六国，统一天下，大筑咸阳城。秦自孝公十二年（前350）迁都于此，经惠文王、悼武王、昭襄王、孝文王、庄襄王、始皇帝、二世皇帝及子婴，共历九世，计一百四十五年。但自秦始皇统一天下至其灭亡，仅仅只有三十五年时间。

公元前二百零六年，汉高祖破武关、峣关，兵至灞上。秦王子婴举国投降。项羽取别道破函谷关，屯兵鸿门，与汉高祖会宴。不久，项羽发掘秦始皇陵，焚烧秦都咸阳，掠夺美女、珍宝东归。

公元前二百零二年，汉高祖灭项羽，统一天下，奠都关中，筑长安城作为首都。西汉定都于长安的皇帝，计有高祖、惠帝、文帝、景帝、武帝、昭帝、宣帝、元帝、成帝、哀帝、平帝等十一世，由公元前二百年起至公元八年止，共二百零八年。篡夺西汉政权的王莽，在此建都仅十五年（公元九年至二十三年）。

公元三百一十九年，与匈奴汉国的建立者刘渊同出一族的刘曜，率军攻入长安，自立为王，在长安建立前赵政权。但前赵很快被后赵石勒打败，刘曜本人也被杀害。前赵自公元三百一十九年建都于长安，至三百二十九年灭亡，历时仅十一年。

公元三百五十一年，临渭氐族酋长苻健进入长安，自后赵灭亡僭号称帝。其从子苻坚，以长安为根本，形成统一天下之势。惜其晚年失败，公元三百八十五年终为姚苌所弑。苻代居于长安者计三世三十五年，世称前秦或苻秦。

公元三百八十六年南安羌酋姚苌自称秦王，乘苻坚淝水之败入居长安。他所建立的政权被称为后秦或姚秦。姚氏以长安为都者，计有姚苌、姚兴、姚泓，共三世三十二年，后于公元四百一十七年为东晋刘裕所灭。

公元五百三十四年，后魏关西大都督宇文泰，将后魏的最后一位皇帝孝武帝迎至长安，但不久便将他毒死，拥立其从弟为西魏皇帝（文帝），自己掌握政权。西魏定都于长安的计有文帝、废帝欣、恭帝三世，共二十二年，再加上后魏孝武帝的半年，也不过二十三年（公元五百五十七年止）。

公元五百五十七年，西魏恭帝禅位于宇文泰（前年死）之子宇文觉，是为北周之祖孝闵帝。北周定都于长安者计有孝闵帝、孝明帝、武帝、宣帝、静帝等，共五世二十五年。公元五百八十一年静帝禅位于外戚杨坚。

公元五百八十一年，杨坚受北周禅让，即皇帝之位，是为隋文帝。隋文帝灭后梁及陈朝，统一天下，并在即位的第二年，在长安东南约十二里的地方，修建了规模宏大的新城，此即隋唐时代的长安城。隋定都于此处者计有文帝、炀帝、恭帝等三世，共三十八年。

公元六百一十八年，唐高祖李渊承隋之后奠都长安，直到公元九百零四年。唐之定都于此处者计有高祖、太宗、高宗、中宗、睿宗、玄宗、肃宗、代宗、德宗、顺宗、宪宗、穆宗、敬宗、文宗、武宗、宣宗、懿宗、僖宗、昭宗等，共十九世二百八十七年。

公元七百五十六年，安禄山造反，攻破潼关，长安沦陷。玄宗仓皇逃往成都。次年始收复长安。

公元七百六十三年，吐蕃入寇长安，唐代宗出走陕州，幸赖郭子仪之力，得以击退吐蕃。

公元七百八十三年，发生泾原兵变，朱泚扰乱京师，德宗出走奉天，次年乱平，返回长安。

公元八百八十年，黄巢破潼关，进而攻陷长安。唐僖宗逃往四川。黄巢据长安，僭称大齐皇帝。

公元八百八十三年，李克用督率各道兵马，大破黄巢。贼兵焚宫室，劫掠财货而去。官军入长安，掠夺之横暴，更甚于黄巢。僖宗于第六年自蜀返回长安。但不久长安复因内乱而再度蒙尘。前后经过八九年之久，长安内乱骚扰不绝，昔日荣华，归于衰落。

公元八百九十六年，李茂贞举兵寇入长安，唐昭宗逃至华州。长安宫殿、城市、邸宅多焚于兵火，以至于城内行人寥落，景况大非昔比。至第三年，昭宗始由华州回到长安。

公元九百零一年，昭宗被韩全诲所胁，前往关中西部的凤翔。第三年，始被朱全忠迎回长安。

公元九百零四年，朱全忠胁迫唐昭宗迁都洛阳。至此，长安失去国都地位。佑国军节度使韩建遂毁长安城，除去外郭，仅划皇城之地另筑新城。这座新城便是今日西安城的基础。

第二章　汉唐尺度里程考

第一节　汉唐尺度

一　古代尺度的研究方法

研究中国历代尺度，并求出它与现代尺度的精确比率，这是不少学者试图解决的问题。《隋书·律历志》揭载历代尺度，分为十五等，对其异同进行了辨析。宋元明清的学者中也有从事这方面研究的。在日本，中村迪斋的《三器考》、中根璋的《律原发挥》、荻生徂徕的《度量衡考》、伊藤东涯的《制度通》、狩谷棭斋的《本朝度量权衡考》、最上德内的《度量衡说统》、猪饲敬所的《读礼肆考》、斋藤高寿的《井田图说》等等，都是有益的研究著作。现代学者有关这方面的研究论文也不在少数。但遗憾的是，至今尚未得出令人首肯的结果。

过去学者从事古代尺度研究的方法，大体上可以分为以下两种：

（一）以现存的古代尺度如建初尺、象牙尺、律尺、周尺等作为标准，探求这些古尺之间的相互关系，从而发现其间一定的比率。但尺度时代错综复杂，很难确定。即使为同时代的尺度，因制作形式有所不同，其长度也有多少的差异。例如，古今学者都认为正仓院的镂牙尺和法隆寺的红牙尺是唐代的尺度，但正仓院尺的一尺，相当于日本曲尺的九寸八分，而法隆寺尺的一尺，则合曲尺九寸七分八厘。究竟以何者作为标准尺度很难解决，所以学者据此研究多有异说。此类尺度，装饰精美，但刻度却不精确，不能不使人怀疑这到底是实用的尺度，还是用作仪式或装饰之用的尺度。因此，把此类尺度作为研究的标准，其意义应当是微乎其微的。

（二）选择典籍中所记载的泉货、剑戟、衣冠、帛绣等物的长度，用现代尺度对遗物进行实测，从而发现古今尺度的比率。如前所述，决定记载时代的尺度有一定的难度，加之此类遗物未能完全保存，想要实测精确是很困难的。在有几种同样遗物的情况下，其困难就更大了。

按中国古代的度量权衡，从《隋书》和《唐六典》等文献来看，规定有一定的标准及适用方法。《唐六典》卷二十《太府寺》条载：

> 凡官私斗秤度尺，每年八月诣寺校印署，无或差缪，然后听用之。

由此可知，当时每年举行度量衡的检查，但不如现在根据原器而实行划一彻底的制度。至于度量衡的品质，有铜、铁、象牙、竹木等不同的质料，其形状也很不一致。可以想见，其中必有若干差误。唐制有大小两种尺度，虽然规定了各自的适用范围，但往往混合使用，还有间用汉尺的情况。可以说从来都不是整齐划一的。如长安附近，就有三种衡器：清政府用库平，西安城内用议平，三原县则用布平。至于尺度混乱的情况，则较此更为严重：量地尺、工匠尺、裁衣尺、海关尺等，各异其制。在研究中国古尺时，欲求某个时代的标准尺度，以决定其正确比率，确实是很困难的问题。究竟某个时代施行的哪种尺度最多？某种尺度存在多少差错？是否大小尺混用？其混乱之状，是可想而知的。因此，研究中国古尺，若仅据一两种事实，便进行轻率的判断，自然难以正确，当从各个方面进行综合推断。

如上所述，研究中国古尺颇非易事。汉唐古钱是现存最多的遗物，其直径、斤两，在《汉书》及《唐书》中均有明确记载。所以用泉货资料来研究汉唐尺度，是古人常用的方法。但在古钱学不成熟的时代，这种方法亦不足以凭信。由于近来这门学问大有进步，加之著者在中国内地容易获得古泉货的实物，因此这种研究方法，便成使人颇有兴味的问题。本书在此习用古人的方法，选择明确记载直径大小的汉唐古钱，从古钱学的角度，鉴定出原铸物，用游尺测径器精确测量其直径，借以发现汉唐尺与日本曲尺的比率，进而考究汉唐两代的里程制度。

二　汉朝的尺度

《汉书·食货志》载：

> 王莽居摄，变汉制，以周钱有子母相权，于是更造大钱，径寸二分，重十二铢，文曰“大钱五十”。

取大泉五十钱，精测其直径，为日本曲尺九分二厘。据此，可知汉尺一尺为日本曲尺的七寸六分。

《汉书·食货志》载：

> 又造契刀、错刀。契刀，其环大如钱，身形如刀，长二寸，文曰“契刀五百”。错刀，以黄金错其文，曰“一刀直五千”。与五铢钱凡四品，并行。

大钱即前述大泉五十钱，契刀为契刀五百钱，错刀为一刀平五千钱。（插图五）《汉书》记作“契刀五百”及“一刀直五千”。今取契刀五百钱与一刀（金错）平五千钱，首先精测其钱环的直径，各为曲尺九分二厘，与大泉五十钱相同。其次从刀的尖端精测其最长距离，各为一寸五分二厘。由此足证汉代一尺，相当于日本曲尺的七寸六分。

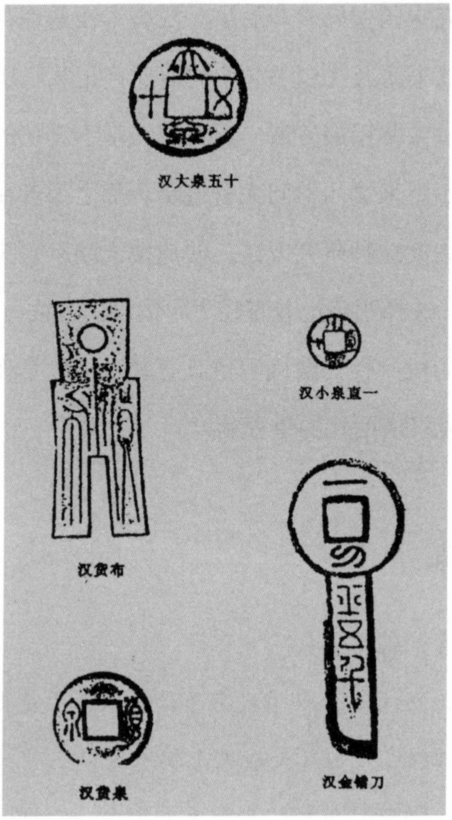

插图五　汉代古钱图

《汉书·食货志》载：

小钱径六分，重一铢，文曰“小钱直一”。

精测小泉直一钱的直径，为日本曲尺的四分五厘。如此，则汉尺一尺相当于日本曲尺的七寸五分。

《汉书·食货志》载：

天凤元年，复申下金银龟贝之货，颇增减其贯直，而罢大小钱，改作货布，长二寸五分，广一寸，首长八分有奇，广八分。其圜好径二分半，足枝长八分，间广二分，其文右曰“货”，左曰“布”。重二十五铢，直货泉二十五。

这是为改造前述大泉五十钱及小泉直一钱而铸造的货币。精测货布各部，则汉尺、日本曲尺与现行公尺的比率如下表所示：

汉尺与日本曲尺对照表

部分	汉尺	日本曲尺（实测）	汉一尺合日本曲尺
长	二寸五分	一寸九分一厘	七寸六分
广	一寸	七分六厘	七寸六分
首长	八分有奇	六分四厘	七寸六分
首广	八分	六分一厘	七寸六分
圆好径	二分半	一分九厘	七寸六分
足枝长	八分	六分一厘	七寸六分
间广	二分	一分五厘	七寸六分

《汉书·食货志》又载：

> 货泉径一寸，重五铢，文右曰“货”，左曰“泉”。枚直一，与货布二品并行。

实测货泉的直径为七分六厘，故汉一尺适当日本曲尺七寸六分。

考察上述精测诸钱的结果，可知王莽时代的汉尺一尺，确合日本曲尺七寸六分（0.230公尺）。至于小泉直一的比率不同，乃是制作上的误差。货布的间广，依其位置而有若干差异，可认为是测法上的错误。

周汉以来，有大小钱数种，互相计较，以定其价值。所谓子母相权，颇为繁杂。王莽因此改革币制，另铸新钱。居摄二年（7）铸造大泉五十、契刀五百、一刀平五千。始建国元年（9）造小泉直一，并以此为基本单位，规定大泉当其五十，契刀当其五百，金错刀当其五千。五年之后的天凤元年（14），又全部废止这些货币，另造新的货泉，并以该货泉为单位，定货布值其二十五。王莽虽屡改币制，但并未改正度量衡制度。所以研究这些钱币所得到的比率，不只是王莽时期的比率，也可看作是汉尺的比率。

周尺与秦尺亦可推定与汉尺无多大差别。因此，在换算汉以前的尺度时，也不妨使用这个比率。

三　唐朝的尺度

《新唐书·食货四》载：

> 武德四年，铸开元通宝，径八分，重二铢四参，积十钱重一两，得轻重大小之中。

“开元通宝”一名，在《唐六典》中写作“开通元宝”，但新旧《唐书》以下多作“开元通宝”。现在暂依两《唐书》的记载来称呼它。精测开元通宝钱原铸物的直径，合日本曲尺八分。据此，则唐尺一尺，实与曲尺一尺相当（开元通宝的直径，系据成岛柳北《明治新撰泉谱》第一集）。

《新唐书·食货四》又载：

> 乾元元年，经费不给，铸钱使第五琦铸“乾元重宝”钱，径一寸，每缗重十斤，与开元通宝参用，以一当十，亦号“乾元十当钱”。

精测乾元十当钱的直径，计合日本曲尺一寸。故唐尺一尺，为日本曲尺一尺。

猪饲敬所《读礼肆考》下卷载：

> 周尺之度，古今诸说纷纷，长短不一，莫若征于古物。《汉志》曰王莽货布长二寸五分。唐李台《钱志》曰一寸九分。今本邦好古家有藏货布者，长铁尺一寸九分，本邦铁尺即唐大尺。一寸九分为周汉二寸五分。以四乘之，则知周汉一尺，当今七寸六分。

据此，足证周汉尺相当于日本曲尺七寸六分，且以同一货布钱，不管是唐人李台的测量，还是以曲尺进行实测，都得到同一结果。因此，可以得出唐尺与曲尺的制度完全相同的结论。

凡从尺度角度研究古钱，大体都可得出同样的结果。如平田笃胤、屋代弘贤、猪饲敬所、藤井贞幹、荻生徂徕等人，虽然研究方法各有不同，但都主张唐朝尺度与日本曲尺完全相等的观点。

四　唐代的大尺与小尺

《唐六典》卷三《户部尚书　侍郎》条载：

凡积秬黍为度、量、权衡者，调钟律，测晷影，合汤药及冠冕之制，则用之；内、外官司悉用大者。

据此可知测量泉货大小要用大尺。如此，则与日本曲尺相等的唐尺即为大尺。

《唐六典》又载：

凡度以北方秬黍中者一黍之广为分，十分为寸，十寸为尺，一尺二寸为大尺，十尺为丈。

首先确定小尺的基准与制度，其次求小尺与大尺之间的比率。可见唐制有大小两种尺度。其小尺就是所谓黍尺，合其十分之十二的即为大尺。

《汉书·律历志》载：

度者……本起黄钟之长。以子谷秬黍中者，一黍之广，度之九十分，黄钟之长。一为一分，十分为寸，十寸为尺，十尺为丈，十丈为引。

由此可知黍尺（小尺）与晋以前的尺度（秦汉尺）相同。唐代的小尺合日本曲尺七寸六分，其十分之十二，合日本曲尺九寸一分，想必即为唐代的大尺。但考虑其长度，与前面得到的测量结果不同，且以小尺（黍尺）视为晋前尺（汉尺），是单从《汉书》与《唐六典》的记载比较而得出的结果，属于纸上推定，并无任何证据可寻。颜师古在注文中说，子谷秬黍为去皮后的黑黍，也就是谷子。但《唐六典》则将“子”字解释为方位，说是北方的秬黍，颇属滑稽。如此说来，唐代的小尺，不过是袭用古代尺度，并不是按新的秬黍的大小推算出来的。自汉至唐的六百年间，必定多次改正尺度，想必汉尺会有若干伸缩，若假定其完全相等，那是不适当的。在未发现直接资料的情况下决定小尺长度，并想从小尺的长度求出大尺的长度，是根本不可能的。但前述唐代大尺等于日本曲尺，乃是通过研究多数实证而得出的结果，应当是十分可信的。因此，把前面的论断反过来考虑，推定大尺（日本曲尺）的十二分之十即为小尺，则是具有理论意义的。由此可以断定：唐代的大尺与日本曲尺相等（0.303 公尺）；唐代的小尺，相当于日本曲尺的八寸三分三厘（合 0.252 公尺）。但是，这一推论证据薄弱，若立即去肯定它，似乎不妥。如果能用它解决下列难题的话，此得出的结论才有被首肯的价值。

五　大尺与小尺的适用范围

关于大小尺的适用范围,《唐六典》中虽有规定,但是否一律严厉执行,则应当考察中国的国民性与当时的环境。试举出下列四个问题，并加以解释：

（一）开元通宝钱的直径。开元通宝钱直到近代仍被视为铸钱的标准。（插图六）但因改铸、私铸、盗铸盛行，其种类非常繁多。所以，现在要鉴别哪一种是原铸，实非易事。有人搜集各种开元通宝，将其直径的平均值作为标准，但这种方法是毫无意义的。且原铸之钱品质纵然优良，但因时代经济关系而陷于粗恶，也是历史的事实。有人认为原铸之钱最大，而改铸、私铸、盗铸之钱必然变小，于是把直径最大的开元通宝作为标准。这种观点有一定的道理，但如果以最大的开元通宝为标准钱，则此钱直径

插图六　唐代古钱图

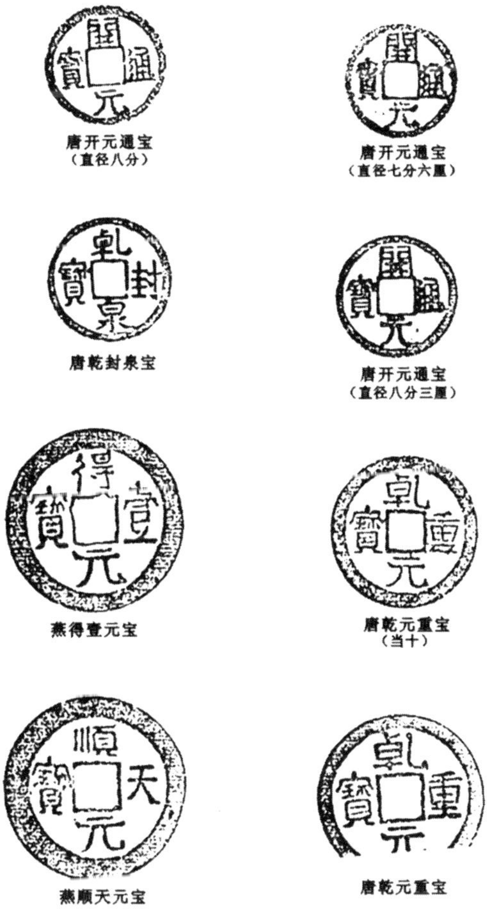

唐开元通宝（直径八分）

唐开元通宝（直径七分六厘）

唐乾封泉宝

唐开元通宝（直径八分三厘）

燕得壹元宝

唐乾元重宝（当十）

燕顺天元宝

唐乾元重宝

以八分三厘者为多，而唐代的八分较日本曲尺的八分为大，所以其结果也不足采信。因此，可知这种大钱也是私铸、盗铸之物。除去南唐及后世所改铸的开元通宝，还有背面铸郡名或有点划的，又有“元”字第二划上扬的。何者为原铸之物，实难一一辨认。暂且选择这些种类中品质、字体、制作、古色等方面优良的实物，而精测其直径，则最大的是所谓爪形开元钱，直径为日本曲尺八分三厘，这种钱遗存至今者最多。最小的是本书图示的开元钱（“开”字上部联结，且“元”字第二划向右方上扬），实测其直径为日本曲尺七分六厘。至于其他开元钱，都介于二者之间。前面指出直径合日本曲尺八分的（背面无点划），也比较常见。那么，《唐书》载开元通宝钱径八分，究竟是为什么呢？日本曲尺的八分三厘，即唐小尺一寸，而曲尺七寸六分，即汉尺一尺。武德四年（621）定开元通宝钱的直径为大尺八分，但爪形开元钱定直径为小尺一寸。图示开元钱则是定直径为汉尺一寸而铸造的。当时铸钱炉有二十余所。据说开元时全国共有八十四炉铸钱，故其铸造开元通宝钱标准互异。因此，《唐书》所载，或系总括大尺八分与小尺一寸及汉尺一寸等而示其略数为径八分。开元通宝钱种类多，难以确定其标准，加之改铸、私铸、盗铸盛行，种类益多。据学者调查，共有六百多种。因此像有的学者那样通过开元通宝决定尺度是很危险的。用开元通宝以决定唐尺标准，不过是一种例证，倒不如采用王莽钱或乾元重宝钱为上。因为此类货币异钱较少，且使用期短，随即埋入土中，有较大的考证价值。

（二）《新唐书·食货四》载：

> 乾封元年，改铸“乾封泉宝”钱，径寸，重二铢六分，以一当旧钱之十。

精测乾封泉宝钱的直径，为日本曲尺八分五厘。以此与开元通宝钱比较，直径增加五厘，重量增加二分弱。若乾封泉宝钱的直径为大尺，则应合日本曲尺一寸，故所定重量与厚度极薄，与实物很不同。可知其“径寸”采用的是小尺一寸（合日本曲尺八分三厘）而虚号为大尺一寸。因其具有十个开元通宝的价值，故被视为恶币。恶币既出，良币被逐，此为格勒善定律（Gresham’s Law）；货币贬值，则物价腾贵，这是经济规律。

《新唐书·食货四》载：

> 逾年而旧钱多废。明年，以商贾不通，米帛踊贵，复行开元通宝钱。

百姓不堪恶币之害，次年遂废乾封泉宝，重新使用开元通宝。由此可以推定乾封泉宝钱的直径，不是大尺一寸，而是小尺一寸。

（三）《新唐书·食货四》载：

> 第五琦为相，复命绛州诸炉铸重轮乾元钱，径一寸二分，其文亦曰“乾元重宝”，背之外郭为重轮，每缗重十二斤，与开元通宝钱并行，以一当五十。

精测乾元重宝钱的直径，为曲尺一寸一分三厘。《新唐书》说直径为一寸二分，相差仅七厘，当为大尺。若系小尺，则只合曲尺九分九厘六毫，与记录相差有一分三厘三毫之多，可知此钱直径必为大尺一寸二分。而缩小七厘，可能是当时鉴于乾封泉宝钱的失败，而用稍紧的大尺铸钱的缘故。

（四）《新唐书·食货四》载：

> 史思明据东都，亦铸“得一元宝”钱，径一寸四分，以一当开元通宝之百。既而恶“得一”非长祚之兆，改其文曰“顺天元宝”。

得壹元宝与顺天元宝的直径，为大尺一寸四分，当为大钱无疑。从现在精测的结果来看，得壹元宝合曲尺一寸二分，顺天元宝计一寸二分三厘，与大尺一寸四分相距甚远。假若是小尺一寸四分，应合曲尺一寸一分六厘，则得壹元宝和顺天元宝的直径与实测数据基本一致。因此，所谓径一寸四分，用的应是小尺。

总之，唐代有大小两种尺度，其适用范围虽在《唐六典》中有明确的规定，但实际上因时因地任意使用。由此可知，唐代行使与日本曲尺相等的大尺和相当于它的十二分之十（即八寸三分三厘）的小尺，应当是十分明确的。

第二节　汉唐里程

一　汉代的里程

里程产生于田亩制度，而田亩制度则是以井田法为基础的。《汉书·食货志》在解释井田法时说：

> 六尺为步，步百为亩，亩百为夫，夫三为屋，屋三为井，井方一里，是为九夫。八家共之，各受私田百亩，公田十亩，是为八百八十亩，余二十亩以为庐舍。出入相友，守望相助。

井田之法，以方一里（即方三百步）之地，划成井字形，分割为九个区域。中央一区为公田，四周八区为私田，八家各占一区。

周制是以宽一步长百步的田地为一亩，故各区的面积均为百亩。（插图七）只是八家应在私田之外各耕种公田十亩，其余二十亩为八家房基，每家所耕私田百亩所得归自己所有，而以公田十亩所得充交公租。这就是

插图七　周代井田图

史书上所说的人人先公而后私，进而完纳什一之税的田制。周代的里程与此田制相同：以六尺为一步，三百步为一里。《史记·秦始皇本纪》载："六尺为步。"可见秦代的里程制度，是完全沿袭周制的。至于两汉，亦未加更改。如前所述，汉尺合日本曲尺七寸六分，故汉代的里程数据如下：

一尺为日本曲尺七寸六分（合 0.230 公尺）。一步为日本曲尺四尺五寸六分（合 1.381 公尺）。一里凡三百步，为日本三町四十八间（合计 414.5 公尺）[①]。

《康熙字典》引用《司马法》称："凡人一举足曰跬。跬，三尺也。两举足曰步。步，六尺也。"古代的一步，现在看来实际上是两步。普通人的两步，约合日本曲尺四尺五六寸。由此推论，可知周代的一尺，应合日本曲尺七寸五六分。而汉尺应当也是如此。自汉至隋，其间曾经屡次更改尺度，若一一加以考证，则过于繁杂，且与本书无直接关系，所以姑且假定没有特殊差异。凡这一时期需要计算尺度里程的，即可以汉代尺度里程为准。

二　唐代的里程

《唐六典》卷三《户部尚书　侍郎》条载：

凡天下之田，五尺为步，二百有四十步为亩。

但《夏侯阳算经》则说：

杂令，诸度地以五尺为一步，三百三十步为一里。

该书又说：

在京诸司及诸州，各给称尺并五尺度、斗、升、合等样，皆铜为之。

①译者按："町"和"间"均属于日本长度单位。一町为六十间，一间为六尺。

《夏侯阳算经》是唐国子监算学学生的教科书，已被收入武英殿聚珍版丛书内。据清代学者考证，夏侯阳是隋朝人[①]，因为书中引用的杂令、田令、田曹等，都是隋朝制度。如果此说不谬，则五尺一步、三百六十步一里之制，在隋朝已经形成，而为唐朝所沿用。所以唐代的里程数据当如下所述：

大一尺为日本曲尺一尺（合0.303公尺）。一步为大尺五尺，即日本曲尺五尺（合1.515公尺）。一里为三百六十步，即一千八百尺，相当于日本的五町（一町为六十间，一间为六尺）。

以此证史，可对下列史实进行考证：

（一）《旧唐书·地理一》在记述东都洛阳的广袤时称："南北十五里二百八十步，东西十五里七十步，周围六十九里三百二十步。"所谓"三百二十步"，显然不是根据三百步一里的制度来计算的。

（二）《长安志》虽然作于宋代，但它是按唐代里程记事的。该书卷六《长安宫城》条载："宫城东西四里，南北二里二百七十步，周围十三里百八十步。"此处将周围十二里五百四十步写作十三里百八十步，可知是采用了三百六十步一里的统计制度。《长安志》卷十四又有"至凤翔府扶风县东界一十一里三百二步"的记载。据此也足以证明它未采用三百步一里的制度。

（三）关于长安城郭里程，若将《隋书》《唐六典》《旧唐书》《新唐书》《长安志》及《长安志图》诸书所载长安城郭里程相互比较，也可以证实隋唐两代施行的是三百六十步一里的制度。同时，利用这些典籍，可以订正相互间的谬误（括号内为订正的数字，详细情况请参照下页）：

①编者注：夏侯阳为晋代人。

文献所载长安宫城、皇城、外郭城规模表

范围		隋书（唐）	唐六典（唐）	旧唐书（五代）	新唐书（宋）	长安志（宋）	长安志图（元）
皇城	东西		5里115步		1915步	5里115步	5里115步
	南北		3里140步		1200步（1220步）	3里140步	3里140步
宫城	东西				1440步	4里	
	南北				960步（990步）	2里270步	2里270步
	周围				4860步		13里180步
京城	东西	18里115步	18里115步	18里150步	6665步（6595步）	18里115步	18里115步
	南北	15里175步	15里175步	15里175步	5575步	15里175步	15里175步
	周围				24120步	67里（67里220步）	67里（67里220步）

比较上表内容，可以发现下列情况：

1.各书都是据三百六十步为一里进行计算的。《长安志》采用的是三百六十步之制，其他诸书也是如此，故其计算方法一定是相同的。

2.除《新唐书》外，各书所载数字大体相同，足证其适用于同一种计算方法。《旧唐书》以下各书的记载，袭用《隋书》和《唐六典》的数据，当非出自实测。但仍足以佐证长安城的里程是可信的。

3.长安京城的形状是方形，其周长《隋书》《唐六典》皆作六十七里二百二十步，至于《长安志》和《长安图志》记作六十七里，只是举其略数罢了。

4.《新唐书》所载里程，只是用三百六十步一里的计算方法，将他书所载里程换算为步数。

5.《新唐书》对里程的换算有下列错误：

（1）皇城南北一千二百步为一千二百二十步之误。如果用这个数字与其他文献的记载相比较，自然会看得十分清楚。

（2）宫城南北九百六十步为九百九十步之误。以此数与东西长度及周长计算，或与《长安志》记载的数据相较，即能明白。

（3）京城东西六千六百六十五步为六千五百九十五步之误。以京城东西宽度及周长计算，或与《长安志》所载数据相较，就会证明这一点。

（4）京城周长应为二万四千一百二十步。这一数字与《长安志》所载的六十七里大体相同，并非京城东西距离与南北距离总和的两倍。

通过以上研究，关于长安城宫城、皇城及京城的广袤周长，深信前表中有黑线的里步数目确实可靠。何况此数与长安城的实测数据一致。由此可以证明长安城的数据，是按大尺五尺为一步的标准计算的。

三　唐里的大程与小程

如上所述，唐代至少用大尺五尺为一步、三百六十步为一里的方法测量两京里程。但也有使用古制，即以小尺六尺（大尺五尺）为一步、三百步为一里的情况。

《夏侯阳算经》载：

> 田曹以六尺为步，三百步为里。

该书卄头在叙述算法时也说.

> 里之求步三百之，步之求尺六之。

由此可知，唐朝兼用两种制度，即五尺一步、三百六十步一里，与六尺一步、三百步一里。这里暂且将前者称为大程，后者称为小程。

根据唐制，量地应采用大尺，故大程的使用自不待言，小程也是随大尺计算的。有时以小程一步当日本六尺，这与步的固有概念相去甚远。以六尺为一步、以三百步为一里，是周汉以来通行的先王古法，因此推定使用小尺计算接近古尺。有时以大程一步为大尺五尺，小程一步为小尺六尺，实测结果相等。所以，用大尺测量而另按小程的算法，即以五尺为一步、以三百步为一里，这种混合使用的方法，在当时亦较常见。《通典》拒守法就是一个明显的例证。兹将唐里的大程与小程比较如下：

大程：一步为大尺五尺，一里为三百六十步，即大尺一千八百尺，合日本曲尺一千八百尺。

小程：一步为小尺六尺（大尺五尺），一里为三百步，即小尺一千八百尺，合日本曲尺一千四百九十九尺四寸。

下边是使用小程的一些事例：

（一）《旧唐书》的《天文上》及《新唐书》的《天文一》载：唐代由滑州白马县以次向北，树立八尺之表以测晷影。其中至豫州上蔡、武津的总路程，合计为五百二十五里五百七十步。《天文上》称“大率五百二十六里二百七十步，影差二寸有余”。这显然是采用三百步为一里的规定来计算的。

（二）杜佑《通典》卷一百五十二《兵五·守拒法》条载：

> 一步五尺之城，计役二百三十五人；一百步，计功二万三千五百人；三百步，计功七万五百人。率一里，则十里可知。

按一步五尺系指大尺五尺，亦可视为小尺六尺。但因“三百步计功七万五百人，率一里”，故知它是按三百步一里的规定计算的。如此，则拒守法是按大尺五尺（即小尺六尺）一步、三百步一里计算，采用的是小程。

（三）唐代长安、洛阳间的距离。关于长安与洛阳间的距离，文献中亦有所记载：

1.《后汉书》卷一〇九《郡国一》的《京兆》条载：

> 京兆尹秦内史，武帝改。其四县，建武十五年属。洛阳西九百五十里。

由于汉代的洛阳在今洛阳东十九里处，而长安（未央宫）在今西安城西北二十里处，须将二者相加，换算为汉里五十三里，从上述数字中减去。

因此，唐代长安到洛阳间的距离为八百九十七汉里。

2. 据《旧唐书》卷三十八《地理一》的《河南道》条载：河南府“在西京之东八百五十里”。《关内道》条载：华州“在京师东一百八十里，去东都六百七十里”。《关内道》条又载：凤翔“在京师西三百一十五里，去东都一千一百七十里”。毫无疑问，长安与洛阳的距离为八百五十唐里。

3. 根据东亚同文书院研究部的调查，现在洛阳至西安的铁道线距离较短，实测数据为七百三十六华里。

4. 据陇海铁道技师1912年的实测结果，河南、潼关之间的距离为一百三十四英里，潼关至西安间为八十三英里，合计洛阳至西安间的距离为二百一十七英里。

5. 又据同文书院研究部的调查，按照洛阳与西安的经纬度以测量其距离，合日本曲尺九十一里二分。具体数据如下（插图八）：

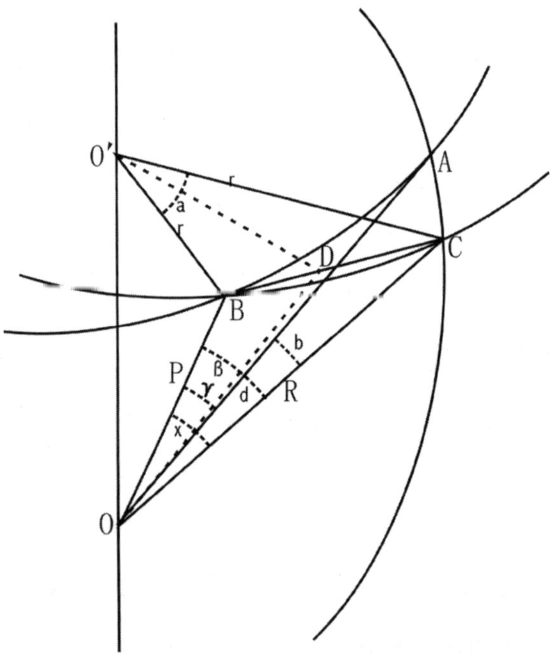

插图八　西安洛阳经纬关系图

（1）洛阳　北纬 34 度 43 分，东经 112 度 28 分。

（2）西安　北纬 34 度 16 分，东经 108 度 38 分。

$\angle a=3°50'$ 　　　$\angle b=27'$

R=6377.4km.……Red.of Equator.

1 里 =3.927km.

$r=R\cos 34°16'$

$BD=r\sin\frac{1}{2}a=R\sin\frac{1}{2}x$

$R\sin\frac{1}{2}x= R\cos 34°16'\sin\frac{1}{2}a$

$\sin\frac{1}{2}x=\cos 34°16'\sin 1°55'$

$\angle x=3°10'40''$

依据球面三角公式则为：

$\cos\gamma-\cos a\cos\beta$

$\angle a=27'$ 　　　$\angle\beta=3°10'40''$

$\cos\gamma=\cos 27'\cos 3°10'47''$

$L\cos\gamma= L\cos 27'+L\cos 3°10'40''$

$L\gamma=3°12'56''$

但因角度很小，在不用七位以上对数表的情况下，须应用纳皮尔（Napier）公式，以正切（Tangent）代余弦（Cosine），方能计算。

其次求弧 AB 的长度：

$AB=6377.4\times 2\pi\times 3°13'\div 360°\times 3927=91.2$（里）

如果将前述汉里、唐里、华里及英里数换算成日本里数进行比较，其结果如下表：

唐长安（西安）与洛阳（河南府）的距离

资料来源	换算日本里程	计算之差
《后汉书》	897 汉里，10 里 20 町 ×8.97=94 里 7	3.5 里
《旧唐书》	850 唐里，小程 11 里 20 町 ×8.5=98 里 2；大程 13 里 32 町 ×8.5=118 里 1	7.0 里
东亚同文书院研究部的调查	铁道线：华里 14 里 17 町 ×7.35 ＝ 106 里 4 经纬度：91 里 2	15.2 里
陇海铁路技师的实测	218 哩，89 里 3	–1.9 里

道路上的实际距离，自然比铁路距离要远。以汉里与唐里（小程）比较计算，仅差三里至七里。九百五十汉里与八百五十唐里的差别，可能只是省略了一位数字，故真实的里程，大约与东亚同文书院的实测数一致。但唐里若用大程计算，则二者相差二十七里之多。因此，对于汉唐时代里程的测量方法以及各个时期长安与洛阳间道路的演变问题，是有必要进行研究的。只是这样做所涉及的枝叶问题过多，所以就到此为止。总之，将长安与洛阳间的八百五十唐里，推断为小程计算，是与事实相吻合的。试观《旧唐书·地理志》所载里程与实测数据的比较结果，可知都是采用小程的。而《汉书》与《旧唐书》中所记载的里程，也绝不是无稽的数字。

通过对以上事例的考证，可知大程是隋代或唐初制定的用以测量两京城坊的计算方法，但常常奉行不力。地方里程、天文及《司马法》等旧习不易改变，有些地方仍使用接近古制的小程。所有这些，都足以证明前面所言，即唐代里程并非整齐划一。

据日本《大宝律令》记载：

> 凡度地五尺为步，三百步为里。

可见日本古代亦采用大程。大程似乎自唐末至宋代逐渐推行，《宋史》《长安志》《新唐书》等书皆用之。

日本《延喜式·杂令》对《大宝律令》有所修订：

> 其度以六尺为步，以外如令。

因 6 尺 ×300=1800 尺，与唐代大程 5 尺 ×360=1800 尺相同。这大概是模仿唐制，将小程改为大程的缘故。由此亦可推知大程与小程的存在及其变迁情况。

总之，唐里有五尺一步、三百六十步一里的大程与五尺（小尺六尺）一步、三百步一里的小程。当时虽常用小程计算方法，但在测量长安、洛阳城郭时，使用大程的计算方法进行计算则是确定的。

四　清朝的尺度与里程

宋元以降，尺度差讹渐多。根据使用尺度的目的，尺度的制作也有所差异，从而使各种尺度之间的关系变得极为复杂。这本来不是本书所研究的内容，但在本书中，因为记载现在的距离时，多使用清代尺度及里程，故在此简单地谈一谈清朝尺度里程与日本尺度里程的关系。比较西安（长安）一带所用清朝普通尺度与日本曲尺，知清朝一尺约合日本曲尺一尺四分二厘。换言之，清代一尺较唐代大尺或日本曲尺长四分二厘。光绪十九年十月舆图馆测绘陕西省城图时说：

> 今实测城周四千三百九十丈，为二十四里三分零。东西距一千三百七十丈零，为七里六分零。南北距八百二十五丈，为四里五分零。

据此可知清朝里程的计算方法，是采用一千八百尺为一里。故清朝一里，合日本曲尺及唐代大尺一千八百七十五尺六寸，约当五町十二间六分。显然，清朝的尺度里程与唐制颇为接近，二者相差甚微。

五　汉唐清尺度里程与日本曲尺的比较

欲求出中国各时代尺度的理论比率是颇为困难的。这里姑且利用上述研究成果制成一览表，希望试用于长安的研究。若试用结果精确，与实际相符，则必然适用于其他场合。这是可以间接证明的。

第一表　汉唐清日尺度里程换算表

尺	曲　尺（尺）	公　尺（尺）	里　程
汉尺	0.760	0.2300	—
唐小尺	0.833	0.2520	—
唐大尺	1.000	0.3030	—
清尺	1.042	0.3157	—
步	曲　尺（尺）	公　尺（尺）	里　程
汉步　六尺	4.560	1.381	—
唐步　小尺六尺	4.998	1.514	—
唐步　大尺五尺	5.000	1.515	—
里	曲　尺（尺）	公　尺（尺）	里　程
汉里　三〇〇步	1368.0	414.545	三町四八间
唐小程（小尺）三〇〇步	1499.4	454.363	四町九间五尺
唐大程（大尺）三六〇步	1800.0	545.454	五町
清里　一八〇〇尺	1875.6	568.361	五町一二间三点六尺

第二表　汉唐清里程换算日本里程表

里数	汉代	唐代（大程）	唐代（小程）	清代
一里	三町四八间	五町	四町〇九间五尺	五町一二间三尺六
二里	七町三六间	一〇町	八町一九间四尺	一〇町二五间一尺二
三里	一一町二四间	一五町	一二町二九间三尺	一五町三七间四尺八
四里	一五町一二间	二〇町	一六町三九间二尺	二〇町五〇间二尺四
五里	一九町	二五町	二〇町四九间一尺	二六町三间
六里	二二町四八间	三〇町	二四町五九间	三一町一五间三尺六
七里	二六町三六间	三五町	二九町八间五尺	一里二八间一尺二
八里	三〇町二四间	一里四町	三三町一八间四尺	一里五町四〇间四尺八
九里	三四町一二间	一里九町	一里一町二间三尺	一里一町五三间二尺
十里	一里二町	一里一四町	一里五町三八间二尺	一里一六町六间
二十里	二里四町	二里二八町	二里一一町一六间四尺	二里三二町一二间
三十里	三里六町	四里六町	三里一六町五间	四里　二町一八间
四十里	四里八町	五里二〇町	四里二二町三三间二尺	五里二八町二四间
五十里	五里一〇町	六里三四町	五里二八町一一间四尺	七里八町三〇间
一百里	一〇里二〇町	一三里三二町	一一里二〇町二三间二尺	一四里一七町

第三章　周代的遗迹

第一节　周代遗迹

一　周镐京

堪称周室始祖的古公亶父，因避北狄之祸，离开故土，由邠地南下，移居岐山之下的周原，并把它作为自己的根据地。（参见图片二十七至三十二[①]）现在被称为岐阳宫的地方，就在凤翔府岐山县东北五十里的岐

①周三王庙在岐山县东北五十里的岐阳镇，祭祀周祖太王（古公亶父）、王季（文王之父）和文王。庙后有小坟，传说是太王陵。三王庙在岐山县西北十五里凤凰山。相传昔日凤凰曾降于此山，故有此名。图片二十八中从左数第二座山丘就是凤凰山（但当地居民也把图中所见丘陵总称为凤凰山）。右边山丘中部有一块黑色的地方，是三王庙的树丛。庙分为三个部分，分别祭祀太公（古公亶父）、周公、召公。俗概称为周公庙。庙系近代所建，颇为壮丽。境内古木郁苍，又有润德泉，泉水极为清冽，由图片三十中央下部所见龙头中涌出，注入其下方的八角形小池中。泉边有碑，上书“润德泉龙君尊神老爷之位”。周召公庙在岐山县西南八里，祭祀周代的召公。庙系光绪十八至十九年间所建。庙内有一个六角重层的召公亭，后面有甘棠树。亭子是新的，但树似已百岁以上。召公原为文王庶子，名奭，今岐山附近是召的采邑，故被称为召公。邸内有甘棠树，召公很爱它。召公死后，此树受到乡人爱护，直到今日当地仍然种植这种树木。甘棠是林檎的一种，果如梅子。通常人们所说的苹果就是这种水果。

图片二十七　岐阳镇的周代三王庙

山之麓。《诗经·绵》中的“乃立皋门，皋门有伉。乃立应门，应门将将”即指岐阳宫的前门和正门。文王时，迁都丰邑。丰邑在鄠县东北五里的沣水西岸。武王灭商后，迁都于镐。《周礼·冬官考工记》等文献中载有周代王城之制，但它与镐京的规模有何关系，现在还不太清楚。秦时以镐京附近为禁地，建上林苑。其后汉武帝引沣水，凿昆明池，致使周代遗迹悉

图片二十八　岐山县凤凰山西周三王庙远望

图片二十九　岐山县凤凰山西周三王庙

沦于池底。在今西安城西南三十里的沣水东岸，有一片被称为镐池的洼地，相传即是周代镐京的故址。在镐池南十余里处，还有灵囿（文王的园囿）、灵台（灵囿中的高台）、灵沼（灵囿中的池沼）等地名，现在均颓败成荒野，可资考证的遗迹已荡然无存。总之，周京古迹，经过三千多年的风霜，已湮灭殆尽，有关它的传说，也无法考证。唯一可以推测的是，今西安城的西南一带，是周代王城的所在地，曾受到文、武、周公流布德化。

图片三十　岐山县凤凰山西周三王庙中的润德泉

图片三十一　岐山县西南周召公庙

《诗经·灵台》

经始灵台，经之营之。庶民攻之，
不日成之。
经始勿亟，庶民子来。王在灵囿，
麀鹿攸伏。
麀鹿濯濯，白鸟翯翯。王在灵沼，
于牣鱼跃。
虡业维枞，贲鼓维镛。于论鼓钟，
于乐辟雍。
于论鼓钟，于乐辟雍。鼍鼓逢逢，
矇瞍奏公。

图片三十二　岐山县西南周召公亭

二　周文王陵

在咸阳附近，自古以来把渭水北岸的高原称作毕原。这里是周代王陵的所在地。今咸阳县城北十里的高原上，有周代四王的陵墓。其分布情况是以文王陵为中心，接近正北面的是武王陵，位于西南二里处的是成王陵，东南二里处的则是康王陵。在文王陵之东，又有周公墓和太公望墓。（图片三十三至三十四）

文王陵是四王陵中规模最大的陵墓。其高度为三丈五尺，基址为东西二百六十尺、南北二百八十尺，形状是圆形平头，顶部比较平坦。陵前有陕西巡抚毕沅所建大碑，上面刻着“周文王陵”几个金字。又有祠堂及两座楼门，均系清代重修，结构颇为壮丽，但现已任其荒废。门内有一老翁守陵，却不事洒扫，致使杂草丛生，几乎成为猪羊牧场。彩檐也变成了鸽鸦的栖息场所，景况甚为惨淡。祠前两侧有石碑数十通，皆系元明以后所建。碑上刻有重修与告祭等事，作为考证资料，有一定的价值。（参见图片三十四）①

图片三十三　咸阳周文王陵及武王陵

图片三十四 咸阳周文王陵

①译者按：西周共有十二个王，史书中只对文王、武王的葬地有明确记载，说周文王和周武王均葬于毕。但因采用“不树不封”的陵墓制度，地面上没有留下任何标记。本书所述文、武二王之陵目前尚未得到考古界的证实。至于所谓“成王陵”和“康王陵”，实为汉代帝王陵墓中的陪葬墓。

三　周武王陵

武王陵靠近文王陵，在同一围墙之内。陵冢呈方底圆锥形，比文王陵略微矮小。陵前“周武王陵”石碑，亦为毕沅所建。又有祠堂、楼门及十二通石碑，与文王陵前的情况无多大差异。（参见图片三十五）

图片三十五　咸阳周武王陵

四　周成王陵

成王陵位于文王陵西南二十度的方向，其外形与武王陵相同，高度约为三丈，陵基东西宽二百一十尺。毕沅所建“周成王陵”碑树立陵前，祠内亦有石碑数通，皆为元明以来所建。（参见图片三十六）

图片三十六　咸阳周成王陵

五　周康王陵

周康王陵在文王陵东南二十三度的地方，与成王陵并立。陵墓形制、祠堂、周垣等，均与成王陵相同。陵前亦有毕沅所建碑，碑上刻写“周康王陵”。（参见图片三十七）

图片三十七　咸阳周康王陵

六　关于周代四王陵

四王陵原有的祠堂、楼门、垣墙等建筑，虽已残破荒废，但历代一再重修，并举行祭奠活动，征之碑文，其事甚明。垣墙内均有古柏，久历风霜，干老枝疏，四时郁蔚，给人以森严之感，使人不禁追怀周王盛德。登上文王陵极目四望，可以看见前方的成王陵、康王陵和后边的武王陵，还可以看到西汉以来的其他陵墓。东自汉惠帝安陵，西至汉武帝茂陵，其间散列的九大汉陵和几百座历代名臣墓一一在目，使人的怀古之情油然而生。

关于上述周代四陵的真伪，现在尚难以断言。周陵的位置自古有渭水之南（即今西安府城西南地方）的渭南说和咸阳北原（即上述渭北地方）的渭北说，孰是孰非，实难断言。《西安府志》和《陕西通志》上，都附录着对周代陵墓的不同说法。唐人张守节在《史记正义》中引用唐初魏王李泰《括地志》称：

> 周文王墓在雍州万年县西南二十八里原上也。（《周本纪》）

又称：

> 武王墓在雍州万年县西南二十八里毕原上也。（同上）

明确记载文、武二王陵在渭水之南。该书还介绍了位于渭北的秦惠文王陵和悼武王陵，指出民间俗传周武王陵为秦悼王陵的错误。由于《括地志》的说法，是从六朝传下来的，若从文献上进行考察，不得不承认渭南说是有力的。

《汉书·刘向》载刘向上疏云：

> 黄帝葬于桥山，尧葬济阴，丘垄皆小，葬具甚微。舜葬苍梧，二妃不从。禹葬会稽，不改其列。殷汤无葬处。文、武、周公葬于毕，秦穆公葬于雍橐泉宫祈年馆下，樗里子葬武库，皆无丘垄之处。

这说明汉时无今日高大坟墓。由此可知，太古纯朴之世，绝不经营像后世那样的高大的坟茔。兴筑高大的陵墓，埋藏金银玉帛，是春秋战国时期形成的风习。经过秦汉时代，此风愈演愈烈。如此说来，文王陵和武王陵在当初绝无现在的堂堂大丘。经过数千年的绵长岁月，以致后人不知陵墓的确切位置。故从唐初开始，已有各种不同的说法。唐初颜师古在对《汉书·刘向》周文武二王葬于毕的记载作注时说："毕陌在长安西北四十里也。"明确指出周陵在咸阳北原。从此，渭北说渐为世人所知。宋元以后，置陵户于渭北，设祠祭奠，于是渭北说得到普遍承认。《文献通考》卷一百二十三《王礼考·山陵》载：

> 周文王葬京兆咸阳县。武王葬京兆咸阳县。宋乾德四年，诏二冢给陵户，祠祭如太昊。

又载：

> 成王葬京兆咸阳县。康王葬京兆咸阳县。成王、康王二冢，宋乾德四年，诏给守陵三户，岁一享。

清乾隆五十一年（1786），陕西巡抚毕沅更建碑于渭北，以表彰文、武二王陵墓。因此，渭北说遂成为无异议的定论。但对实地进行考察，祠堂、墙垣等建筑，皆为近世所造，陵墓坡度较大，亦具后世特征，且碑碣都是元明两代所立，绝无周汉遗物。凡此种种，皆证明这些陵墓系后世所建。《唐书》明确记载，武则天天授元年（690）篡夺唐祚，改国号为周，尊周文王为文皇帝，作为自己的始祖。有人据此推测文、武二王之陵就是这个时候营建或增建的。但毋庸讳言，这种推论缺乏立论的根据。

七　石鼓

北京大学门内两侧，有十个石块，皆呈圆柱形，很像大鼓，古人称之为石鼓。其表面所刻古代文字，被称为石鼓文。石鼓作为珍贵的上古遗物，是有趣的研究对象。这些石鼓原来埋在凤翔府石鼓原的田野里，出土后曾引起唐代学者的关注，韩愈曾为它们作《石鼓歌》。唐政府将它们移到长安国子监内，可惜保护不周而散失。唐人郑余庆从民间搜集到九块，陈列于凤翔文庙中。后遭五代战乱散失。北宋时再次进行搜索，幸好得到全数。大观年间，远送京师开封加以保护。及靖康之难，金人攻陷开封，将它们运到燕京，即今北京。此后石鼓一直保存在北平。清乾隆五十五年（1790），皇帝亲考诸书，制石鼓御题，与韩愈的《石鼓歌》一起刻在石鼓上，陈列于现在的北京大学。

关于石鼓的来历，唐宋以后学者考证的结果不同：唐人韦应物认为是周文王的石鼓、周宣王的诗，韩愈认为是宣王之鼓，宋人程大昌认为是周成王之鼓，郑樵则认为是秦代遗物，金人马定国说是北周（宇文周）遗物。可谓各有主张，难定是非。这些观点都被收集在清人王昶《金石萃编》的第一卷中，读者可自行参考。在《金石萃编》之后，发表见解的学者亦不少。如最近民国学者马衡著《石鼓为秦刻石考》（收入《国学季刊》第一卷第一号）等等。虽然有关石鼓的异说较多，但多数学者都认为这是周宣王时代的遗物。其论据大略如下：

（一）石鼓是从周秦王朝的起源地凤翔附近出土的，故可认为是周代或秦代的遗物。

（二）周宣王时，太史籀改造蝌蚪文字，制作《大篆》十五篇，也就是人们通常所说的籀书。石鼓上的文字，既不像蝌蚪文，又比秦篆古老，具有后世无法模拟的气韵，被认为是籀书。故可断定石鼓为秦以前的周代遗物。

（三）石鼓上的文字多已消磨缺损，即使成章诵读，也很难理解其中的文意。但试与《诗经》中的《车攻》篇对比，则可以发现其中类似的文字颇多。

要弄清石鼓文原来的字数是很不容易的。明人杨慎据唐代拓本主张共存七百零二个字，因为他是有名的伪言家，故学者们都不相信他的说法。范氏天一阁所藏的宋拓本上，共存四百六十二字，此说最称完备。据现存的明治四十四年拓本调查，仅有三百六十一字。其中还有八十三字残缺难读。总之，一般认为石鼓是周宣王时代的遗物，因由关中出土，故附记于此。

第二节　秦代的遗迹

一　咸阳城

秦人的根据地，原在以陕西省凤翔府为中心的地方。至有名的秦孝公时，始迁都于渭水之滨，修筑翼阙宫殿。其地南滨渭水，与终南山对峙；北倚高原，与嵯峨、九嵕诸山相望，因位于山之南水之北的阳地，故名为咸阳。相传今咸阳县东二十里的渭水北岸，即为咸阳故城遗址。

《史记》及其他史籍对秦王朝的豪奢状况都有一定的记述。秦始皇二十六年，移天下高赀富豪十二万户以充实咸阳；架桥于渭水之上，修阁道以象天汉；筑咸阳宫及众多宫殿于渭北，置信宫诸庙及上林苑于渭南，又在咸阳北原上模建六国宫殿，以藏纳各国美女及钟鼓珍宝等物。在咸阳附近二百里（日本二十里有余）之内，宫殿、楼阁相峙，复道、甬道相连。据说秦始皇常周游其间，而保密其真实所在。群臣若有事禀告，皆参集于咸阳宫。但现在查访咸阳故地，却毫无遗迹可寻，显得异常寂寞。

《咸阳怀古》

［唐］刘沧

经过此地无穷事，一望凄然感废兴。渭水故都秦二世，咸原秋草汉诸陵。天空绝塞闻边雁，叶尽孤村见夜灯。风景苍苍多少恨，寒山半出白云层。

二　阿房宫遗址

《史记·秦始皇本纪》载：

> 三十五年……始皇以为咸阳人多，先王之宫廷小，吾闻周文王都丰，武王都镐，丰镐之间，帝王之都也。乃营作朝宫渭南上林苑中。先作前殿阿房，东西五百步，南北五十丈，上可以坐万人，下可以建五丈旗。周驰为阁道，自殿下直抵南山。表南山之巅以为阙。为复道，自阿房渡渭，属之咸阳，以象天极阁道绝汉抵营室也。

阿房宫遗址，在距今西安城西三十里三桥镇南被称为阿房村的寂寞村落。村内有被称为阿房宫的古坟形丘陵。其底部为不等边三角形，周围广约为六百二十尺，高四十一尺。丘陵的形状是圆的，其西南中部排列着三块高约三尺的平头花岗石。可能是当时用来建筑的柱础残片。《史记·秦始皇本纪》中有“先作前殿阿房”的记载，可知始皇帝在经营朝宫时，先建前殿于此高台之上，以蜀山的巨材，修筑宏伟的殿楼，与南山相对峙。由此可见其睥睨关中的雄图。（参见图片三十八）

《阿房宫赋》

［唐］杜牧

> 六王毕，四海一。蜀山兀，阿房出。覆压三百余里，隔离天日。骊山北构而西折，直走咸阳。二川溶溶，流入宫墙。五步一楼，

十步一阁。廊腰缦回，檐牙高啄。各抱地势，钩心斗角。盘盘焉，囷囷焉，蜂房水涡，矗不知其几千万落。长桥卧波，未云何龙。复道行空，不霁何虹。高低冥迷，不知西东。歌台暖响，春光融融。舞殿冷袖，风雨凄凄。一日之内，一宫之间，而气候不齐。妃嫔媵嫱，王子皇孙，辞楼下殿，辇来于秦，朝歌夜弦，为秦宫人。明星荧荧，开妆镜也；绿云扰扰，梳晓鬟也；渭流涨腻，弃脂水也；烟斜雾横，焚椒兰也；雷霆乍惊，宫车过也；辘辘远听，杳不知其所之也。一肌一容，尽态极妍。缦立远视，而望幸焉，有不得见者，三十六年。燕赵之收藏，韩魏之经营，齐楚之精英，几世几年，剽掠其人，倚叠如山。一旦不能有，输来其间，鼎铛、玉石、金块、珠砾，弃掷逦迤，秦人视之，亦甚不惜。嗟呼！一人之心，千万人之心也。秦爱纷奢，人亦念其家。奈何取之尽锱铢，用之如泥沙，使负栋之柱，多于南亩之农夫；架梁之椽，多于机上之工女；钉头磷磷，多于在庾之粟粒；瓦缝参差，多于周身之帛缕；直栏横槛，多于九土之城郭；管弦呕哑，多于市人之言语。使天

图片三十八　阿房宫遗址

下之人，不敢言而敢怒。独夫之心，日益骄固。戍卒叫，函谷举。楚人一炬，可怜焦土。呜呼！灭六国者六国也，非秦也。族秦者秦也，非天下也。嗟夫！使六国各爱其人，则足以拒秦。秦复爱六国之人，则递三世可至万世而为君。谁得而族灭也。秦人不暇自哀，而后人哀之。后人哀之而不鉴之，亦使后人而复哀后人也。

三　秦始皇陵

秦始皇刚戾骄奢，政令峻刻，赋敛常重，穷奢极侈，以尽宫室华丽之能事。“凡所为贵有天下者，得肆意极欲”，就是对他内心的真实写照。他修筑万里长城，营建阿房宫，焚书坑儒，南巡之际，又赭湘山。这些举动都已超出常规，至于他对陵墓的修建，更是有过之而无不及。现将文献中的相关记载集录如下：

死葬乎骊山，吏徒数十万人，旷日十年。下彻三泉合采金石，冶铜锢其内，黍涂其外，被以珠玉，饰以翡翠。中成观游，上成山林。为葬埋之侈至于此。（《汉书·贾山》）

斩山凿石，下锢三泉。以铜为椁，旁行周回三十余里。上画天文星宿之象，下以水银为四渎、百川、五岳、九州，具地理之势。（《水经注》卷十九《渭水》）

以明珠为日月，鱼膏为脂烛，金银为凫雁 。（《长安志》引《三辅故事》）

宫观、百官、奇器、珍怪，徙藏满之。令匠作机弩矢，有所穿近者辄射之。（《史记·秦始皇本纪》）

二世曰：“先帝后宫非有子者，出焉不宜。”皆令从死。死者甚众。葬既已下，或言工匠为机，臧皆知之，臧重即泄。大事毕，

已臧，闭中羡，下外羡门，尽闭工匠臧者，无复出者。树草木以象山。（《史记集解》引《皇览》）

陵高一千二百四十尺，内院周五里，外院周十一里。（《长安志》引《两京道里记》）

珍宝之藏，机械之变，棺椁之丽，宫馆之盛，不可胜原。又多杀宫人，生埋工匠，计以万数。天下苦其役而反之，骊山之作未成，而周章百万之师至其下矣。项籍燔其宫室营宇，往者咸见发掘。（《汉书·刘向》）

项羽入关，发之以三十万人，三十日运物不能穷。关东盗贼，销椁取铜。（《水经注》卷十九《渭水》）

其后牧儿亡羊，羊入其凿，牧者持火照求羊，失火烧其臧椁。（《汉书·刘向》）

火延九十日不能灭。（《水经注》卷十九《渭水》）

自古至今，葬未有盛如始皇者也，数年之间，外被项籍之灾，内离牧竖之祸，岂不哀哉！是故德弥厚者葬弥薄，知愈深者葬愈微。无德寡知，其葬愈厚，丘陇弥高，宫庙愈丽，发掘必速。由是观之，明暗之效，葬之吉凶，昭然可见。（《汉书·刘向》）

上述记载，有些失之夸张，有些似为想象。但由此可以看出秦始皇绞尽生灵膏血而经营其陵墓的情况。

秦始皇陵在骊山北麓，也就是位于临潼县东十五里的大坟丘，从二十里以外的远方就可以看见。其形状略呈山野弧形，宛如火山性质的山岳。由临潼县骑马前往，不到一个小时，就可到达陵下。山陵的坡度很缓，骑着马也能直达其顶。陵上丛生茅萱，但没有一棵树木。明代中叶都穆在《骊山记》中说："石门、石枢犹露土中。"这种形迹现在已无法找到，但到处都可以看见瓦砾残片。山陵形状完整，看不出项羽以三十万人发掘的痕迹。实测陵高二十五丈有余，中部稍平坦，且有台阶，顶上广阔平坦。陵基略呈方形，东西约一千六百尺，南北一千七百尺。在陵基南七百尺及东、西、北各三百五十尺的地方，残存着高约数尺的围墙。围墙与底基平行，呈长方形。其长度东西约二千三百尺，南北约二千七百尺，周长可达万尺。陵南与周垣的中央，有南门遗址，高达丈余，散布着很多瓦砾。从实测的结果来看，《两京道里记》中有关“陵高一千二百四十尺”的记载，《水经注》中有关“发之，以三十万人三十日运物不能穷”及“火延九十日不能灭”的记载，都是凭空想象的，不足凭信。《皇览》载“坟高五十丈”，以汉尺换算今尺，合三十余丈。以此所举概数字与著者实测的二十五丈相较，无多大径庭。此外，实测内院四周计一万尺，约当汉时五里，与《两京道里记》和《骊山记》的记载完全相符。由此可知，古来有关秦始皇陵的记载，并非都是荒唐的无稽之谈。大内院之外，应有周长十二里左右的外垣，但时至今日，已难觅其痕迹。（参见图片三十九）

图片三十九　临潼县东秦始皇陵

四　二世皇帝陵

咸宁县东南十五里有二世皇帝陵。《史记·秦始皇本纪》载："赵高以黔首葬二世杜南宜春苑中。"西汉时，司马相如随从汉武帝经过此地，大骂道："持身不谨兮，亡国失势；墓芜秽而不修兮，魂亡归而不食。"可见此陵在汉代已经荒废。陵高仅二丈，周长二十余丈，世传这是子婴及其家族的陵墓。子婴降于军门，汉高祖将他囚在灞上阵中。项羽入关，与汉高祖会于鸿门，子婴即被杀害，而置其尸于此。观秦始皇山陵之雄大，与其子孙坟墓之渺小，互相对照，恰恰验证了骄兵必败的成语。两者相间仅有四五个年头，荣枯盛衰如此迅速，令人不胜伤心。

第四章　汉代的长安城

一　长安之奠都

汉高祖在垓下消灭项羽，统一天下，奠都洛阳。当时齐人娄敬拜见高祖，为国家长久之计，劝高祖迁都于长安。他对汉高祖讲：

> 秦地被山带河，四塞以为固；卒然有急，百万之众可立具也。因秦之故，资甚美膏腴之地，此所谓天府者也。陛下入关而都之，山东虽乱，秦之故地可全而有也。夫与人斗，不扼其亢，拊其背，未能全其胜也；今陛下案秦之故地，此亦扼天下亢而拊其背也。（《资治通鉴·汉纪三》）

高祖以此征求群臣意见，群臣皆山东人，认为奠都洛阳为便，反对迁都长安。高祖又以此问张良。张良说：

> 洛阳……其中小不过数百里，田地薄，四面受敌，此非用武之国也。关中左殽、函，右陇、蜀，沃野千里；南有巴、蜀之饶，北有胡苑之利。阻三面而守，独以一面东制诸侯；诸侯安定，河、渭漕挽天下，西给京师；诸侯有变，顺流而下，足以委输；此所谓金城千里，天府之国也。娄敬说是也。（《资治通鉴·汉纪三》）

因此，汉高祖决计奠都长安，即日移车驾于西都长安。娄敬与张良比较洛阳与长安的利害关系，所述关中形势，颇有见地。汉高祖奠定西汉二百余年基业，实出于此刹那间的英断。

二　长安故城的规模

关于汉长安城的构造，《三辅黄图》卷之一有所记载：

高祖七年方修长安宫城，自栎阳徙居此城，本秦离宫也。初置长安城，本狭小，至惠帝更筑之……高三丈五尺（曲尺二丈六尺），下阔一丈五尺（曲尺一丈二尺），上阔九尺（曲尺六尺八寸），

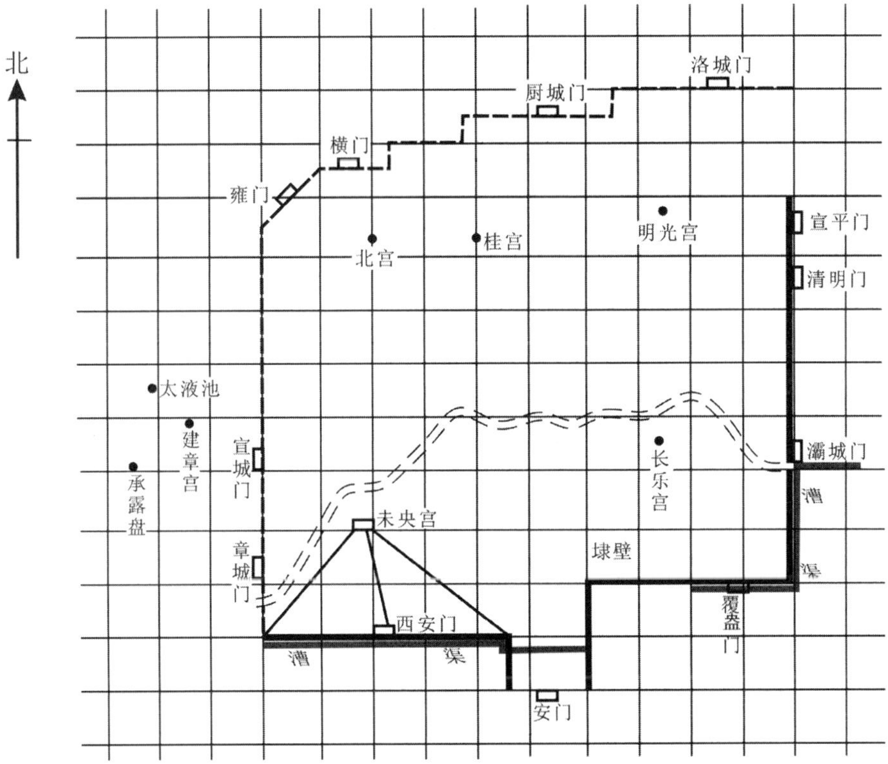

注：根据《长安县志》图，粗线为踏勘部分，每方格代表一华里

插图九　汉长安故城图

雉高三坂，周回六十五里。城南为南斗形，北为北斗形，至今人呼汉京城为斗城是也。

据此可知其面积虽大，但城壁较低。《后汉书》京兆尹注引《汉旧仪》云：

长安城方六十三里（相当日本的六里二十三町），经纬各长十五里（一里二十一町），十三城门，九百七十三顷。

所谓方六十三里，即周长六十三里之意，与《三辅黄图》所载完全一致。（参见插图九）

汉长安城内的宫殿主要有长乐宫和未央宫等，“长乐”“未央”是汉朝的寿词。长乐宫之北有明光宫，未央宫之北有北宫和桂宫。长乐宫在长安城的东南部，周围二十余里（日本二里有余），由十四个宫殿组成。这座宫殿在汉高祖迁都长安之际已经建成，汉高祖曾在此召宴群臣。博士叔孙通撰定朝仪，使诸侯震恐肃敬，显示了皇帝的尊严。汉高祖兴于泗水亭长，至此始骄傲地对群臣说：“吾乃今日知为皇帝之贵也。”其后常居于此处。至汉惠帝时，移居未央宫，始将长乐宫改为皇太后吕氏的寓所。

未央宫在长安城西南部的西安门内，高祖七年（前200）萧何营造此宫。汉高祖认为此宫过于壮丽，曾责备萧何。萧何回答说，天子以天下为家，如果不壮丽的话，怎样显示威严。可见此宫当时是颇为壮丽的。至惠帝时，又对此宫进行了扩建，周长三十二里（日本三里有余），街道十七里，有三十二个台榭、十二个池沼、四座假山、八十一个宫门及十四个掖门，极尽宏丽之能事。武帝时，在长安城外、未央宫西北修筑建章宫，又凿太液池于其北部，太液池的芙蓉与未央宫的杨柳并称于当世。又在南庭建立被歌为“承露金茎宵云间”的承露盘，越过新花低发的上林苑，与终南山相对，诚为美景荟萃之地。在建章、未央两宫之间，辇道飞阁逾越城郭，连续不绝，相传行人往来，足不踏地，由此可以想见其豪奢的程度。

三　长安故城的凋衰

王莽末年，天下大乱，繁华的长安城亦多次遭到浩劫，逐渐趋于衰落。更始元年(23)，汉兵攻入长安，杀了王莽。当时未央宫遭受兵燹，化为灰烬。府库中的金银、宝玉、钱帛等物多为兵士所劫。次年赤眉再攻陷长安，焚烧宫殿街市，发掘诸帝陵墓，恣意掠夺。于是长安城成为一片焦土，就是在大白天，行人亦寥寥无几。到了后魏，虽有所恢复，五胡、南北朝时期，成为前赵、苻秦（前秦）、姚秦（后秦）、西魏、北周的都城，但西汉时期的盛况，终究难以再现。隋文帝放弃长安故都，在其东南筑大兴城，作为隋朝的国都。所以，到了唐代，长安故城的废墟，才被列入禁苑的西北部。

《奉和幸长安故城未央宫应制》

［唐］宋之问

汉皇未息战，萧相乃营宫。壮丽一朝尽，威灵千载空。

皇明怅前迹，置酒宴群公。寒轻彩仗外，春发幔城中。

乐思回斜日，歌词继大风。今朝天子贵，不假叔孙通。

《汉苑行》

［唐］张仲素

回雁高飞太液池，新花低发上林枝。

年光到处皆堪赏，春色人间总未知。

自唐至今一千余年，要弄清长安故城的面貌于仿佛之间，当然是很困难的。在桃李花落的傍晚，东海孤客独自徘徊于未央宫遗址上，远眺五陵原，凭吊汉帝诸陵，俯视脚下二千多年兴废的历史陈迹，不胜感慨之至。

四　长安城的遗迹

长安故城遗址，在今西安城西北二十里处。《长安县志》和《陕西通志》等书对此都有详细记载。但就实地考察而言，汉代的古迹均已湮没，可供参考的资料很少。在肥沃的田圃中，到处是堆积累累的古瓦残片。如果掘地数尺，看到的仍是厚厚的重叠汉瓦层。故城中最显著的遗迹有三处，那就是未央宫遗址、故城埭壁和漕渠的痕迹。

五　未央宫遗迹

未央宫遗址是一块长方形的台地，东西四百五十尺，南北一千零五十尺[①]，从西安城的西门上即可望见。这个台地可分为南、中、北三个部分，南部平坦，略呈正方形，高约三尺至五尺，东西四百五十一尺，南北三百五十四尺。中部亦为东西四百五十尺，南北五百余尺的正方形。北部则是逐渐隆起的缓倾斜坡地带。由此向北，是有三个台阶的高地，其北部最高处计东西三百三十尺、南北三十二尺、高四十六尺。在这个长方形的高台上，有康熙乙亥三月所立碑石一通，上书“圣寿无疆万岁万万岁”字样。南面断崖处，有两块较大的平头花岗岩，八成是当时的建筑材料。如前所述，未央宫是由众多宫殿楼阁组成的建筑群，这里只是其中的一部分，即未央宫前殿及宣政殿的遗址，在其周围排列着宫殿门八十一座、掖门十四座。高台四周汉瓦残片堆积尤多，可以想见当时的壮丽情景。《陕西通志》卷七十二引《雍录》称：“未央地势甚高，而此水能自西面而转北以行。是行于未央山背洼下之处也。”今台地之北有稍低的洼地，当是汉代沧池的遗址，也就是流经未央宫及长乐宫之北而远达灞城门的水渠痕迹。（参见图片四十及插图十）

①译者按：足立喜六当年测量长安史迹时，使用的是日本曲尺。故本书在实测部分所说的“尺”即为日本曲尺。汉尺一尺为曲尺七寸六分。唐小尺一尺为曲尺八寸三分三厘，大尺一尺则与曲尺相同。至于清尺一尺约为曲尺一尺四分二厘。1944 年，经陕西省测绘局实测，汉长安城城墙总长 25.1 公里，城域面积为 34.39 平方公里。

图片四十　汉未央宫遗址

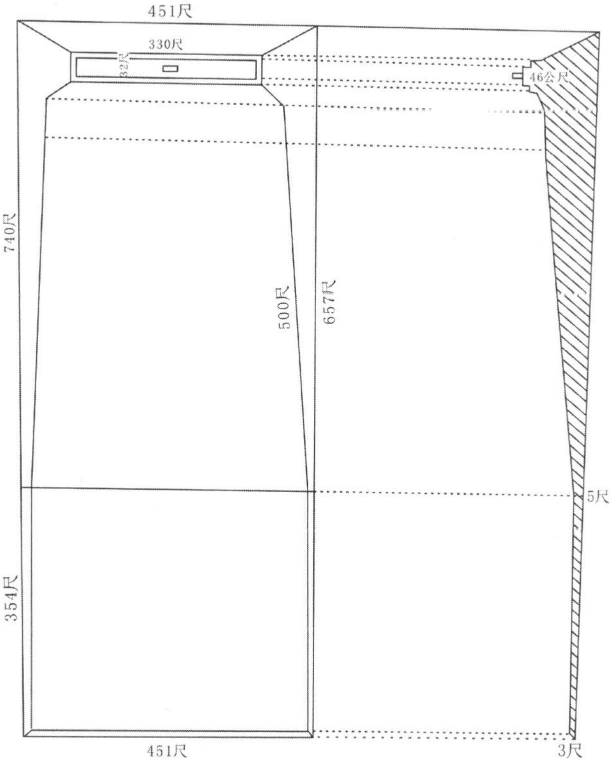

插图十　未央宫遗址实测图

六　故城的埭壁

在距未央宫遗址南面三千三百余尺的地方，东西横有一处直线形的堤塘，这是长安故城南墙的一部分。由未央宫遗址望去，自西南四十三度亘及东南五十五度，全长约七千八百尺，高二三丈，宽三四丈，到处露出被腐蚀的砖瓦痕迹。通过实测，知城壁的西端，在三千八百尺处，即由未央宫望去为东南十四度的地方。该地现有西安门遗址，两侧稍高，中间较低，附近散列着八块较大的平头花岗岩，显然也是当时所用的石材。堤塘的东端即安门遗址，跨斗出于直角低地（漕渠）。登上长二百余尺的高壁，可以明显看出安门斗出的形势。安门以东，南墙的遗址均已崩溃，不易辨识，但因其长度亘及三里，可以大体辨别出它的形迹。此外，又有覆盎门遗址，由此向东一里处的堤塘，直角北折，或隐或现，断断续续，不知所穷。这正是故城的东墙。虽未测量它的全长，但南墙壁的长度为一万九千二百尺，将近十里（合日本一里十六町有余），约当汉尺的十五里。假定汉代故城为正方形，则其周长计为六十里，与《三辅黄图》所载周长六十五里及《后汉书·郡国志》注所载之周长六十三里、经纬十五里、十三城门、九百七十三顷等无甚差异。《三辅黄图》说其高度达到三丈五尺，约合日本曲尺二丈六尺，这与所看到的城墙高度是相符的。

七　漕渠遗迹

沿故城南壁行走，可以看到濠池痕迹。池深十数尺，宽二百余尺，与城壁西端并行，贯通安门的突出部分，然后往东，依城壁北行二里，再向东至龙首原而消失。这条濠池就是漕渠的遗迹。漕渠开凿于汉武帝元光六年（前 129），因为当时渭水舟运使人甚感不便，故开此渠，一方面导入渭河之水，另一方面堰泮水注于昆明池，再与太液池及导入城内之水相合，回绕城郭至龙首原之北，直通灞水。百货靠此可以直接输入城内，故即名此渠为漕渠。漕渠至唐初似乎仍通舟楫，但至大历、太和年间，因泮水堰破、昆明池涸，而被堙塞。在导入渭水的部分及龙首原北边，虽难辨认水路痕迹，但泮水的水路形迹至今犹存。在霖雨时节，有时还能看到流水。如果探索此类水路，特别是故城水流及舟运形势，可以想见当时水利是很便利的。

第五章　汉代的陵墓

第一节　汉陵概况

一　汉代诸陵的位置

在长安古迹中，最引人注目的是汉代陵墓。除文帝霸陵和宣帝杜陵外，西汉九位帝王的陵墓，都在渭水北岸的高原上。东起高陵、咸阳两县境内的惠帝安陵，西至兴平县东北的武帝茂陵，其间绵亘九十里，分布着不少规模宏大的陵墓。这些陵墓从西安城墙上即可望见。如果登上未央宫遗址瞻望，还可以根据位置和形状，由东向西依次点数杜陵（南陵）、安陵、阳陵、长陵、墓主身份不明的汉陵、平陵、渭陵、延陵、义陵、康陵，以及位于最西端的茂陵①。在这些帝陵之间，又有无数显贵陪葬墓和庶人坟墓，

①译者按：西汉十一陵，有两个在西安东、南郊，其余九个均在咸阳原上。据 20 世纪 60 年代以来的考古勘探和研究，咸阳原上的九座汉陵自西向东依次为武帝茂陵、昭帝平陵、成帝延陵、平帝康陵、元帝渭陵、哀帝义陵、惠帝安陵、高祖长陵、景帝阳陵。见《新中国的考古发现和研究》（文物出版社，1984），详细情况可参考刘庆柱、李毓芳《西汉十一陵》（陕西人民出版社，1987）。西汉帝王陵邑，除汉文帝霸陵邑、汉武帝茂陵邑外，均已为考古工作者所发现。

宛如大海中星列的群岛。在天气晴朗的日子，更可扩展眼界，使遥远的梁山、九嵕山、嵯峨山等山脉一一映入双眸。（参见插图十一）

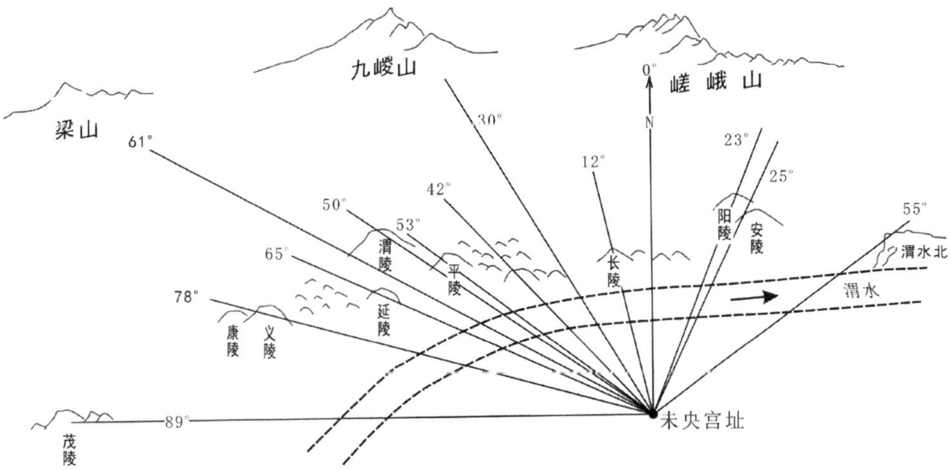

插图十一　从未央宫遗址眺望渭北汉陵及北山

二　汉代寿陵的营造

根据汉室制度，天子从即位的第二年起即起用工匠，为自己营造陵墓。人们把这种生前所营造的陵墓称作寿陵。经营寿陵是汉王朝的一大事业，天下贡赋的三分之一要用来作为修建山陵的费用或充当山陵中的收藏。故寿陵的构造、陵邑的大小以及财宝的积蓄情况，虽依帝王政绩及在位年限不同而有所差异，但汉室对于营造寿陵还是有一定规定限制的。

三　汉陵的制度

《后汉书·礼仪下》注对山陵制度是这样叙述的：

> 《汉旧仪》略载诸帝寿陵曰："天子即位明年，将作大匠营

陵地，用地七顷，方中用地一顷。深十三丈，堂坛高三丈，坟高十二丈。武帝坟高二十丈，明中高一丈七尺，四周二丈，内梓棺柏黄肠题凑，以次百官藏毕。其设四通羡门，容大车六马，皆藏之内方，外陟车石。外方立，先闭剑户，户设夜龙、莫邪剑、伏弩，设伏火。已营陵，余地为西园后陵，余地为婕妤以下，次赐亲属功臣。”

《汉书·霍光》载：

赐金钱、缯絮，绣被百领，衣五十箧，璧珠玑玉衣，梓宫、便房、黄肠题凑各一具，枞木外臧椁十五具。东园温明，皆如乘舆制度。

这里说的是以天子葬具赐给霍光。注文所说的梓宫就是梓棺，即天子之棺。黄肠以柏木黄心为椁。题凑的“题”，即以柏木的头部向内凑而埋入，目的是巩固棺木的四周。

《后汉书·礼仪下》引《皇览》说：

汉家之葬，方中百步，已穿筑为方城。其中开四门，四通，足放六马，然后错浑杂物，扞漆缯绮金宝米谷，及埋车马虎豹禽兽。发近郡卒徒，置将军尉侯，以后宫贵幸者皆守园陵。

根据这些资料，可以推知汉陵制度的基本情况：

（一）汉陵茔域为七顷，方中一顷，坟高十二丈，明中（玄宫）深十三丈，高一丈七尺，四周各为二丈。

（二）由四羡道通明中，开设四羡门。

（三）明中安置梓棺，周围累积柏心，形成黄肠题凑，以固其周围。由此至于羡门，埋藏大车、六马、兵器、帛绣、金玉、米谷、畜类以及祭器、明器、珍玩等各种器物。

（四）闭四羡门，联剑伏弩，设伏火机关以资警卫。

（五）陵上设寝殿，按日月岁时进行祀奉（参照寝殿条）。

（六）陵寝周围修建围墙，在四边围墙的中央开设四门。

（七）将剩余的土地赐给后宫、贵幸、亲属、功臣，作为陪葬地。

（八）安置将军、尉侯、近臣及高赀豪杰于陵寝周围，以担当长久祀奉和守护的责任。

四　对汉陵的实测

汉代田亩之制，与周制相同，即一步为六尺，一亩广一步长百步，一顷为百亩。故一顷的面积是方百步，也就是方六百尺。汉代的一尺，合日本曲尺七寸六分。所以，汉代的一顷，合日本曲尺方四百五十六尺。方七顷的田地，其边长为：

$\sqrt{1} \times 100 \times 100 \times 7=264$（步）

$6 \times 264 \times 0.76=1203$（尺）（日本曲尺）

据此，上述汉陵制度，换算为日本曲尺，可得出下列数据：

汉代帝陵基本数据表

范　围	汉　尺	合日本曲尺
茔域	方七顷	一千二百三尺
方中	方一顷	方四百五十六尺
坟高	十二丈	九丈一尺二寸
明中深度	丨三丈	九丈八尺八寸
明中高度	一丈七尺	一丈二尺九寸
明中周	二丈	一丈五尺二寸

霸陵是以自然山岭为冢，因此，要想明确测知各部分的数据是很困难的。长陵和渭陵围墙与四门的遗迹已不复存在，也无法实测其茔域。兹将其他诸陵茔域、方中及陵高的实测数据揭示如下：

汉代诸陵实测数据表

陵　名	茔　域	方　中	陵　高
长 陵	—	450 尺	80 尺
安 陵	1000 尺	440 尺	80 尺
阳 陵	1170 尺	480 尺	90 尺
茂 陵	1381 尺	830 尺	120 尺
平 陵	1180 尺	580 尺	88 尺
杜 陵	1548 尺	600 尺	90 尺
渭 陵	—	774 尺	95 尺
延 陵	1836 尺	600 尺	85 尺
义 陵	1119 尺	535 尺	70 尺
康 陵	1276 尺	532 尺	80 尺
平均	1313 尺	582 尺	88 尺
汉制	1203 尺	456 尺	91.2 尺
差	110 尺（增）	126 尺（增）	3.2 尺（减）

从本表观察，西汉初期诸陵如长陵、安陵、阳陵等，很少有超过定制的。但其后营建陵逐渐奢侈，以至失之过大。如武帝茂陵、宣帝杜陵、元帝渭陵、成帝延陵，都远远超过了定制。其中茔域和方中超过平均数的较多，但陵的平均高度却减少了三尺二寸。长安一带虽然缺少雨水，但经过两千多年的水蚀作用，加之遭受数次发掘的危难，陵墓高度的减少，是意料中的事。不过，从陵上的实际情况观察，寝殿遗迹至今犹存，故陵墓的高度是否受到水蚀或发掘的影响还很难判断。也许是营建陵的方法后来有所改变，增加了茔域和方中，对于陵高则没有增加，从而使陵上所建的寝殿看上去更加宏伟壮丽。

五 汉陵的形制

西汉诸帝山陵皆被盗掘。盗贼发掘山陵时，基本上都是从正面羡门穿入内部。由于陵丘极大，陵墓的形状并未因此而受到破坏，故虽屡遭盗掘，陵丘、围墙及四门等遗址依然完整，我们才得以考察陵墓过去的构造。汉陵陵丘的形状一般是四角方锥台形（Frustum of quadrangular pyramid），远远望去，酷似炮台，颇为雄伟。四周墙垣遗迹，略如二三尺高的畦畔，连续不断。在陵墓四周的围墙中央，各有四五尺至一丈左右的小丘两座相对并立。小丘附近堆积汉瓦残片不少，这便是四门遗址。前面讲到的茔域，在周垣围绕的地方，方中是坟丘的地平面。

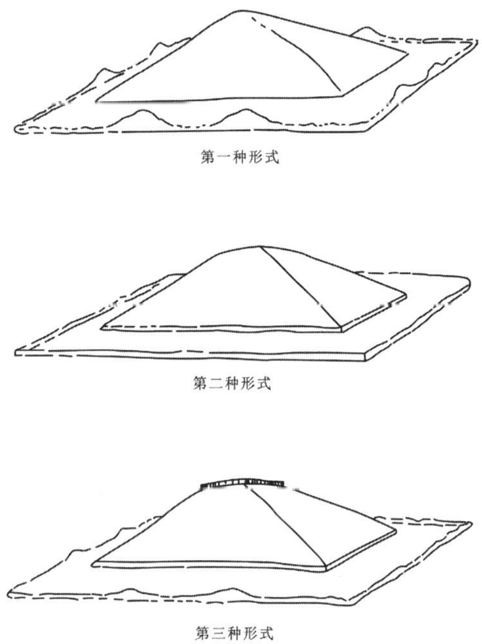

插图十二　汉陵形式图

从陵墓形状详细观察汉陵，会发现陵上状况与四门遗迹等方面有一定的关系。陵墓的形制可以区分为三种（参见插图十二）：

第一种形式，陵丘为较四角台锥形低小的圆锥台形。四角略呈圆形，顶上相当平坦。四门遗迹明显，且形制较大。安陵、阳陵、义陵均属此类。

第二种形式，陵丘为正四角锥台形。四边都有棱角，顶上平坦广阔。陵丘下部有二级或三级台阶。周垣及四门遗迹俱不明显。长陵、杜陵即属此类，但杜陵无门址，仅存柱础。

第三种形式，陵丘为四角锥台形，顶部周围有台阶。上面有两三处地方隆起，或横亘于东西南北，为高一二尺的土墙，布局如同棋盘上的孔格。

周垣及四门遗址很低小，勉强可资辨认。平陵、渭陵、延陵、康陵便是如此。

六　汉陵的寝殿

如前所述，汉陵可以区分为三种形式，但其来历却不清楚。不论何种形式的陵墓，顶部都比较平坦，不像后世陵丘，顶部呈穹隆状。陵上散布瓦石残片甚多。若就第三种形式的陵丘形式推测，可知汉陵的陵丘不仅像后世一样作坟丘之用，而且还在陵上设置寝殿。东汉诸帝到长安，在拜谒先帝诸陵时，定例须行上陵之礼。由此来看，也可推知陵上设有寝殿。

《汉书·平帝纪》元始元年（公元元年）如淳注称：

> 陵上有宫墙，象生制度为殿屋，故曰殿中。

《后汉书·祭祀志》叙述西汉陵墓时说：

> 陵上称寝殿，起居衣服象生人之具。

由此可见，汉陵在陵丘之上均设有寝殿，置陵主灵位，按敬拜活人的礼节对其进行祀奉。这与后世的陵墓是大异其趣的。

七　汉陵的埋葬品

汉代帝王下葬时，口含贝玉（雕刻为蝉形的玉片），身着襚衣（施帛绣缝玉片的葬衣），仰卧于梓棺之中，被安置在明中（玄宫）之内。随葬的明器，在西汉初期遵照三代古制，采用铜器。后因文帝提倡节俭，自霸陵开始改用瓦器。至东汉时，就只用陶器了。《后汉书·礼仪下》曾列举东汉时代葬礼所使用的明器，具体情况如下：

> 东园武士执事下明器。筲八盛，容三升，黍一，稷一，麦一，梁一，稻一，麻一，菽一，小豆一。瓮三，容三升，醯一，醢一，屑一。黍饴。载以木桁，覆以疏布。甒二，容三升，醴一，酒一。

载以木桁，覆以功布。瓦镫一。彤矢四，轩輖中，亦短卫。彤矢四，骨，短卫。彤弓一。卮八，牟八，豆八，笾八，形方酒壶八。槃匜一具。杖、几各一。盖一。钟十六，无虡。镈四，无虡。磬十六，无虡。埙一，箫四，笙一，篪一，柷一，敔一，瑟六，琴一，竽一，筑一，坎侯一。干、戈各一，笮一，甲一，胄一。輓车九乘，刍灵三十六匹。瓦灶二，瓦釜二，瓦甑一。瓦鼎十二，容五升。匏勺一，容一升。瓦案九。瓦大杯十六，容三升。瓦小杯二十，容二升。瓦饭槃十。瓦酒樽二，容五斗。匏勺二，容一升。祭服衣送皆毕。

由此可以推知西汉所用明器的大概情况。除此以外，还有金银、珠玉、绮绣、兵器、镜鉴、泉货、车马、牲口等等，凡墓主生前需用或爱好的东西，皆埋藏其中，由明中至四羡门杂然陈列。所以山陵事实上也是一种府库。

殓葬未毕时，羡道畅通，可供出入。葬送之际，新皇帝照例须亲自送至羡门。《史记·秦始皇本纪》载：

二世曰："先帝后宫非有子者，出焉不宜。"皆令从死，死者甚众。葬既已下，或言工匠为机，臧皆知之，臧重即泄。大事毕，已臧，闭中羡，下外羡门，尽闭工匠臧者，无复出者。

在埋葬的过程中，封闭外羡门，杀死工匠，以防泄露埋藏的秘密。后汉明帝下葬时，章帝亲下羡道，进入玄宫。司徒鲍昱谏阻说：

礼，天子鸿洞以赠，所以重郊庙也。陛下奈何冒危险，不以义割哀？

此文见于《后汉书·礼仪下》注。可知葬送之际，由羡道出入明中，葬礼完毕，则坚闭羡门。从后世盗掘汉陵的残迹观察，其所盗之物大抵都是由羡道掘出的。

八 汉代的陵邑

汉帝营建寿陵时，在其附近修建陵邑，以备守护与祭祀。《文献通考》卷一百二十四在叙述长陵陵邑时说：

> 汉兴，立都长安，徙齐田、楚昭屈景及诸功臣家于长陵。后世徙吏二千石、高赀富人及豪杰兼并之家于诸陵。长陵邑万户，奉常属官，有诸庙寝园令长丞。东园匠令丞，主作陵内器物。又有园郎、寝郎。故事，近臣皆随陵为园郎，园中各有寝便殿，日祭于寝，月祭于庙，时祭于便殿。寝日四上食。丞相以四时行园。

据此可推知陵园组织的大概。

《汉书·地理志》载：长陵陵邑有五万零五十七户，茂陵有六万一千零八十七户。果真如此，则其规模宏大，是其他陵邑所不能企及的。在建筑此类陵邑时，除赐给后宫、近臣、将军、尉侯等陪葬地外，还强迫天下良民，移居该处。但这样导致有的人要远离祖宗坟墓、有的人要丧失产业，是相当烦扰民心的。因此，永光四年（前40）汉元帝在经营渭陵时，下诏天下，废止陵邑之制。《汉书·元帝纪》载其诏书，略云：

> 安土重迁，黎民之性；骨肉相附，人情所愿也。顷者有司缘臣子之义，奏徙郡国民以奉园陵，令百姓远弃先祖坟墓，破业失产，亲戚别离，人怀思慕之心，家有不安之意。是以东垂被虚耗之害，关中有无聊之民，非久长之策也。诗不云乎？“民亦劳止，迄可小康，惠此中国，以绥四方。”今所为初陵者，勿置县邑，使天下咸安土乐业，亡有动摇之心。布告天下，令明知之。

这固然是出于元帝的仁德，但另一方面也是这种做法烦扰国民的缘故。汉代置陵邑的陵墓有长陵、安陵、霸陵、阳陵、茂陵、平陵、杜陵等七陵。因为这些陵邑都是由天下富豪名门之家构成的，所以均筑城郭以示其骄奢。

长陵、安陵、阳陵、茂陵、平陵皆在渭水北原上，后世遂称之为五陵北原或五陵原。这个地方在诗文中享有盛名。据《长安志》载，自东汉以后，上述七个陵邑逐渐被合并。随着汉室的灭亡，陵邑也多趋于衰落。但杜甫仍然咏道“五陵衣马自轻肥”，储光羲亦有“五陵贵公子，双双鸣玉珂”的诗句。唐代的所谓“五陵少年”，一般是指长安狭巷中以豪奢相竞的贵公子。现在汉代的陵邑已无遗迹存留，但在七陵近旁所看到的瓦砾累积至五六尺厚，由此可以想见其盛况之一斑。

九　汉代陵墓的文物

秦人吕不韦在《吕氏春秋·安死篇》中说：“无不亡之国者，是无不扣之墓也。”可见中国自古以来即流行发掘陵墓之风。在古代陵墓中，埋藏财宝最多的汉代陵墓遭受盗掘的厄运也是最多的。此类发掘物逐渐为好事者所搜集，传至后世，堪供学术研究者亦不在少数。现将《宣和博古图》《西清古鉴》《金石索》《陶斋吉金录》等书所载汉器中可以认定为西安附近所得汉陵遗物者略列于下：

（一）铜器

1. 鼎、镦、彝、钟、尊、洗、壶、铎、舞铃。

2. 剑、矛、镞、戈、弩机。

3. 镜、印、符。

4. 半两、五铢、三铢、大泉五十、货布、货泉、刀布等古钱。

（二）玉器

1. 圭、璧、带钩、含玉、襚玉。

（三）陶器

1. 瓦俑、壶、鼎、杯、灶、牲口。

近二十年来，在中国内地，尤其是在河南一带，出土古代陵墓藏品颇多。这些新发掘的器物，大半为瓦器、泥像之类，其中属于汉代者不少。研究此类发掘物的著作，有劳菲耳的《汉代陶器》（B. Laufer,Chinese Pottery in the Han Dynasty）、罗振玉的《古明器图录》、滨田博士的《中国古明器泥象（像）图说》等。汉代盛行雕刻石椁或建立神道碑，其遗迹在山东、河南等地多有发现。但西汉诸陵是否果有此类遗物，无记录可据，亦未发现遗迹。从两三处记载来看，汉代陵墓前配置有石人、石马等石刻。据说现在山东、陕西各地保存着若干遗物，如陕西省兴平县东北约三十里处有西汉霍去病墓。《汉书·霍去病》载："为冢象祁连山。师古曰：'在茂陵旁，冢上有坚［竖］石，冢前有石人马者是也。'"此墓前石兽最近经法国学者的介绍已脍炙人口。但大体说来，这种习俗盛行于唐宋时代，汉朝陵墓刻石尚未如此流行，至少在西汉诸陵中，不见有石人、石马等遗物。

第二节　西汉十一陵

汉陵前面均有乾隆年间陕西巡抚毕沅所立的一丈多高的大碑，著者以此为标识踏查汉代十一陵，在叙述各陵的位置与现状的同时，附录若干相关文献于后。

一　高祖长陵

（一）位置

长陵位于咸阳县东北四十里与长安县西北四十里处，坐落在渭水北岸

的高原上。（参见图片四十一）

（二）实况

此陵属于第二种形式。陵前有毕沅所立碑，上刻“汉高祖长陵”字样。计方中东西四百五十尺，南北三百六十五尺。陵高八十尺。由于围墙及四门遗址不明显，所以难以测知茔域的范围。陵前有两重土墙及门址，但这是近代建筑。陵周似乎有两级或三级台阶，但看不出明显的痕迹。陵的高度未必胜过其他陵墓，但因地处高原，南控渭水，遥与终南山对峙，颇具雄壮之势。在陵西北约六百尺处，有吕后陵。此陵石碑及四周状况均与长陵相同，只是规模较小而已。在陵东北三里间，又有十余座陪葬墓列为两排，可惜皆不知其墓名。

（三）文献记载

《长安志》卷十三载：“汉高祖长陵，在县东三十五里。”

《三辅黄图》卷之六载：“高祖长陵在渭水北，去长安城三十五里……长陵城周七里一百八十步，因为殿垣，门四出，及便殿、掖庭、诸官寺皆在中。”

图片四十一　汉高祖长陵（右）与吕后陵（左）

《史记·高祖本纪》注："皇甫谧曰：'长陵山东西广百二十步，高十三丈，在渭水北，去长安城三十五里。'"

《关中记》："长陵城有南、北、西三面，东面无城；陪葬者皆在东。徙关东大族万家以为陵邑。长陵令秩禄千钟，诸陵皆六百石。"（《长安志》卷十三引）

《长安志》卷十三："吕后陵。在高祖长陵东。"

《史记·外戚世家》注："《关中记》曰：'高祖陵在西，吕后陵在东。汉帝后同茔，则为合葬，不合陵也。诸陵皆如此。'"

上述材料都说长陵离咸阳县东北三十五里，吕后陵在长陵之东，这与实际情况不符。但在咸阳县东三十五里的渭水北原上，另有一座大型古陵，显示出了汉陵第二种形式。其方中东西五百五十四尺，南北四百八十五尺，陵高九十尺，四面门址虽不能辨认，但陵底周围确有方形台阶。陵东北一里处，有一大陪冢，以下又有较小的陪冢数座。这里虽无毕沅所建碑石及其他证据，但假定此古陵即为长陵，则大型陪冢为吕后陵，十分符合上述记载。而且此地是原上的制高点，也比较高燥，远远望去，屹然雄伟，确实胜过其他陵墓。这样看来，上述诸书都是把这座古陵当作长陵对待的。通过实地考察，把这一座汉陵与前记长陵相比较，哪座是真正的长陵还很难判断，故存疑于此，以待将来研究。

二　惠帝安陵

（一）位置

安陵在咸阳县东北四十五里，咸宁县北方三十五里，是渭北高原上最东边的一座汉陵。出西安城北门，渡过渭水前往三原县的人，经常要从安陵与阳陵之间通过。

图片四十二　汉惠帝安陵

（二）实况

陵墓属于第一种形式。茔域方约千尺，方中四百四十尺，陵高八十尺。距基底二百八十尺处，明显有周垣痕迹。四门边址稍显低洼，但附近散落古瓦古砖残片甚多，很容易辨认。陵前毕沅所建的石碑上刻着“汉惠帝安陵”字样。（参见图片四十二）

（三）文献记载

《长安志》卷十三载：“惠帝安陵。在县东三十五里。臣瓒曰：‘在长安北三十五里。’《三辅黄图》曰：‘去长陵十里。’《关中记》曰：‘徙关东倡优乐人五千户，以为陵邑，善为啁戏，故俗称安陵啁也。’”

三　文帝霸陵

（一）位置

霸陵在咸宁县东南二十里白鹿原东北崖的凤凰嘴。

（二）实况

门址和周垣遗址已无从辨认。山麓上有一株巨大的古柏，树下有毕沅所立碑石，刻“汉文帝霸陵”。另有宋元以后所建碑碣二十五通，皆记载祭祀之事。陵高三百余尺，系陡峻的自然山峰。东隔灞水与铜人原及骊山山脉相望，背后便是白鹿原的制高点。三国时王粲《七哀诗》所谓“南登霸陵岸，回首望长安”，指的就是此地。其高崇森严，远不及用人工建造的其他陵墓。薄太后南陵，在霸陵西南的白鹿原上，从西安城中可以望见。因此，常有人把它误认为霸陵。（参见图片四十三至四十五）

（三）文献记载

《史记·孝文本纪》载:“帝……治霸陵皆以瓦器,不得以金银铜锡为饰。不治坟,欲为省,毋烦民。……遗诏曰:‘……霸陵山川因其故,毋有所改。归夫人以下至少使。’令中尉亚夫为车骑将军，属国悍为将屯将军，郎中令武为复土将军，发近县见卒万六千人，发内史卒万五千人，藏郭穿复土属将军武。乙巳，群臣皆顿首上尊号曰孝文皇帝。”

图片四十三　汉文帝霸陵

图片四十四　汉文帝霸陵前的古柏

图片四十五　汉薄太后南陵

四　景帝阳陵

（一）位置

阳陵位于咸宁县北三十六里，在咸阳与高陵二县境内，与安陵约相距一里。

（二）实况

阳陵的陵丘属于第一种形式，酷似安陵，茔域方一千一百七十尺，方中四百八十尺，陵高九十尺。四门遗址在距陵基三百四十五尺处，比较高大，宛如陪冢。陵前毕沅所建碑上刻“汉景帝阳陵”数个字。另有清代所建小碑三通与之并立。在此地及四门遗址上，散落瓦砖与石材甚多。北边有数座陪葬墓，其中有一座呈方锥形。（参见图片四十六）

图片四十六　汉景帝阳陵

（三）文献记载

《史记·孝景本纪》："五年三月，作阳陵、渭桥。五月，募徙阳陵，予钱二十万。"《史记集解》注："皇甫谧曰：'阳陵山方百二十步，高十四丈，去长安四十五里。'"

五 武帝茂陵

（一）位置

茂陵在兴平县东北十五里，咸阳县西二十五里，离长安县八十里。

图片四十七 汉武帝茂陵

（二）实况

茂陵形状属于第二类，是汉陵中规模最大的陵墓。茔域方一千三百八十一尺，方中八百三十尺，陵高一百二十尺。陵寝的周垣已难辨认，东、西、北三面残存的门址相当明显，南面则多有缺失。陵前毕沅所建碑上刻“汉孝武帝茂陵”。另有一碑与此并立。陵基上有宽二十二尺的台阶，陵丘好像造在方台之上。茂陵西北有李夫人墓，西南有卫青墓及霍去病墓。这些陪葬墓的形状也和茂陵相同，四周有方形的台阶。特别是霍去病墓，系由累积天然土石而成，状如岩山。据说它象征漠北的祁连山，是为了表彰霍去病生前远征的武功。（参见图片四十七）

（三）文献记载

《汉书·贡禹》载：“武帝时，又多取好女至数千人，以填后宫。及弃天下，昭帝幼弱，霍光专事，不知礼正，妄多臧金钱财物，鸟兽鱼鳖、牛马虎豹生禽，凡百九十物，尽瘗臧之，又皆以后宫女置于园陵，大失礼，逆天心，又未必称武帝意也。”

《旧唐书·虞世南》载：“武帝历年长久，比葬，陵中不复容物。霍光暗于大体，奢侈过度。其后至更始之败，赤眉贼入长安，破茂陵取物，犹不能尽。”

《关中记》曰：“汉诸陵皆高十二丈，方一百二十步，惟茂陵十四丈，方百四十步。徙民置县者凡七，长陵、茂陵各万户，余五陵各五千户。”（《长安志》卷十四引）

六　昭帝平陵

（一）位置

平陵在咸阳县东北十三里，接近周康王陵的东南部。

（二）实况

此陵属第三类。茔域方一千一百八十尺，方中五百八十尺，陵高八十八尺。西、南、北三面有周垣及四门遗址。离陵基约三百米的地方颇为低下，陵东则不见周垣遗址。陵前毕沅所建碑上刻“汉昭帝平陵”字样。其右方另有小碑一通。陵上周围有两级台阶，中央有一块圆形的凹洼地，在其南北两面，则有七处凸起。相传俭素的陵墓制度是昭帝制定的。但从平陵的实际情况看，与一般帝陵并无差异。可见其生前的意志在死后并未得到实施。（参见图片四十八）

（三）文献记载

《汉书·宣帝纪》载：“本始元年春正月，募郡国吏民訾百万以上徙平陵。”

《长安志》卷十三载：“昭帝平陵。在县东北一十三里。”

《三辅黄图》卷之六载：“帝初作寿陵，令流水而已。石椁广一丈二尺，长二丈五尺，无得起坟。陵东北作庑，长三丈五步，外为小厨，裁足祠祝。万年之后，扫地而祭。”

图片四十八　汉昭帝平陵

七　宣帝杜陵

（一）位置

杜陵在咸宁县东南二十里，位于三兆村之南的杜陵原上。

（二）实况

杜陵属第二类形状，形式整齐。茔域有两重周垣回绕。外周垣距陵基四百七十四尺，广一千五百四十八尺。内周垣距陵基八十三尺，广七百六十六尺。方六百尺，陵高九十尺。陵的顶部颇为平坦，南与终南山对峙，西可遥望慈恩寺塔、荐福寺塔及西安府城，东隔浐水与白鹿原对立，西北则与汉代九陵遥遥相对，在汉陵中风景最佳。陵前毕沅碑上刻“汉宣帝杜陵”，其左右两侧又有石碑十通，都是明清时立的，上面刻写着祝祭文字。陵后四百五十尺处，有一台地，长一百尺，高五六尺，瓦石堆积颇多，常有长生无极瓦及涡状纹汉瓦残片夹杂其中。其两侧又有花岗石柱础，左六右五，三尺见方，各间隔十五尺，并列在一条直线上，从其形式及排列状况推测，可证它是门址无疑。《长安志图》所谓“有观阙基址”，似即指此。值得注意的是，唐朝柱础石皆为圆形，而这些柱础却是方形。只是在其他方面，未曾发现此类遗址，甚为憾事。下陵至三兆村的路旁，并列着许多高五六尺的天然花岗岩石。这些石块恐怕与杜陵也有密切的关系。陵东南一里的地方，有一座陪葬墓，其大小约三百七十尺，也许就是皇后王氏之墓。由此向东，还有大小陪葬墓十八座，相互并列，远迄浐水西岸，民间称之为乱冢坪。（参见图片四十九至五十及插图十三）

（三）文献记载

《汉书·宣帝纪》载：“元康元年春，以杜东原上为初陵，更名杜县为杜陵。徙丞相、将军、列侯、吏二千石、赀百万者杜陵。”

《长安志图》卷中载：“杜陵。今在奉元城东南二十五里三北村。陵在高原之上，即所谓鸿固原也。陵之制正方，询之居人，每方百二十步，据地六十亩，四面去陵十余步，皆有观阙基址。其东南数十步，又有一陵，

图片四十九　汉宣帝杜陵

图片五十　汉宣帝杜陵陪葬墓

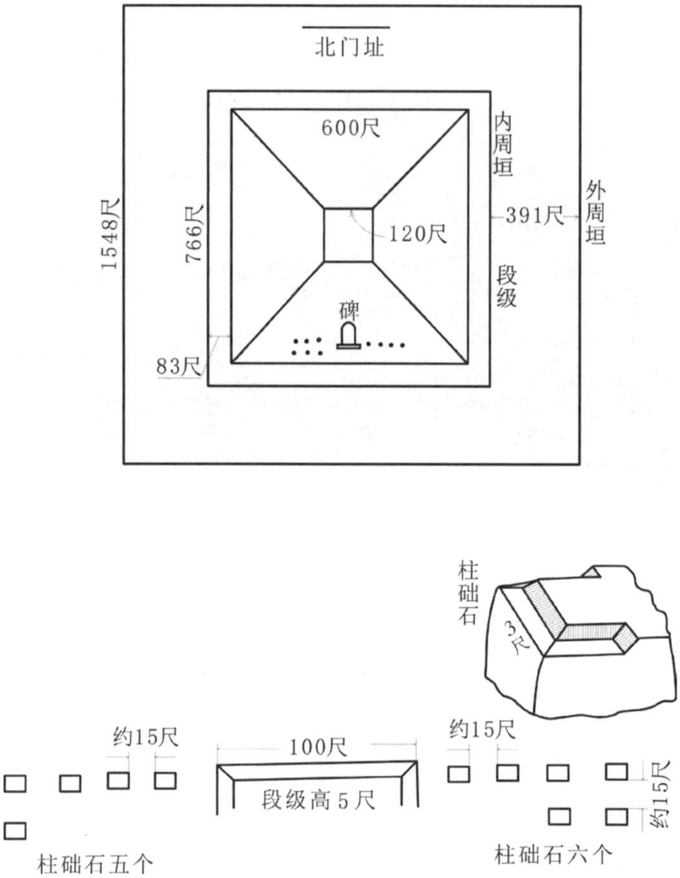

插图十三　（上）汉宣帝杜陵平面图
（下）北门遗址平面图

形制差小，皇后王氏之陵也。其东陪葬数十冢，环拱森列，大小不等。其北里许，乱冢百余。自是以北，直至城南，东西延亘高原之上，累累皆是，但不知其名耳。”

《汉书·外戚传》载：“孝宣皇后……太后凡立四十九年，年七十余，永始元年崩，合葬杜陵，称东园。师古曰：‘虽同茔兆而别为坟，王后陵次宣帝陵东，故曰东园也。’”

八　元帝渭陵

（一）位置

渭陵在咸阳县东北十五里周成王陵之西。

（二）实况

此陵属于第三类。由于不能辨认其周垣及四门遗址，故难以测定茔域的大小。方中计七百七十四尺，陵高九十五尺，为仅次于茂陵的大陵。陵上有三级台阶，中部稍微隆起。远望此陵，与平陵相似，雄如炮台。前面曾揭示元帝诏书，仅废止陵邑埋藏财宝，而其陵丘却更宏大。陵前毕沅碑上刻“汉元帝渭陵”字样。此外，另有石碑一通。陵上及其四周，颇多古瓦残片，但陪冢无一存在。（参见图片五十一）

（三）文献记载

《汉书·成帝纪》载：“竟宁元年五月，元帝崩……有司言：‘乘舆车、牛马、禽兽皆非礼，不宜以葬。’奏可。”

《三辅黄图》卷之六载：“元帝渭陵，在长安北五十六里。”

图片五十一　汉元帝渭陵

图片五十二　汉成帝延陵

九　成帝延陵

（一）位置

延陵在咸阳县西北十三里渭陵西南。

（二）实况

陵丘形状属于第三类。远远望去，外观整美。茔域方一千八百三十六尺，在汉陵中面积最大。方中计六百尺，陵高八十五尺，次于渭陵和杜陵。周垣及四门遗址距陵基六百一十八尺，在汉陵中距离最远。其规模颇大，遥凌茂陵之上。但其陵丘较小，且失于齐整。也许是当初制定了极为奢侈的宏大计划，后因民心动摇，刘向上疏切谏(《汉书》虽明记不依刘向之劝)，受此影响，不得不有所更改。陵上有两级台阶，顶部的东西南北四方各有四条土墙，宛如棋盘上的空格，划分为二十五个区域。陵南羡门处已经崩坏，当系后世盗掘所致。反观刘向“葬愈厚，丘垄弥高，宫室愈丽，发掘必速”之言，可证其断言无误。陵前有毕沅所立“汉成帝延陵”碑，另有石碑一通。

陵东还有三座陪葬墓。（参见图片五十二）

（三）文献记载

《汉书·成帝纪》载："七月，诏曰：'朕执德不固，谋不尽下，过听将作大匠万年言昌陵三年可成。作治五年，中陵、司马殿门内尚未加功。天下虚耗，百姓罢劳，客土疏恶，终不可成。朕惟其难，怛然伤心。夫"过而不改，是谓过矣"。其罢昌陵，及故陵勿徙吏民，令天下毋有动摇之心。'"

《汉书·刘向》载："久之，营起昌陵，数年不成，复还归延陵，制度泰奢。向上疏谏曰：'……陛下即位，躬亲节俭，始营初陵，其制约小，天下莫不称贤明。及徙昌陵，增埤为高，积土为山，发民坟墓，积以万数，营起邑居，期日迫卒，功费大万百余。死者恨于下，生者愁于上，怨气感动阴阳，因之以饥馑，物故流离以十万数，臣甚惘焉。以死者为有知，发人之墓，其害多矣；若其无知，又安用大？谋之贤知则不说，以示众庶则苦之；若苟以说愚夫淫侈之人，又何为哉！陛下慈仁笃美甚厚，聪明疏达盖世，宜弘汉家之德，崇刘氏之美，光昭五帝、三王，而顾与暴秦乱君竞为奢侈。比方丘垄，说愚夫之目，隆一时之观，违贤知之心，亡万世之安，臣窃为陛下羞之。'……初陵之模，宜从公卿大臣之议，以息众庶。书奏，上甚感向言，而不能从其计。"

十 哀帝义陵

（一）位置

义陵在咸阳县西北十七里。

（二）实况

陵形属于第一种，类似阳陵。现存有较大的四门遗址及周垣遗址。茔

图片五十三　汉哀帝义陵

域方一千一百一十九尺，方中五百三十五尺，陵高七十尺，是规模最小的汉代帝陵。陵前毕沅所建碑上刻写“汉哀帝义陵”。在此陵南面羡门处，也有崩溃迹象，无疑曾受盗掘之灾。陵区不见陪冢。（参见图片五十三）

（三）文献记载

《汉书·哀帝纪》载：“七月，以渭城西北原上永陵亭部为初陵。勿徙郡国民，使得自安。”

《三辅黄图》卷之六载：“哀帝义陵，在扶风渭城西北原上，去长安四十六里。”

十一　平帝康陵

（一）位置

康陵在咸阳县西北二十里，茂陵东八里之处。

（二）实况

此陵属第三类。陵上有宽十尺、高十尺的一个台阶。其顶部与延陵相同。东西土墙四条，南北五条，宛如棋盘，区划为三十个空格。基围上边较高，成墙壁状。陵四周所有的周垣遗址和四门遗址都很低平，仅足辨认。茔域方一千二百七十六尺，方中五百三十二尺，陵高八十尺，从陵基至门址间的距离计为三百七十二尺。（参见图片五十四及插图十四）

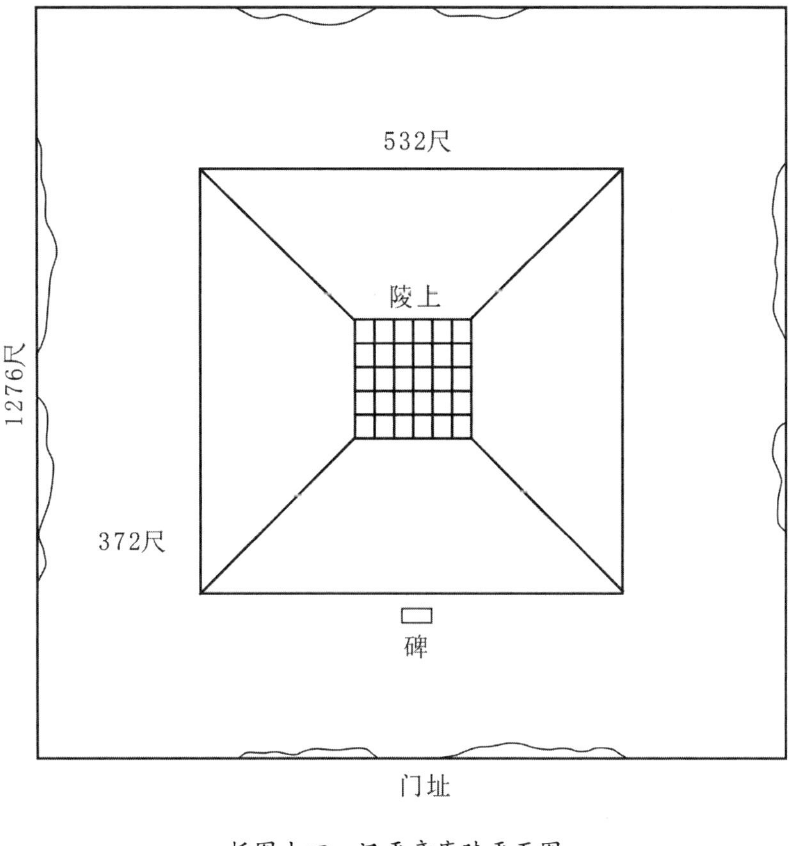

插图十四 汉平帝康陵平面图

（三）文献记载

《三辅黄图》卷之六载：“平帝康陵，在长安北六十里兴平原口。”

图片五十四　汉平帝康陵

第六章　逍遥园

一　鸠摩罗什

西域高僧鸠摩罗什是佛教东渐史上的一位伟人。他在弘始三年（401）应后秦皇帝姚兴之请来长安，在逍遥园发挥其雄辩之才，讲解佛经。关于他翻译佛经的数量，各书所载不一，据《历代三宝记》卷八所载，为九十七部四百二十五卷。他一方面翻译如此多的经论，另一方面济度姚兴以下三千弟子。他不仅是三论、成实二宗的开山祖师，而且是中国佛教的一大功臣。根据《高僧传》《神僧传》等书的记载，大体上可以了解他的生平事迹。

二　草堂寺

著者曾亲访逍遥园的灵迹，并看到了鸠摩罗什的舍利塔。由西安城的南门向西南行走四十里，渡过沣水，到达被称为秦肚（今秦渡）的小城镇，再向西南走二十里，抵达终南山的大峡谷——子午谷前面，谷西屹立的山峰，就是著名的圭峰。圭峰的北麓，就是昔日逍遥园的旧址，现在已成为草堂营的荒芜寒村。《长安志》卷五载："姚兴常于逍遥园引诸沙门听番僧鸠摩罗什演讲佛经，起逍遥宫。”这里所提到的地方，就是逍遥园的旧址。唐武宗时，定慧禅师建草堂寺于此，其后唐昭宗曾敕令重修，今寺址上仅存草堂营田圃中的一座小刹。虽不能再看到逍遥园中的殿堂，但其天然形势犹未变更。虽是略带荒芜的凄凉景象，但屹立的观音山、圭峰山、紫阁山，以及沣谷、子午谷、高观潭等胜景，为其增色不少。当日落终南之时，轻淡的烟霭，摇曳于圭峰之巅。这种壮观的景色被称作“草堂烟雾”，为关中八景之一。难怪自六朝以来，长安的王侯贵人以此地为营建别墅之所，这也是姚兴迎鸠摩罗什于逍遥园的一个原因。现在的草堂寺极为简陋，仅有本堂和两个僧房，由一个僧侣守护。僧侣一方面耕田，一方面托钵于村落化缘，未闻有读经梵钟之声。寺周半为田圃，半为草丛。堂前有山门一座，又有清碑一通，明碑两通，元钟一件。堂后堆积破瓦断碑，其中有唐代的尊胜陀罗尼经幢和圭峰定慧禅师宗密碑，宗密碑已折为两截。在本堂的内外墙壁间，有不少宋元人的题名。由这些遗物及周垣旧迹考察，可以想见昔日草堂寺的盛况。

三　鸠摩罗什的舍利塔

在离草堂寺西数十步的草丛中的一个小堂内，安置着鸠摩罗什的舍利塔。明人赵崡在《石墨镌华》卷七所收《游城南记》[①]中说：

> 高观谷之西，则草堂寺也。秦姚兴迎鸠摩罗什译经于此，原名逍遥园，唐僧宗密居之，为草堂寺，今名栖禅寺。有鸠摩罗什葬舍利石塔，精殊甚。宋人作亭覆之，今尚在。

该亭在数年前改筑，已非宋代旧物。舍利塔是用黑色大理石造成的，从最下边的方形台基到顶端，通高七尺八寸。下部圆台的周围已被磨灭，

①译者按：赵崡所撰《游城南》凡五千字。此处“记”字当为衍文。

但隐隐约约仍能看到阴刻的痕迹，上面刻着几座山的形状，象征须弥山。其上三层云台重叠的蔓草纹浮雕精妙绝伦。云台之上，有一个八角形的宝龛，前方雕刻扉状与锭形，左右两面纵行刻着格子。其余两面虽无雕刻，但左面有如下题铭：

鸠摩罗什之舍利塔，权邦彦□□□□亲来。礼而作偈言。丁酉仲秋晦。

大士入东土，姚秦喜服膺。

当年罗八俊，尽是诘三乘。

翻译明佛旨，圆通并祖灯。

如何生派别，南北强分明。

其次两面，与前边相同，亦刻有格子。至于其背后一面，也有如下题字：

姚秦三藏法师

鸠摩罗什舍利塔

在宝龛之上，覆有屋脊形顶盖。盖下有阴刻佛像，盖上有三层宝珠，极为精致巧妙。历经千余年，未受到风雨侵蚀及战乱的损伤，完整如新，十分珍贵。寺壁上有后人雕刻的唐玄宗题铭：

秦朝朗现圣人星，远表吾师德至灵。

十万流沙来振锡，三千弟子共翻经。

文含金玉知无朽，舌似兰荪尚有馨。

堪叹逍遥园里事，空余明月草青青。

看来唐人已对逍遥园抱有荒草青青的感慨了。关于鸠摩罗什圆寂的年月，文献记载很不清楚，《历代三宝记》卷三作弘始十一年（409）圆寂于逍遥园，但这一记载疑窦很多，不如认定为弘始十五年（413）七十岁入寂为妥（参照《艺文》所载羽溪了谛氏的《鸠摩罗什研究》）。罗什入寂后，按照西域之法，将其遗骸荼毗。相传其全身虽化为灰烬，但舌头不烂。舍利原放在龛中，今已散佚，成为空龛。

舍利塔的修建年代不详。题铭中的权邦彦是北宋末南宋初人，曾以善书而闻名于世（《佩文斋书画谱》卷三十四）。据碑上所题的“丁酉”干支，可知他是在北宋政和七年（1117）来礼拜舍利塔的。如此，则此前已经建塔是自不待言的。若从塔的雕刻风格考察，其特点艳丽精致，确系盛唐之作。举例来说：下部的阴刻画是六朝以来所盛行的，但没有六朝的简朴与初唐的雄丽，而稍嫌烦琐。圆台上的山形，与在西安碑林中的唐玄宗石台孝经（天宝四载九月，745 年刻）碑冠上的山形完全相同，且云台蔓草模纹浮雕，也与该碑冠所刻者属于同一类型，只是孝经碑冠更为雄壮罢了。与会昌元年（841）十二月所建玄秘塔碑冠上的云形浮雕相比，两碑很少有一致之处。综合上述情况，可以推知此塔当建于罗什圆寂后三四百年间。（参见图片五十五）

图片五十五　鄠县草堂寺罗什舍利塔

四 唐宗密禅师碑

堂后倒折为两截的宗密禅师碑，字画清晰，确适合诵读。此碑碑文和《高僧传》都将鸠摩罗什尊称为由迦叶算起为三十八世、由达摩算起为十一世的禅林法宗。宗密禅师于太和二年（828）庆成节入内殿，在文宗驾前讲演法要，文宗赐紫方服，并授大德称号。碑文上说：

> 会昌元年正月六日，坐灭于兴福塔院，俨然如生，容貌益悦。七日而后迁于函。其自证之力可知矣。其月二十二日，道俗等奉全身于圭峰。二月十三日荼毗。初得舍利数十粒，明白润大。后门人泣而求诸煨中，必得而归。今悉敛而藏于石室，其无缘之慈可知。

此碑与玄秘塔碑同为裴休撰书，柳公权篆额。宗密的舍利据说也藏在石室中，但不知其石室之所在。由此看来，罗什舍利塔与会昌、太和时代的宗密石室之间，疑有一定的关系，但无法证实上述推测。

第七章 隋唐长安城

第一节 隋大兴城

西汉以后，奠都长安的前赵、前秦、后秦、西魏、北周等朝君主，致力于频繁的攻伐斗争，不遑制订远大计划，从事都城建设，实际上也没有这种抱负，故皆为苟安之计，假居于汉代古城的废墟。至隋文帝取代北周政权后，始于开皇二年（582）六月敕高颎、宇文恺等，在汉城东南的龙首原上另建新都，称为大兴城。新都南对终南山的子午谷，北据渭水，东控浐、灞两水，西望广阔的平原，地理条件相当优越。次年三月，新都竣工，隋文帝移居大兴城，前后历时仅九个月。《隋书·地理上》载：

> 开皇三年，置雍州。城东西十八里一百一十五步，南北十五里一百七十五步。东面通化、春明、延兴三门，南面启夏、明德、安化三门，西面延平、金光、开远三门，北面光化一门。里一百六，市二。

大兴城内又有大兴宫，也就是唐代京城中的太极宫。宫城南有皇城，叫作子城，东西五里一百十五步，南北三里一百四十步，中通东西五街、南北七街，台省官衙均置于此。汉城的市民住宅是与宫阙官衙杂处的。隋文帝认为这样不好，便将皇城与民居区分开。皇城禁止私人居住，仅置宫阙、官衙、卫府而已。唐代的皇城，也沿用这种制度。总计城内有二市，一百零六里。隋代的里，就是唐代的坊。关于隋里市与唐坊市之间的关系，虽然还未得出正确明了的结论，但大体上是一致的，所不同的是，里的数量只有一百零六个。当时曲江附近因未开发，尚未计算在内。曲江在此城的东南隅，虽属于城内，但为城厢边界，犹未形成市民的坊巷。曲江池周围绿林茂盛，芙蓉飘香，是帝都第一胜景。隋文帝喜爱这里的风景，将其改名为芙蓉园，常常驾幸此地观光。城北一带则为禁苑，称作大兴苑。

由于无法确认隋朝遗址的存在，隋代的大兴城现已难知其详。但唐代长安城是根据隋城规模而修筑的，换言之，宫城、皇城、京城，以及坊市、禁苑均以隋大兴城为基础，且城门、街巷、坊市也多袭用隋代的名称。所以对唐代长安城的研究，也就是对隋大兴城的解说。因此，对隋大兴城的论述就到此为止。下面专门对唐代长安城进行研究。

第二节　研究唐代长安城的方针

关于唐长安城的研究，至今尚未见到有组织的学术考察。最近，东西方的不少学者抱着各自的目的来长安考察，无奈都是短时间的旅行，调查工作不能深入进行，所以他们所发表的报告书或纪行资料，对于唐代长安的研究不可能有太大的参考价值。要研究长安城，就应当搜集长安城的古代文献，并对长安城进行实地踏测，做到两种方法并用，除此别无良策。本篇对长安城的研究，大体上是根据下列方针进行的。

第一，根据有关长安的中文史料，研究长安的城郭、宫殿、两市、坊街以及它们之间的关系，探求当时长安城的规模，按照文献的记载，制作长安城结构图。

第二，对现存的长安遗迹进行实地踏查。以精确的调查、实测结果为基础，制成长安城的实测图。

第三，比较对照上述两图，若能查核两者之间的异同并有所取舍，即可制成长安城的复原图。

对研究来讲，尺度里程的关系最为重要。前述汉唐尺度里程的比率适用于本研究，这是不言而喻的。

第三节　根据文献研究唐代长安城的城坊

一　研究唐代长安所必需的文献资料

（一）《两京新记》五卷

有关长安的古代文献，当首推韦述在开元年间（713—741）撰写的《两京新记》。可惜此书已经散佚，只有一部分为日本金泽文库所传，辑入《佚存丛书》和《粤雅堂丛书》等文献之中。

（二）《长安志》二十卷

此书为北宋人宋敏求在熙宁九年（1076）所著。宋敏求是宋代的著名学者，毕生致力于唐史研究，故此书有很高的参考价值。书中虽附载周、秦、汉各代古迹，但其著述的目的在于究明唐代长安状况。所以，凡是研究长安的，当推此书为第一。书中对于长安城坊的记载，大体是以韦述的著作为蓝本，而更为详赡。

（三）《雍录》十卷

此书系南宋人程大昌所著。因长安地当古代的雍州，所以他给此书起名为《雍录》。程大昌是当时有名的博学家，故此书与宋敏求《长安志》有同等的声价。由于在程氏所处的时代，长安附近已成为金朝的领土，他写这本书只能凭文献编纂。与宋敏求亲身踏查实地的情况相比，不免有径庭之处。因此，这本书的真实价值，是逊于世誉的（参看《四库全书总目提要》卷七十）。由于传本不多，著者也未能见到它的全本（稿成之后，才见到明嘉靖年间刊行的定本）。

（四）《长安志图》三卷

这是元人李好文至正四年（1344）在陕西当官时撰写的著作。据说此书是以北宋元丰三年（1080）吕大防所刻《长安图》为底本，略加删补而成的。吕大防生活的时代，唐代旧迹较为明显。本书以吕大防的著作为依据，自然足以置信。《长安志》和《长安志图》皆经清人毕沅校订，收入《经训堂丛书》。但遗憾的是，在经训堂本、明嘉靖刊本中，《唐宫城坊市总图》《唐皇城图》《唐京城坊市图》等，皆备其目而缺其实。

（五）《关中胜迹图志》三十卷

这本书是清代著名学者毕沅在乾隆四十一年（1776）编纂的。毕沅在担任陕西巡抚期间，曾尽力表彰古迹。关中旧迹得以保存至今，一半的功绩当归于毕氏。但此书所述范围，涉及陕西全省，并非仅限长安一地。且其编写的目的主要是图示胜迹，而并不是阐明古迹。因此，把它作为研究长安的资料，不会达到预期的效果。率直些讲，此书可以作为旅游指南，作为研究资料则有不足之感。

（六）《唐两京城坊考》五卷

此书为清人徐松在嘉庆十五年（1810）所著。徐松作为历史地理学家在当时享有盛名，故此书自有其参考价值。但大体说来，此书只是根据金石与随笔资料，对宋敏求《长安志》中的城坊做了若干增补，并不是徐松的代表作。不过，书中所附《西京外郭城图》《西京三苑图》《西京宫城图》《西京皇城图》《西京大明宫图》《西京兴庆宫图》等，与《长安志图》的来历有别，大致是可供参考的。

（七）《咸宁县志》二十六卷与《长安县志》三十六卷

清代编纂的《陕西通志》和《西安府志》等书，对唐代长安的研究固有若干参考价值，但在此类方志中，对长安研究最有价值的当推《咸宁县志》与《长安县志》。《长安县志》于嘉庆十七年（1812），由董祐诚（董曾臣）编纂，很快成书。《咸宁县志》则是陆耀遹和董祐诚在嘉庆二十四年（1819）编成的。此二书对唐代长安城坊的考证，兼文献与考察之长，价值甚大。但现在所看到的版本，印刷磨灭颇多，令人遗憾。

二　宫城

宋敏求《长安志》卷六《宫室四》载：

> 宫城，东西四里，南北二里二百七十步，周一十三里一百八十步，崇三丈五尺。南即皇城，北抵苑，东即东宫，西有掖庭宫。

宫城即皇帝所居之处。地当隋代大兴宫，唐代改称太极宫，通常称之为“西内”。同书卷六《宫室四》又载：

> 西内。正殿南承天门。门东曰长乐门。次东曰广运门。次东曰重福门。次东曰永春门。承天门之西曰永安门。若元正冬至，陈乐设宴，会赦宥罪，除旧布新，当万国朝贡使者、四夷宾客，则御承天门以听政焉。东面一门凤皇门。西面二门。南曰通明门。北曰嘉猷门。北面三门。正北曰定武门。次东曰安礼门。东宫北

门曰玄德门。

李好文《长安志图》中的《唐宫城图》，以定武门为玄武门，重福门为重明门，而此门与永春门为东宫南门，玄德门为东宫北门；凤皇门为宫城与东宫之间的门；通明门与嘉猷门为宫城与掖庭宫之间的门。由此来看，门的名称实有若干异同，且西内是否包含东宫和掖庭宫亦不明确。由于宫城是所谓九重云深之处，无数宫殿、楼阁、门廊、亭榭等依次构筑或互相排列，当时未传于民间，各书所记又不一致，因此，现在要来探究它，是颇为困难的，必须十分努力。

三　皇城

唐代皇城也就是隋代的皇城，有贯通东西的五条大街，每条街宽一百步（五百尺）。其北面有东西横亘的大街，宽三百步（一千五百尺），以限隔宫城。其南面有与此平行的五条大街，但其宽度不明。六省、九寺、五监、十六卫等官衙配列其间。但内侍省在西内，国子监和左右金吾卫则在京城，都不在这个范围之内。（参见插图十五）关于皇城的形势，《长安志》卷七《唐皇城》讲得很详细，现照录于此，但省去其注文，仅将其中必要的部分填注在括号内。此外，这段材料中似有误字，加上问号以资订正。其文如下：

> 皇城，东西五里一百一十五步，南北三里一百四十步。南面三门。正南曰朱雀门。东曰安上门。西曰含光门。东面二门，南曰景风门，北曰延喜门。西面二门，南曰顺义门，北曰安福门。城中南北七街，东西五街，其间并列台省寺卫。宫城南门外有东西大街。（南北三百步，东出皇城之延喜门，西出皇城之安福门。）承天门外横街之南有南北大街，曰承天门街。（东西广百步，南出

皇城之朱雀门。）

承天门街之东、宫城之南，第二横街之北。

从西第一门下外省。次东殿中省。次东左千牛卫。次东左卫。街东安上门街。街东第一东宫内作坊，次东右春坊，次东右清道率府，次东右监门率府，府北右内率府，府东东宫朝堂。有北街。街东第一左监门率府，府北左内率府，次东左清道率府，次东家令寺，次东左春坊。（坊东有南北街。街东即皇城东面延喜门之内。）

承天门街之东第三横街之北。

从西第一左监门卫。次东左武卫。次东左骁卫。卫东安上门街。街东第一东宫仆寺，次东率更寺。次东右司御卫，次东右卫率府。府东有南北街。街东第一左卫率府。次东左司御卫，次东詹事府。（府东有南北街，街东即皇城之东面。）

承天门街之东面第四横街之北。

从西第一尚书省。省东安上门街。街东第一都水监。次东光禄寺。寺东有南北街。街东军器监。（监东即皇城东面景风门之北。）

承天门街之东第五横街之北。

从西第一左领军卫。次东左威卫。次东吏部选院。次东礼部南院。院东安上门街，横街抵此而绝。

承天门街之东第六横街之北。

从西第一太仆寺。次东太府寺。寺东安上门街。街东第一少府监。次东左藏外库院。（院东有南北街，街东即皇城东面景风门南也。）

承天门街之东第七横街之北。

从西第一太常寺。寺东安上门街。街东第一太庙。中宗庙。元献皇后庙。次东太庙署。（署东署南并有街，即皇城之东南隅也。）

承天门街之西、宫城之南第二横街之北。

从东第一中书外省。次西四方馆。次西右千牛卫。次西右监门卫。次西右卫。卫西含光门街，横街抵此而绝。

承天门街之西第三横街之北。

从东第一右武卫。次西右骁卫。次西含光门街。街西将作监。（即皇城西南面安福门之南。）

承天门街之西第四横街之北。

从东第一司农寺，寺西含光门街。街西第一尚书（舍?）局，次西尚辇局，次西卫尉寺，次西大理寺，寺西有南北街。（街西即皇城西面顺义门之北。）

承天门街之西第五横街之北。

从东第一右领军卫。次西右威卫。次西秘书省。省西含光门街，横街抵此而绝。

承天门街之西第六横街之北。

从东第一宗正寺。次西御史台。次西司天监。监西含光门街，街西第一廒石台。台北司农寺草坊。次西骅骝马坊。坊西有南北街。（街西即皇城西面顺义门之南。）

承天门街之西第七横街之北。

从东第一鸿胪寺。次西鸿胪客馆。馆西含光门街。街西第一大社。次西郊社署。（署西、署南并有街，即皇城之西南隅。）宫城之西有掖庭宫。掖庭西南、安福门内大横街北有内侍省。

尚书省　长官尚书令，职在统领百官，总理国家一切政务。下设尚书左丞相（左仆射）和尚书右丞相（右仆射），总括吏、户、礼、兵、刑、工六部。礼部南院是礼部的一部分，吏部选院则是吏部的一部分。凡国之大政，皆决于此。武德年间（618—626），太宗为秦王时，曾担任尚书令。

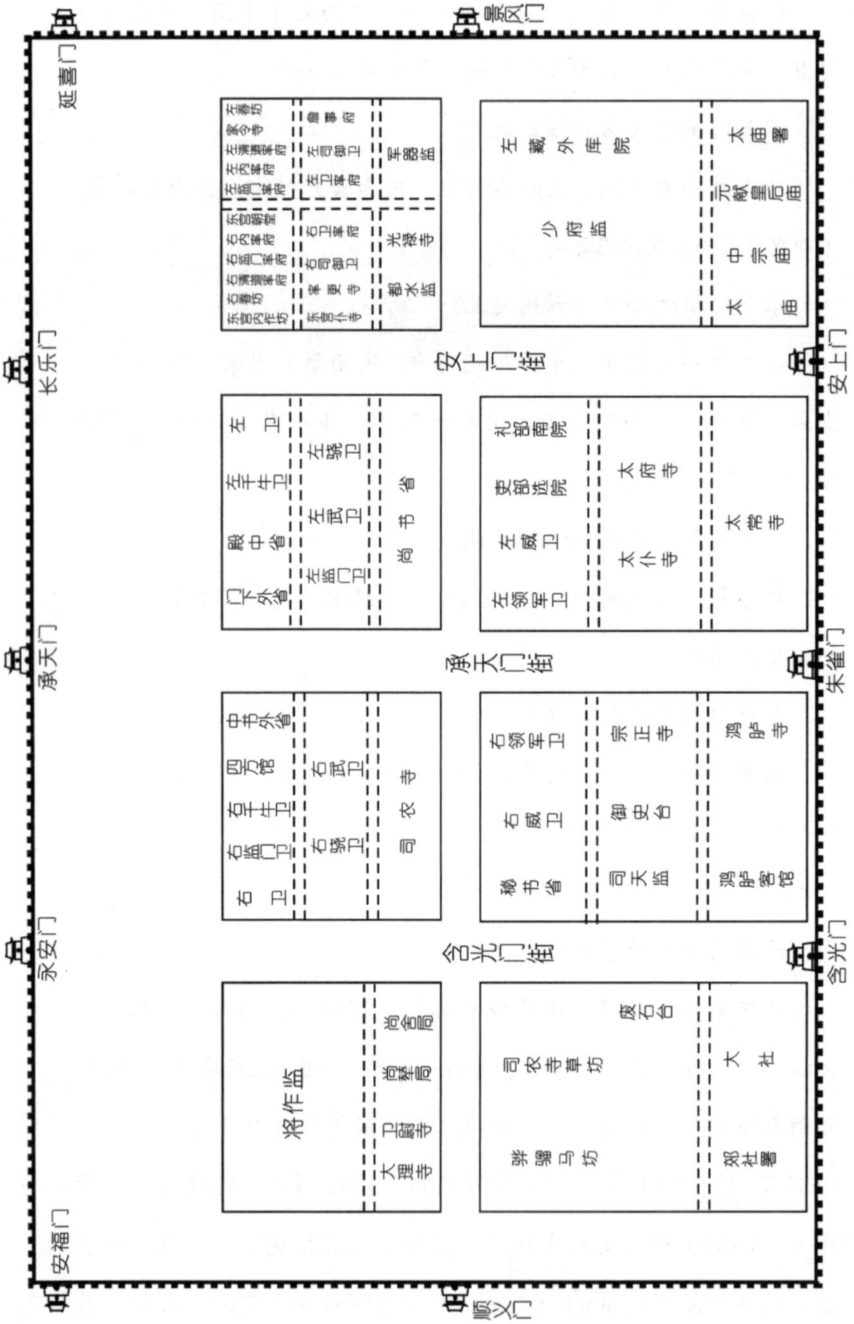
延喜门
景风门
长乐门
承天门
永安门
安福门
顺义门
安上门
朱雀门
含光门
安上门街
承天门街
含光门街
东宫内作坊
右春坊
右清道率府
右监门率府
右内率府
东宫明堂
左监门率府
左内率府
左清道率府
家令寺
左春坊
东宫仆寺
率更寺
右司御卫
右卫率府
左卫率府
左司御卫
詹事府
都水监
光禄寺
军器监
左藏外库院
少府监
太庙
中宗庙
元献皇后庙
太庙署
门下外省
殿中省
左千牛卫
左卫
左监门卫
左武卫
左骁卫
尚书省
左领军卫
左威卫
吏部选院
礼部南院
太仆寺
太府寺
太常寺
右卫
右监门卫
右千牛卫
四方馆
中书外省
右骁卫
右武卫
司农寺
秘书省
右威卫
右领军卫
司天监
御史台
宗正寺
鸿胪客馆
鸿胪寺
将作监
大理寺
卫尉寺
尚辇局
尚舍局
骅骝马坊
司农寺草坊
废右台
郊社署
太社

插图十五　唐皇城平面图

由于尊其官位，形成了臣下不任此官的习惯。因此，唐代尚书省的最高长官事实上是左右仆射。但左右仆射与中书令及侍中不是平级。若低下一级，则威令不振，故尚书令的实权，便移至中书、门下。而尚书省失去其在官制上的决策意义，仅掌事务而已。

门下省 长官侍中，掌出纳帝命，缉熙皇极，总典吏职，赞相礼仪，和协万邦，辅理庶务，即辅佐天子，统揽大政。由于侍中近侍天子，拜领敕命，故门下省建在宫城之内。在西内则位于承天门左侧延明门的东南，在大明宫则位于宣政殿右侧日华门的东边，在皇城则为外省。

中书省 长官中书令，掌军国之政令，缉熙帝载，统和天人，厘正万邦，总度百揆。佐天子，执大政，与门下侍中无异。但门下侍中的主要任务是参与大政，而中书令则是执行敕命，因此，实权多在侍中手中。但二者都是辅弼大臣，起初地位并没有差别，故中书省与门下省并立。在宫城内，则居延明门的西南，在大明宫则居宣政殿左侧月华门之西。因此，习惯上把门下省称为东省，把中书省称为西省。在皇城则为外省。

殿中省 长官殿中监，掌乘舆服御之政令。总管尚食、尚药、尚衣、尚乘、尚舍、尚辇六局。《长安志》在尚辇局之东记有尚书局，当属尚舍局之误。在大明宫则在中书省之北，为殿中内省。

内侍省 以掖庭宫中的内侍为长官。在宫内侍奉，出入宫掖，传达制命，总管掖庭、宫闱、奚官、内仆、内府五局的属官及内谒者。

秘书省 长官为秘书监，掌国家经藉图书之事，辖著作局和太史局。著作局掌陵碑志、祝文、祭文等。太史局掌观察天文，稽定历数。《长安志》中所说的司天监指的就是太史局。

光禄寺 以光禄寺卿为长官，专司国家酒醴、膳馐之事，总管太官署、珍馐署、良酝署、掌醢署。

卫尉寺 以卫尉寺卿为长官。掌邦国器械、文物之政令，总括武库署、武器署、守宫署。

宗正寺 以宗正寺卿为长官。掌天子九族六亲的属籍，崇玄署亦归其管辖。

太常寺 以太常寺卿为长官。掌国家礼乐、郊庙、社稷之事。辖郊社、太庙、诸陵、太乐、鼓吹、太医、太卜、廪牺等八署。太庙署在元献皇后庙之东，郊社署则在大社之西。

太仆寺 以太仆寺卿为长官。掌邦国厩牧、车舆等政令，总辖乘黄署、典厩署、典牧署、车府署。

大理寺 以大理寺卿为长官，掌邦国折狱详刑之事。

鸿胪寺 以鸿胪寺卿为长官，掌宾客、凶仪等事，辖典客署和司仪署。鸿胪馆是用来接待外宾的客馆。

司农寺 长官为司农寺卿，掌国家仓储委积之政令，辖上林、太仓、钩盾、导官等四署。

太府寺 以太府寺卿为长官，掌邦国财货之政令。辖两京都四市署、平准署、左藏署、右藏署、常平署。左藏外库院属于左藏署。

御史台 以御史大夫为长官，掌邦家刑宪典章之政令，负肃正朝列之责。

少府监 长官为少府监监，掌百工技巧之政令，辖中尚署、左尚署、右尚署、织染署和掌冶署。

将作监 长官为将作大匠，掌国家建修土木工匠之政令，辖左校署、右校署、甄官署、百工监、就谷监、库谷监、斜谷监、太阴监、伊阳监。

都水监 长官为都水监使者，掌川泽、津梁之政令，辖舟楫、河渠等署。

军器监 长官为军器监监，缮造甲弩，辨其名物，审核制度，有时还有归纳武库的任务。辖甲坊、弩坊二署。

左、右卫

左、右骁卫

左、右武卫

左、右威卫

左、右领军卫

以上十卫，各以大将军为长官，掌统领宫廷之警卫。各卫所用服制旌旗互异，在不同的地方负责警卫之事。

左、右监门卫 长官为大将军，掌诸门禁卫门籍之法。

左、右千牛卫 长官为大将军，司宫殿侍卫及供御仪仗。

左、右金吾卫 以皇城外的大将军为长官，掌宫中及京城昼夜巡警之法而执御非建。

废石台 即肺石台。按照周代故事，树立红色石块。民有诉冤者坐于其下，表示赤诚上告之意。

骅骝马坊 是尚乘官司养良马的地方。草坊将饲料贮存于司农寺的仓库。

四方馆 在隋代称作谒者台。延纳各方的上表，由通事舍人判其事。

国子监 在皇城外的务本坊，占据该坊的西半部。以祭酒为长官，掌国家儒学训导之政令，辖国子、大学、四门、律学、书学、算学等六学。

以上是根据《唐六典》对主要官衙所做的概述。如果要了解详细情况，可直接参阅该书。

四　京城

京城是对于长安的整体城郭而言的，包括皇城和宫城在内。在宫城与皇城的东西两侧以及皇城之南，是长安城的街市、坊里，总计南北十四街，东西十一街，周围共有十门，其中排列着东西两市和一百一十坊。对此，《长安志》卷七《唐京城》条有详细的说明：

外郭城。东西一十八里一百一十五步，南北一十五里一百七十五步，周六十七里。其崇一丈八尺。南面三门。正中曰明德门。东曰启夏门。西曰安化门。东面三门，北曰通化门。中曰春明门。南曰延兴门。西面三门。北曰开远门。中曰金光门。南曰延平门。北面一门，曰光化门。皇城之东五门。皇城之西二门。当皇城西第一街曰芳林门。当皇城西第二街曰光化门。郭中南北十四街，东西十一街，其间列置诸坊。有京兆府、万年、长安二县所治。寺、观、邸、第，编户错居焉。当皇城南面朱雀门有南北大街，曰朱雀门街。东西广百步。万年、长安二县以此街为界。万年领街东五十四坊及东市，长安领街西五十四坊及西市。

但是，长安城中的坊街是随着时代的变化而变化的，其数量也有多少的差异。贯通南北的大街：在皇城之南的有三条，由皇城迄至南郭；在皇城左右（即东侧与西侧）的各有四条，由北郭至南郭。贯通东西的大街：在皇城宫城东西两侧的各有四条，由皇城宫城的两侧至于东郭及西郭；在皇城之南计有十街，均自京城的东郭至于西郭。坊街是以中央的朱雀门大街为轴心左右相对排列的。长安县领其西半部，万年县领其东半部。在皇城之南，朱雀门街的左右两侧，各有四十五坊；在皇城和宫城的左右两侧，各有十二坊。二者合计，共一百一十四坊。因东西两市对列于朱雀门街左右第三街的东西两侧，各占二坊之地，故长安城坊的实际数量是一百一十坊，长安、万年两县实际各领五十五坊。《唐六典》卷七《工部尚书　侍郎·工部郎中　员外郎》条注载：

皇城之南，东西十坊，南北九坊；皇城之东、西各一十二坊，两市居四坊之地；凡一百一十坊。开元十四年，又取东面两坊为兴庆宫。

计算结果也是如此。但曲江（芙蓉园）在设计上虽然约占京城东南隅两坊之地，但实际上并无街衢存在，连坊名也没有。如此，照《唐六典》所举坊数，扣除两坊，则长安城的实际坊数为一百零八坊。其中长安县领五十五坊，万年县领五十三坊。《旧唐书》卷三十八《地理一》载：

京师西有大明、兴庆二宫，谓之三内。有东西两市。都内，南北十四街，东西十一街。街分一百八坊。坊之广长，皆三百余步。皇城之南大街曰朱雀之街，东五十四坊，万年县领之。街西五十四坊，长安县领之。京兆尹总其事。

文中所说坊的广长皆三百余步，不过是言其概数。至于“曰朱雀”之下，当有缺字或衍文。说长安、万年两县所领各五十四坊，这与《长安志》的记载一样，都是错误的。

在皇城、宫城东第一街与第二街之间，有大明宫正门丹凤门。丹凤门街由门前向南纵贯二坊，将二坊分为东西两部。故万年县应增一街二坊，为五十五坊。丹凤门街不是筑城时设计的大街，而是在修建大明宫后才开通的，具体年代不详。大明宫即太宗所修永安宫。高宗龙朔二年（662）改称蓬莱宫，并移居其中。《旧唐书·高宗上》载：

龙朔……辛巳，造蓬莱宫成，徙居之。……乙亥，制蓬莱宫诸门殿亭等名。

次年，又对该宫进行了大规模的扩建。《旧唐书·玄宗下》载：

天宝元年春正月……甲寅，陈王府参军田同秀上言：“玄元皇帝降见于丹凤门之通衢。”

蓬莱宫设置于高宗龙朔二年，至天宝元年（742）始见“丹凤门之通衢”之语。因此，估计此街的开通时间，当在龙朔二年到天宝元年之间。《唐六典》所列坊数，显然是按此街未开通的情况计算的。似乎此街开元时犹未开通，但亦难以断定。兴庆坊在开元初置兴庆宫，至开元十四年扩建时，占用了周围一些地方。《唐六典》卷七《工部尚书　侍郎·工部郎中　员外郎》

条注载：

> 即今上龙潜旧宅也。开元初，以为离宫。至十四年，又取永嘉、胜业坊之半以置朝堂。

据此，兴庆坊在开元初年即已废止，尽充兴庆宫之用。永嘉、胜业二坊，在开元十四年被割去一半，并入兴庆宫，虽较狭小，但仍存在。

综上所述：万年县所领坊数，初唐为五十三坊；自丹凤门街开通以后，增加到五十五坊；设置兴庆宫后，减为五十四坊。长安县的坊街则未发生变动。因此，我们不妨做出这样的判断：长安城的总坊数，初唐为一百零八坊，中唐为一百一十坊，其后为一百零九坊。

五　坊名及其序列

《长安志》一书对各坊的序列及坊内的官省、寺观、园囿等都有详细记载。在记述邸宅、寺观时，往往涉及中唐以后的情况。比如，一方面举丹凤门街而详说兴庆宫，另一方面又提到兴庆坊。从坊街形势及其名称推想，大概是以韦述《两京新记》为蓝本，参酌他书，记述中唐（即开元时代）的长安的情况。韦述是开元、天宝年间的学者，曾受到唐玄宗的赏识。该书的撰写，当在其时。故以下所述长安城，也是指开元时期的形势。不过，除丹凤门街的开通与兴庆宫的设置之外，长安城坊前后并无多大差异。只是坊名曾一再改易，若要详加解说，恐怕过于繁杂，在此姑舍而不论。兹以宋敏求《长安志》为基础，录其名称及序列于下。《长安志》所载朱雀门以东坊名及其排列顺序误脱甚多，故历来多有异说。现并记于此，并作以简单的说明。

（一）万年县所领朱雀门街东第一街，从北向南（九坊）

第一兴道坊，次南开化坊，次南安仁坊，次南光福坊，次南靖善坊，次南兰陵坊，次南开明坊，次南保宁坊，次南安义坊。

（二）朱雀街东第二街，北当皇城南面的安上门，街东从北向南（九坊）

第一务本坊，次南崇义坊，次南长兴坊，次南永乐坊，次南靖安坊，次南安善坊，次南大业坊，次南昌乐坊，次南安德坊。

（三）朱雀街东第三街，即皇城东边的第一街，街东从北向南（十五坊）

第一翊善坊，其西光宅坊，次南永昌坊，丹凤门街东来庭坊，次南永兴坊，（次东广化坊）[衍]，次南崇仁坊，次南平康坊，次南宣阳坊，次南亲仁坊，次南永宁坊，次南永崇坊，次南昭国坊，次南进昌坊，（次南安兴坊）[衍]，次南通善坊，次南通济坊。

查永兴坊之次为广化坊，颇不太自然。如前所述，朱雀街东第四街东面短缺一坊，即东市北侧隔春明门通街路的由南至北的坊成为三个。这可能是把朱雀街第四街北面的广化坊误记到此处的缘故。因安兴坊是广化坊的旧名，故有此误。

（四）朱雀街东第四街，即皇城东第二街，街东从北向南（十一坊加东市）

第一长乐坊，次南大宁坊，（次南广化坊），次南胜业坊，次南东市（南北居二坊之地），次南安邑坊，次南宣平坊，次南昇平坊，次南修行坊，次南修政坊，次南青龙坊，次南曲池坊。

（五）朱雀街东第五街，即皇城东第三街，街东从北向南（十一坊加芙蓉园）

（第一入苑），次南兴宁坊，次南永嘉坊，次南兴庆坊，次南道政坊，次南常乐坊，次南靖恭坊，次南新昌坊，次南昇道坊，（次南修德坊）[衍]，次南立政坊，次南敦化坊。

在朱雀街西面第三街西，北边第一坊亦为修德坊，二者皆记坊内有唐代的兴福寺（宏福寺或弘福寺）。查兴福寺在宫城以西芳林门内，《长安志》

卷十《唐京城四》注云：

> 元和十二年，诏筑夹城，自云韶门，过芳林门，西至修德坊，通兴福佛寺。

由此可知，此处所说的修德坊，无疑是误行记入的。此外，在敦化坊之南，有曲江（芙蓉园），占二坊之地。《长安志》在此之下有缺文，姑参酌诸书所载予以补充，写在括号中。

（六）长安县所领朱雀门街西第一街，从北向南（九坊）

第一光禄坊，次南殖业坊，次南丰乐坊，次南安业坊，次南崇业坊，次南永达坊，次南道德坊，次南光行坊，次南延祚坊。

（七）朱雀街西第二街，北临皇城南面的含光门，街西从北向南（九坊）

第一太平坊，次南通义坊，次南兴化坊，次南崇德坊，次南怀贞坊，次南宣义坊，次南安丰坊，次南昌明坊，次南安乐坊。

此处的安丰坊，在清人徐松的《唐两京城坊考》中，被改为丰安坊。

（八）朱雀街西第三街，即皇城西第一街，街西从北向南（十三坊）

第一修德坊，次南辅兴坊，次南颁政坊，次南布政坊，次南延寿坊，次南光德坊，次南延康坊，次南崇贤坊，次南延福坊，次南永安坊，次南敦义坊，次南大通坊，次南大安坊。

（九）朱雀街西第四街，即皇城西第二街，街西从北向南（十一坊加西市）

第一安定坊，次南休祥坊，次南金城坊，次南醴泉坊，西市（南北居两坊之地），次南怀远坊，次南长寿坊，次南嘉会坊，次南永平坊，次南通轨坊，次南归义坊，次南昭行坊。

（十）朱雀街西第五街，即皇城西第三街，街西从北向南（十三坊）

第一修真坊，次南普宁坊，次南义宁坊，次南居德坊，次南群贤坊，次南怀德坊，次南崇化坊，次南丰邑坊，次南待贤坊，次南永和坊，次南常安坊，次南和平坊，次南永阳坊。

六　坊街制度

皇城左右两侧的坊街与位于皇城之南的坊街，宽阔大小各不相同。这一点在《长安志》和《长安志图》中都有详细记载。因两书所载数据相同，兹引《长安志图》卷上的注文如下：

> 唐外郭城东西南各三门，直十一街，横十四街。当皇城朱雀门曰朱雀街，亦曰天门街，南直明德门，南北九里一百七十五步。纵十一街，各广百步。皇城之南，横街十，各广四十七步。皇城左右各横街四，三街各广六十步，一街直安福、延喜门广百步。

据此可知，朱雀门街与十纵街合计为十一纵街，其宽度各为一百步左右。位于皇城之南的十条横街，各宽四十七步。而在皇城左右两侧的四条横街中，安福、延喜门街宽百步，其余三条各宽六十步。从朱雀门到明德门相距九里一百七十五步。据说当时曾在朱雀门外建立石碑以计其数。

关于各坊的构造与大小，《长安志》卷七载：

> 皇城之东，尽东郭东西三坊。皇城之西，尽西郭东西三坊。南北皆一十三坊，象一年有闰。每坊皆开四门，有十字街四出趣门。皇城之南东西四坊，以象四时，南北九坊，取则《周礼》王城九逵之制。隋《三礼图》见有其像。每坊但开东西二门，中有横街而已。盖以在宫城直南，不欲开北街泄气以冲城阙。棋布栉比，街衢绳直，自古帝京未之有也。朱雀街东第一坊，东西三百五十步；第二坊东西四百五十步，次东三坊东西各六百五十步。朱雀街西

准此。皇城之南九坊，南北各三百五十步；皇城左右四坊，从南第一第二坊，南北各五百五十步；第三坊第四坊南北各四百步。两市各方六百步，四面街各广百步。

由此来看，各坊有二门或四门，中间有东西贯通的一条小街。或为东西贯通与南北贯通的两条小街，构成十字形状。此类小街叫作巷。在皇城之南的三十六坊，皆有东西二门，以通东西之巷。朱雀门街左右各九坊，每坊皆为南北三百五十步，东西三百五十步。与此九坊外侧相接的九坊，各为南北三百五十步，东西四百五十步。位于皇城左右的七十四坊，各坊均有东西南北四门，以通十字形的两条巷道。各坊的东西宽度皆为六百五十步，但皇城左右两侧各六坊，为南北五百五十步；宫城左右两侧各六坊，皆为南北四百步。其他各二十五坊，皆为南北三百五十步。以上总计一百一十坊，是丹凤门开通以前的情况。芙蓉园所占的二坊，也计算在内。至于丹凤门街左右四坊的大小，《长安志》与《长安志图》均无明确记载。但其南北为宫城两侧之坊，想必是四百步，东西距离可通过测定含元殿与大雁塔的位置来决定丹凤门街的位置与宽度。这将在“对长安遗迹的实测”第七项中予以说明。

《长安志》和《长安志图》载皇城南面八十五坊南北的宽度为三百五十步。这应当是三百二十五步之误。理由有如下三点：

（一）比较京城外郭城、朱雀门与明德门之间的距离与坊街总宽度：

1. 由春明门讫京城南壁的城郭长度为：

京城南北 15 里 175 步 –（宫城南北 2 里 270 步 + 皇城南北 3 里 140 步）＝9 里 125 步

2. 由朱雀门至明德门的距离为九里一百七十五步。

两者相较，仅差五十步，可认为是相近之数。

3. 皇城南面的十横街与九坊，各横街的宽度为四十七步，各坊南北的宽度为三百五十步。合而计之，则如下式所示：

横街宽 47 步 ×10 + 坊南北宽 350 步 ×9 = 3620 步= 10 里 20 步

比较城壁的长度二百五十五步，与朱雀门、明德门之间的距离二百零五步，二者相差过大，所以是不正确的。

4. 现以若求 1、2 两项的平均数，则为九里一百五十步。减去横街的总宽度四百七十步，再除以坊数九的余数，则一坊的南北宽度为三百二十四点四四步。假如 1、2 两项容许采用整数，那么这个数字也采用整数，一坊的南北宽度姑按三百二十五步计算，则：

横街 47 步 ×10 + 坊南北 325 步 ×9 = 3395 步= 9 里 155 步。

这一结果较城壁的长度仅超出三十步，较朱雀门与明德门之间的距离，相差不足二十步。

（二）如果考虑到两市的构造，每坊的南北宽度按三百二十五步计算，与实际情况基本符合。若每坊按三百五十步计算，则会在两市的南边多出九十四步宽的空地，使人感到很不自然。

（三）如后面长安史迹实测条所示，大雁塔在进昌坊中央偏北的地方。由今西安城南壁（即唐代皇城之南壁）实测，计一万一千七百尺。若一坊的南北宽度为三百五十步，则大雁塔就跑到昭国坊的南部去了。但若以每坊宽三百二十五步计算，则与实测长度一致，即大雁塔的位置当在进昌坊中央偏北部。

因此，皇城南面各坊南北的宽度为三百二十五步，可以视为接近实际的数据。（参见插图十六）

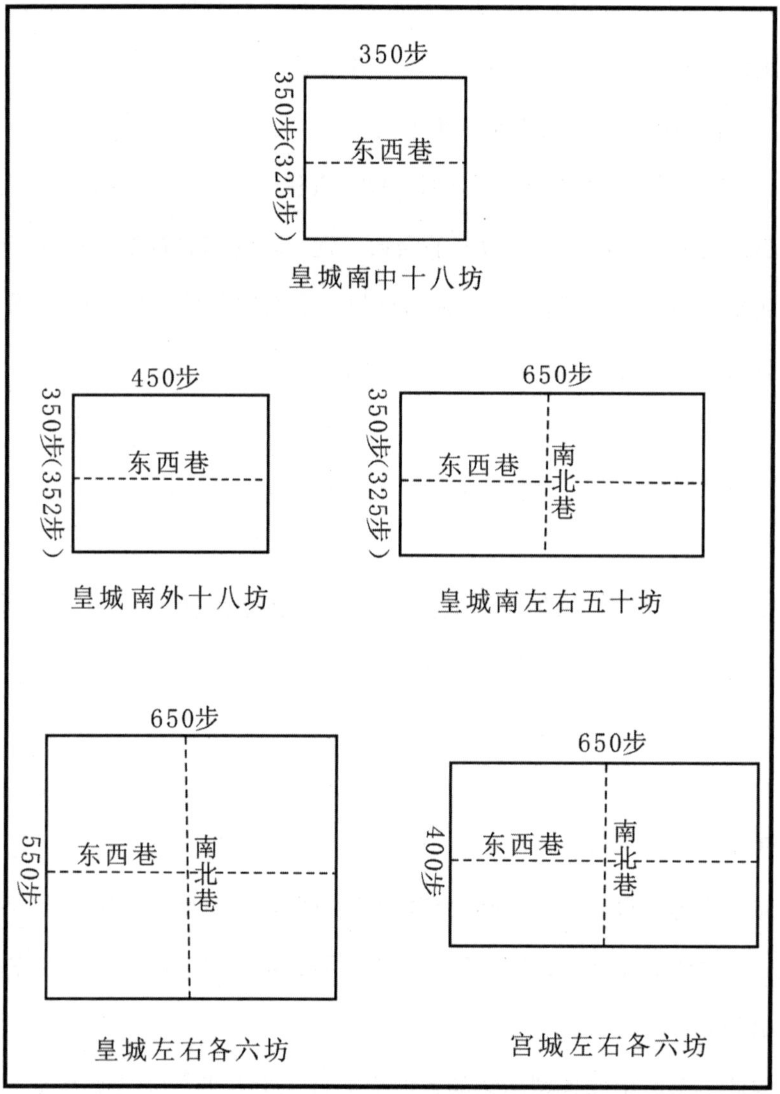

插图十六　京城坊巷制度图

七　坊街的状况

朱雀门街最繁华，东西两市也极为热闹，但这是城市中央以北的情况。至于从城南壁以北的四五坊，即便是在中唐时期，居民也不多，大半是庭园宽敞的宅邸，不少地方居住着爱好园艺的闲人，实际上属于少商贾、不杂沓的清静之地。此外，唐诗中有“长安大道连狭斜”的诗句，说的是歌舞陋巷，处于大道里街，道路狭窄，以至于公子王孙漫游至此，不得不舍金鞍香车于大道之侧。其具体地点除平康坊东北隅外，尚不明确。若以今日北平（北京）妓馆俱在城门附近的情况想象，则唐代长安的道政坊和群贤坊的里街也是颇为热闹的。

八　坊街的警备

坊街警备之责，由金吾卫承担。左金吾卫在永兴坊的西南隅，右金吾卫在布政坊的东北隅。金吾卫在汉代被称作“执金吾”，负警戒宫城的责任。当天子行幸之际，充当先驱卤簿以事警卫。平时，则担当京城昼夜的警戒，以防范违法犯罪。因此，金吾将军的权势颇为煊赫。后汉光武帝曾兴奋地说：“仕宦当作执金吾，娶妻当得阴丽华。”王翰在《古长城吟》中也说：“长安少年无远图，一生惟羡执金吾。”情况由此可见一斑。到了唐代，金吾仍是青年仕官羡望的对象。金吾卫的下属机构为左右中郎府，以中郎将为长官，常率府属昼夜巡逻京城内的左右坊街，一如今日绵密的警察法。到了晚上，固锁各坊巷门，禁止通行，以备盗贼。

九　东西两市之制

《长安志》卷八《唐京城二》条载：

> 南北居二坊之地。东、西、南、北各六百步，四面各开一门，定四面街各广百步。北街当皇城南之大街，东出春明门，广狭不易于旧。东面及南面三街向内开壮，广于旧街。市内货财二百二十行，四面立邸，四方珍奇皆所积集。

这段文字过于简略，且多有谬误。现考证如下：

（一）“四面各开一门”，当为各开二门之误。《长安志图》《咸宁县志》及其他文献中，均揭载二门图样。从周围形势来看，一门也与实际情况不符。

（二）“定四面街各广百步”的说法不准确。所谓百步的规定，若由以下文意推测，则南面为百步，北面为九十一步，东西两面各为一百二十五步，不能不说有若干差异。（参见插图十七）

（三）北街之“东出春明门，广狭不易于旧”，应解释为“东市的北街虽为百步，但由此东出春明门，其广如旧，仍为四十七步。”而东市的北街至春明门，其广与皇城南大街相同，如此解释亦无不可。如果这样，则此大街为四十七步，市的北街也应当是四十七步无疑。但《长安志》等书都说皇城南的东西横街为四十七步。由其文意推测，可知道它是取平均值，实际广狭则是有若干差异的。比如，皇城东延喜门街的宽度为一百步，景风门街为六十步，比其他横街宽得多。由此而论，皇城南春明门街，与其他横街同为四十七步当与事实不符。即由本书所引“皇城南之大街”一语的字面观察，亦当解释为春明门街与市之北街相近，同为百步左右的宽广大街。

（四）“东南及南面三街向内开壮，广于旧街”中的三街，若为二街之误，则由市周围坊街计算的西街，当与朱雀街东第三街同为百步，但东街较第四街的百步更宽五十步，使人感到设计不够自然。但若为东、西、南三面三街之误，而以市的大小与四面街的长宽比较四周坊街的广阔时，则如东市图所示，东、西两面各有空地二十五步，南面广阔一百步，较皇城南第二横街的四十七步，更向内广五十三步，这与“三街向内开壮，广于旧街”的文意完全一致。北街广阔九十一步，也有助于了解春明门街的真正宽度，且北街（春明门街）为一百步，南街为九十一步，亦无大的差别。如此推测市的构造，再与上海、汉口、哈尔滨等地现存市场周围（即面向街道的场所）设置余地的情况合并起来考虑，就能大致肯定唐代两市的形势了。《长安志》仅举街道的宽度，对于余地则用向内开拓一语概括而已。如此解释两市的构造，当比较接近实际情况。

东西两市的制度完全相同，但商业状况与繁华程度却有所差异。东市附近多贵族显官之家，故市中所陈多为上等货品，一点也不热闹。商贾大半集中在西市，故西市的贸易状况远较东市为盛。《长安志》卷八《唐京城二》注云：

万年县户口减于长安。文公卿以下民止多在朱雀街东，第宅所占勋贵，由是商贾所凑，多归西市。

同书卷十《唐京城四》条载：

市内有西市局。隶大府寺。市内店肆如东市之制。长安县所领四万余户，比万年为多，浮寄流寓，不可胜计。

从以上两条资料，可以推测两市的状况。

东西两市设有市署与平准局，借以监理市政，调节物价，取缔暴利。《长安志》卷八《唐京城二》条载：

当中东市局。次东平准局。东北隅，有放生池。

而《长安志图》卷上则载：

市制：四面皆市人居之，中为二署，盖治市之官府也。

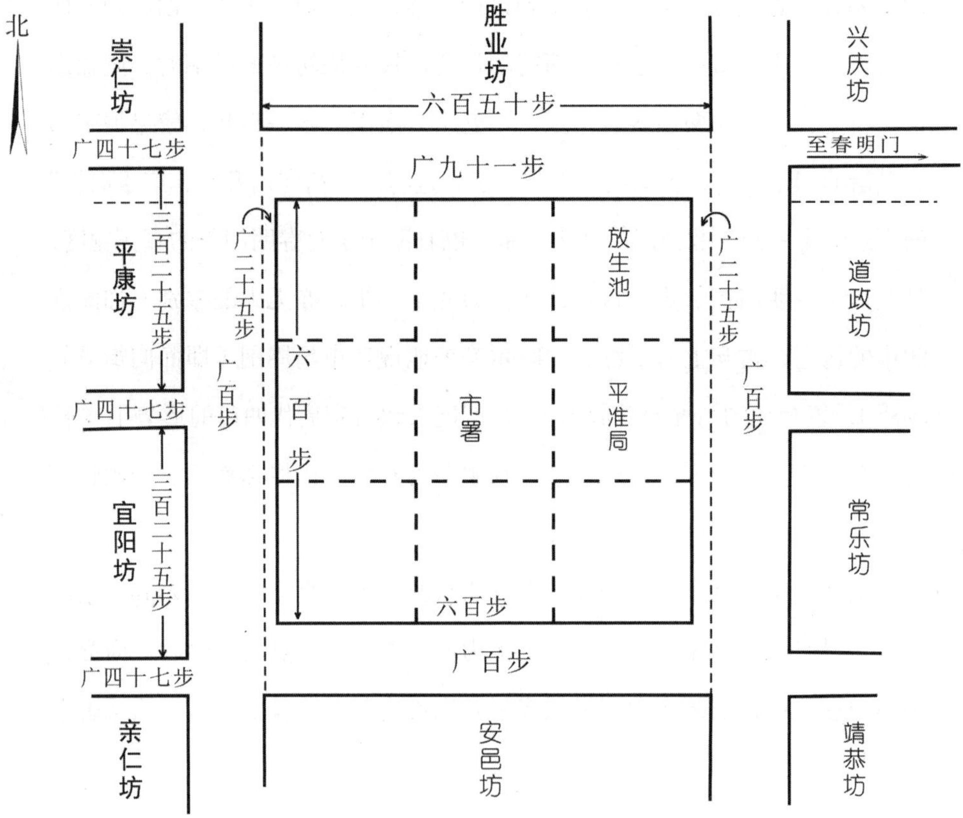

插图十七　东市平面图（西市准此）

据《唐六典》卷二十《太府寺》条所载，市局也叫市署，设市令一人、市丞两人，掌管市民贸易。按照市场规定，正午打鼓三百通开市，日落前七刻，击钲三百声闭市。商贾须用公正的秤和斗。若官方购买，则公示样标，采用中值。长刀、弓矢等物，则指定呈示标本的商人贩卖。对于假冒商品，则予以没收，禁止伪劣商品的买卖。奴婢、牛马的交易，也要接受官府的检查。凡是占有市利，或者私定二价，或以量评扰乱市场，皆须严惩。平准局的主要职责是考察物价的高低，若遇物价暴涨则公卖，遇物价下跌则公买。用公用品和罚没品计算时值，以调节物价。如此，可以防止豪商大贾垄断巨利。现在看来，当时的经济组织所制定的规则固已相当完备，但这些规则究竟实施到何种程度，却是值得怀疑的。就史实而言，市署和平准局的官吏，往往滥用职权，榨取商贾，以肥私囊，故市民对其十分嫌恶。盛传商贾望见此类恶吏出巡时，常用闭店的办法表示不满。

十　长安城的里程

据上述诸书所载，考证唐代宫城、皇城、京城、街坊等尺度里程，用前边得出的比率换算为日本曲尺，可列表如下：

唐长安城里程表

范围	项目类别	唐代里程	日本曲尺（尺）	折合公尺（尺）
宫城	东西广袤	4 里	7200	2181.600
	南北广袤	2 里 270 步	4950	1318.050
	周围	13 里 180 步	24300	7362.900
皇城	东西广袤	5 里 115 步	9575	2901.225
	南北广袤	3 里 140 步	6100	1848.300
京城	东西广袤	18 里 115 步	32975	9991.425
	南北广袤	15 里 175 步	27875	8446.125
	周围	67 里 220 步	121700	36875.100
	自朱雀门至明德门	9 里 175 步	17075	5173.725
大明宫	东西广袤	3 里	5400	1636.200
	南北广袤	5 里	9000	2727.000
街	宫城前延喜安福门大街方圆	300 步	1500	454.500
	承天门街方圆	100 步	500	151.500
	朱雀门街方圆	100 步	500	151.500
	其他纵街方圆	各 100 步	500	151.500
	皇城左右安福门街及延喜门街方圆	各 100 步	500	151.500
	皇城左右其他三条横街方圆	各 60 步	300	90.900
	皇城南横街十一街方圆	各 47 步	235	71.205

续表

范围	项目类别		唐代里程	日本曲尺（尺）	折合公尺（尺）
坊	皇城南中十八坊	东西广袤	各 350 步	1750	530.250
		南北广袤	各 325 步	1625	492.375
	皇城南外十八坊	东西广袤	各 450 步	2250	681.750
		南北广袤	各 325 步	1625	492.375
	皇城南左右四十九坊	东西广袤	各 650 步	3250	984.750
		南北广袤	各 325 步	1625	492.375
	皇城左右各六坊	东西广袤	各 650 步	3250	984.750
		南北广袤	各 550 步	2750	833.250
	宫城左右各六坊	东西广袤	各 650 步	3250	984.750
		南北广袤	各 400 步	2000	606.000
市	东西广袤		各 600 步	3000	909.000
	南北广袤		各 600 步	2000	909.000
	东西南三面各街方圆		各 100 步	500	151.500
	北面之街		90 步	445	137.865
	市的东西两面与对街间的方圆		各 25 步	125	40.905

十一　长安城郭长度与坊街的比较

若以宫城、皇城和京城外郭的长度，与其间坊街的总长度进行比较，其中尚有不能完全一致的地方，但差异是很有限的：

（一）京城的东西长度为十八里一百一十五步，即三万两千九百七十五尺。若：

1. 在北壁附近测算皇城东西坊街的全长：

皇城东西 9575 尺 + 坊东西 3250 尺 ×6 + 纵街 500 尺 ×8 = 33075 尺

这一结果与京城北壁相差一百尺，即 0.3%。

2. 在南壁附近测算坊街的全长：

坊东西（1750 尺 + 2250 尺）×2 + 3250 尺 ×6 + 纵街 500 尺 ×11 = 33000 尺

与京城南壁相差二十五尺，即 0.07%。

（二）京城的南北距离为十五里一百七十五步，即两万七千八百七十五尺。测算南北坊街的全长：

坊南北（2000 尺 +2750 尺）×2 +1625 尺 ×9 + 横街（300 尺 ×3+500 尺 + 235 尺 ×10）= 27875 尺

与前面提到的数字完全一致。

朱雀门与明德门相距九里一百七十五步，即一万七千零七十五尺，其间坊街的全长为：

坊南北 1625 尺 ×9 + 横街 235 尺 ×10 = 16975 尺

其相差数为一百尺，即 0.5%。

（三）皇城的东西长度为五里一百一十五步，即九千五百七十五尺，其间坊街的全长为：

坊东西（1750 尺 +2250 尺）×2+ 纵街 500 尺 ×3 = 9500 尺

与前数相差七十五尺，即 0.8%。

（四）宫城和皇城的南北距离，合计为五里四百一十步，即一万一千零五十尺，其间坊街的全长为：

坊（2000 尺 +2750 尺）×2+ 横街（300 尺 ×3+500 尺）= 10900 尺

结果与前数相差一百五十尺，即 1.35%。

根据以上计算，两数相差甚微。因此，本书的研究是正确的。现在如果用一厘米表示一百尺来制图的话，要想描绘出这样的差异是很不容易的。兹用前述各部分数字，制成长安城图。为便于与后章根据实测绘制的长安城图相对比，特插入文献上的长安城图。（参见插图十八）

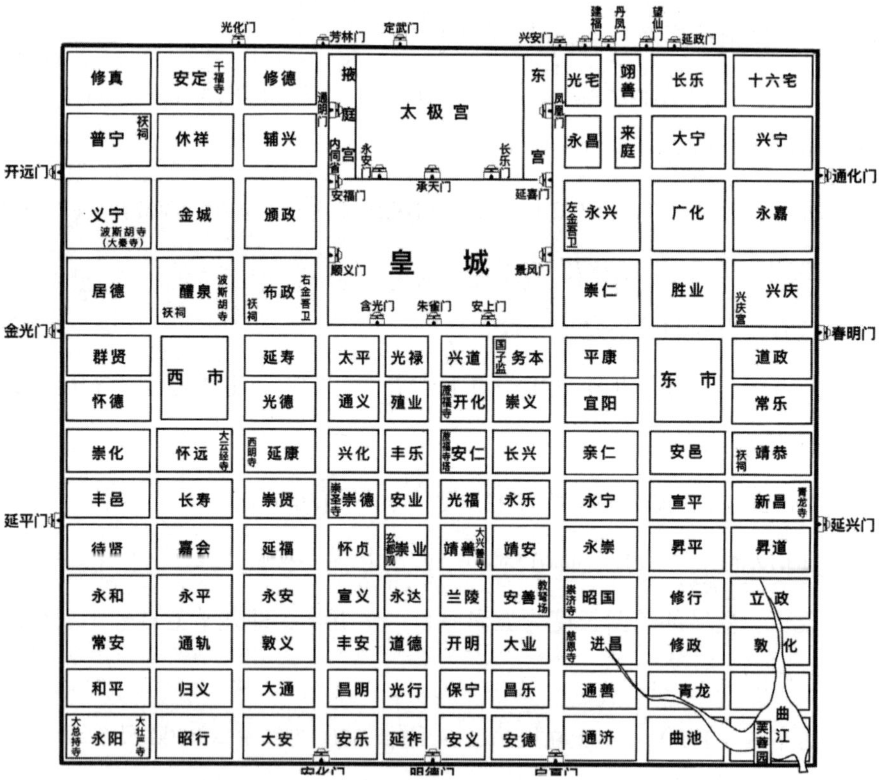

插图十八　唐长安城坊图（根据文献绘制）

十二　长安城的改筑

天祐元年（904）正月，朱全忠挟持唐昭宗迁往东都（洛阳）。车驾一离开长安，就派人折毁宫室、百司及民家，以其木材组成浮筏，自渭水经黄河运至洛阳。因此，长安城化为废墟。《旧唐书·昭宗》载：

迁都洛阳。全忠令长安居人按籍迁居，彻屋木，自渭浮河而下，连甍号哭，月余不息。秦人大骂于路曰："国贼崔胤，召朱温倾覆社稷，俾我及此，天乎！天乎！"

文中所记当时悲惨之状，犹如目击。当年三月，改地名为佑国军，以韩建为佑国军节度使。韩氏原为李茂贞党羽，大祐三年（906）六月即移镇淄青，故在长安的时间不过二年零四个月。但在此期间，他对长安城进行了改筑：除去长安外郭城和宫城，仅留皇城而加以修补，称为奉元城。

奉元城的构造虽不十分明确，但据《长安志图》卷上所载奉元城图，可窥知其大概。新城的南面和西面依旧利用唐代皇城的南面与西面的城墙，关闭朱雀门和安福门，只留顺义门和含光门。在北面，除去宫城北垣，沿宫城左右由北第二街的路线，另筑周垣，新筑玄武门于其中央。东面，则以皇城东边的第二街为界，另造东壁，移景风门于东，作为它的东门，同时锁闭延喜门。因此，新城的西墙上有唐代的顺义门，南壁上有唐代的安上、含光二门，东壁则移景风门以当之，北壁新建玄武门。这座新城的规模久历风霜，迄今犹无大的变化。后世（大概在元朝以前）锁闭含光门，使其南面仅剩安上一门。当时，奉元城的南门与北门并非直对。若从城壁中央看，北门遥偏于西。用现在的陕西省城图与李好文的奉元城图相比，可知其内部排列虽然有显著变化，但城郭及四门位置除玄武门外，几乎完全一致。因此，可以说西安城是根据奉元城的规模修筑的。至于将北门移到南门正北的位置，那是后世改造的结果。

明洪武中，都督濮英对奉元城大加改造，城周二十四里（四万三千九百尺），城墙高至三丈，又修筑了宏伟壮丽的四个城门，改称东门为长乐门、西门为安定门、南门为永宁门、北门为安远门。今日西安的城墙及四门，就是这时完成的。移北门与南门相对，当亦在此时。其后濮英又在城的四隅修筑了角楼，在周围墙壁上修筑了九十八座敌楼。在城内东西大街与南北大街的交叉点上修建了钟楼，在北院门大街修建了鼓楼。凡此种种，皆为现在的省城西安增色不少。

其后嘉靖五年（1526），巡抚王盖重修西安城。隆庆二年（1568）巡抚张祉再次对西安城进行了重修。至崇祯末年，巡抚孙传庭复筑四门外的城郭。到了清代，则以钟楼为起点，北至安远门，东迄长乐门，另建城壁，号称满城，以供旗人屯驻。又在满城内，设置八旗教场，即八旗练兵之处。这就是西安城的大概情况。本书插图中的《陕西省城图》是光绪十九年（1893）由舆图馆制作的实测图，这幅图是相当精确的。

比较以上所述长安城（唐）、奉元城（元）、西安城（清及现代）的外郭及四门，可列表如下：

唐长安城、奉元城、西安城对照表

长安城（唐）	奉元城（元）	西安城（清及现代）	摘　要
皇城西壁全部及宫城西壁的一部分	西壁	西壁	除去唐宫城西壁北面的一部分
顺义门	顺义门（西门）	安定门（西门）	唐元清三代门的位置均未改变
皇城南壁全部与东部增筑的一部分	南壁	南壁	南壁之东，约增筑五千尺
含光门	—	—	在改筑长安时残留，但元朝以前已将其锁闭，具体时代不明
安上门	安上门（南门）	永宁门（南门）	唐元清位置均未变更

续表

长安城（唐）	奉元城（元）	西安城（清及现代）	摘 要
皇城东第二街	东壁	东壁	韩建所筑
景风门	景风门（东门）	长乐门（东门）	由唐代位置约东移五千尺
宫城左右第二街	北壁元武门（北门）	北壁	韩建新筑 韩建新筑
—	—	安远门（北门）	明朝移元武门于此，改名安远
—	—	外郭城（四关）	崇祯年间新筑

第四节　唐长安城遗迹的调查

一　唐代长安城的遗迹

上面根据《长安志》《长安志图》及其他文献，考察了唐代长安城的规模，但其可信程度如何，还有待于进一步研究。为了证实上述研究的价值，兹就现在西安城内外残存的比较明显的唐代遗迹进行精密调查。在此基础上，制作长安城实测图，然后与长安城文献图相对照，再进行分析评价。

调查现在西安城内的范围，包括唐代皇城和宫城的南半部及其东边的四坊。其中大部分是唐代皇居和官衙、寺卫的所在。在长安城改筑之际，此类建筑惨遭破坏，并在其遗迹之上建造了民居。因此，时至今日，繁华的唐长安城在西安城内没有留下片影。即使在西安城外，能被确实认定为唐长安遗迹的，也寥若晨星，只有下列数处在《咸宁县志》中有明确记载。现以这些确实无误的唐代遗迹为唐代长安研究的重要基础。

（一）西壁。现在西安城的西城墙，是韩建改筑时残存的唐代宫城和皇城的西壁。但因一再重修，其外观已发生了很大变化。

（二）南壁。西安城的南壁即唐长安城皇城的南墙，更延至皇城东部的第二街。因此，除去南壁东部约五千尺外，可被视作唐皇城的南壁。如插图二十一所示，濮英重修城壁的情景，当与现在有所不同。唐代皇城的外部并没有城隍。

（三）西门（安定门）。现在西安城的西壁，即唐皇城的西壁。顺义门的位置也没有移动。濮英重修时，改顺义门为安定门。所以现在的西城门，实际上是处在唐代顺义门的位置。

（四）西五台。在西安城南壁北六千一百尺，与距北壁南二千五百零九尺的地方，有一东西稍长（一千尺左右）的高地。上面设庙颇多，称为西五台。此处为长安城安福门的东北，是宫城南壁西部的遗址。西五台庙创建于宋代，每年六月中旬举行大祭，以三天门与大士殿最为壮丽。明朝虽对其屡加修葺，但后来仍归于颓废，今已不见踪迹。在西五台之北，有广大的北教场（练兵场）。

（五）小雁塔（荐福寺塔）。小雁塔在南门（永宁门）西南十四度的方向。一般认为距南门三里（十五町），实测距离为四千六百尺。《长安志》卷七《唐京城一》条载：“西北隅。荐福寺浮图院。”注云：“院门北开。”据此，小雁塔在安仁坊的西北隅。其西为朱雀门街，北部靠近第三横街（参照《长安志》卷七《唐京城一》条）。

（六）大雁塔（慈恩寺塔）。大雁塔在南门（永宁门）东南二十五度的方向，距南门十里（一里十六町）。实测由大雁塔至西安城南壁的直径，为一万一千七百尺。《长安志》卷八《唐京城二》条载：“半以东，大慈恩寺。寺西院浮图，六级崇三百尺。”进昌坊的东半部为慈恩寺境界，塔在其西部，故大雁塔的位置，实际上处在进昌坊中央稍微偏北的地方（参照《长安志》

卷八《唐京城二》条）。

（七）含元殿。含元殿即唐代大明宫的正殿，遗址在大明宫正门丹凤门正北五百步处。由此殿望慈恩寺塔，正位于殿的南方。据说唐高宗朝夕在此遥拜大雁塔。可以说含元殿、丹凤门与大雁塔大体位于一条直线上。但从实测结果来看，此直线并非正南，而是偏西一度。含元殿的殿址在今北门（安远门）北东五十一度的方向，距北门三里。翔鸾阁、栖凤阁、龙尾道等遗迹俱明显存在。若由殿址中央至西安城，直径计为四千七百五十尺（参照《长安志》卷六《宫室四》）。

（八）五门村。含元殿遗址与西安城北壁之间是平坦的田圃，有唐时架设下马桥沟渠的痕迹。其南不远处有一个小村落，名为五门村。这里是大明宫南门，即延政、望仙、丹凤、建福、兴安五门的所在地。现在又把五门村称作午门村，这是读音相似所致。村中有高约二丈的小丘，其形状东南较长，略似海参。西边几个小丘，互相连续，再往西逐渐低平，似为堤防遗迹。此地显然是大明宫五门及其南墙遗址，也就是宫城的北壁。实测五门村的小丘与西安城的北壁相距二千三百尺。

（九）崇圣寺（崇仁寺、金胜寺）。这是唐长安城义宁坊波斯胡寺的遗迹，亦即大秦景教流行中国碑出土的地方。《长安志》卷十《唐京城四·义宁坊》条载："街东之北，波斯胡寺。贞观十二年，太宗为大秦国胡僧阿罗斯立。"按阿罗斯显为阿罗本之误。所谓"街东之北"并非指大街，实指坊内东西南北的巷街。因此，街东应理解为南北巷街之东，街北应理解为东西巷街之北。由此推测，可知波斯胡寺位于义宁坊中央稍偏东北之处。现在西安城西门之西五里（二十六町）的地方，残存着崇圣寺的废墟。寺壁上的砖块，由下部取去为军扇形。遗址从西安西城墙约略可以望及，其直径距离为八千三百五十尺（参照《长安志》卷十《唐京城四》条）。

二　对长安遗迹的实测

光绪十九年舆图馆所测绘的陕西省城图颇为精确，用它与现今实测的结果比较相差甚微。因此，可以相信陕西省城图所揭示的城壁长度是精确无误的。以西安城壁长度为基础，精测前述九个遗迹的位置，可得到下列数据（位置实测参见插图十九）：

（一）西安城壁的长度（迄至壁上外端的胸壁）

明清西安城城墙数据表

位置	范围	清尺	舆图馆图清尺	日本曲尺（实测）
南壁	全长	13750 尺	13700 尺	14327 尺
	南门以东	7538 尺	—	7854 尺
	南门以西	6212 尺	—	6473 尺
北壁	全长	13725 尺	13700 尺	14301 尺
	北门以东	7525 尺	—	7841 尺
	北门以西	6200 尺	—	6460 尺
西壁	全长	8257 尺	8250 尺	8604 尺
	西门以北	5629 尺	—	5866 尺
	西门以南	2628 尺	—	2738 尺
东壁	全长	8250 尺	8250 尺	8596 尺
	东门以北	5825 尺	—	6069 尺
	东门以南	2425 尺	—	2527 尺

（二）由西安城壁实测长安遗迹的位置

长安遗迹位置表

遗迹名称	东北隅	北门	西北隅	西门	西南隅	东南隅
含元殿	北西 21 度	北东 51 度	—	—	—	—

续表

遗迹名称	东北隅	北门	西北隅	西门	西南隅	东南隅
五门村	北西 40 度	北东 68 度	—	—	—	—
崇圣寺	—	—	南西 65 度	北西 76 度	—	—
大雁塔	—	—	—	—	南东 45 度	南西 11 度
小雁塔	—	—	—	—	南东 49 度	南西 63 度

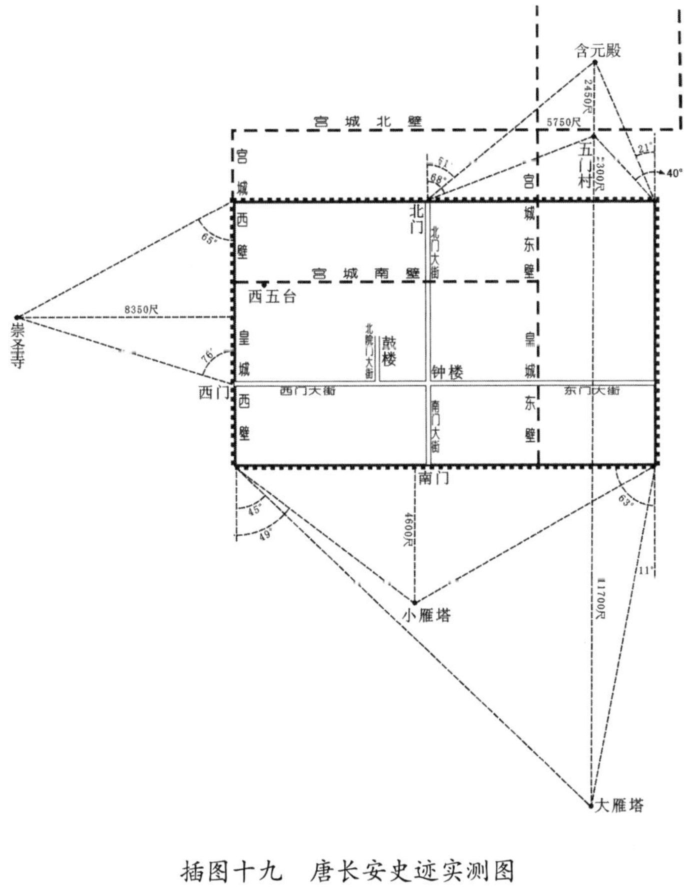

插图十九　唐长安史迹实测图

三　实测结果与文献记载的比较研究

根据以上实测结果，以陕西省城图所载的西安城城壁为基础，可依次编成唐代长安城实测图。用它与前长安城文献图对比：

（一）用西安城城壁的长度，描成矩形，记上四门的位置，再以其角度确定含元殿、五门村、大雁塔、小雁塔及崇圣寺的位置。

（二）依西安城的南壁，由西向东，据其图上的位置与长安的里程表顺次测量，可得出下列几个中心点的数据：

1. 含光门中心点（今西安城西南隅之东）。在太平坊四百五十步与含光门中央五十步，共计五百步之处，即从今西安城西南隅至东方二千五百尺的地方。

2. 朱雀门中心点（含光门中心点之东）。在含光门街东半五十步与一坊三百五十步及朱雀门街中央五十步，共计四百五十步处，即由含光门的中心点往东二千二百五十尺的地方。

3. 安上门中心点（朱雀门中心点之东）。在朱雀门街东半五十步与兴道坊三百五十步及安上门街西半五十步，共计四百五十步处，即由朱雀门中心点往东二千二百五十尺的地方。

4 皇城南壁东部（安上门中心点之东）。在安上门街东半五十步与务本坊四百五十步，计五百步处，即由安上门中心点往东二千五百尺的地方。

5. 皇城东第二街中心点（皇城南壁东端之东）。在皇城东第一街百步与崇仁坊六百五十步及第二街西半五十步，计八百步处，即由皇城南壁东端往东四千尺的地方。

6. 西安城南壁东部。由 1 点至 5 点相距一万三千五百尺，至西安城南壁的全长为一万四千三百二十七尺。故西安城南壁的东端，在唐代皇城东第二街中心点之东八百二十七尺处。（参见插图二十）

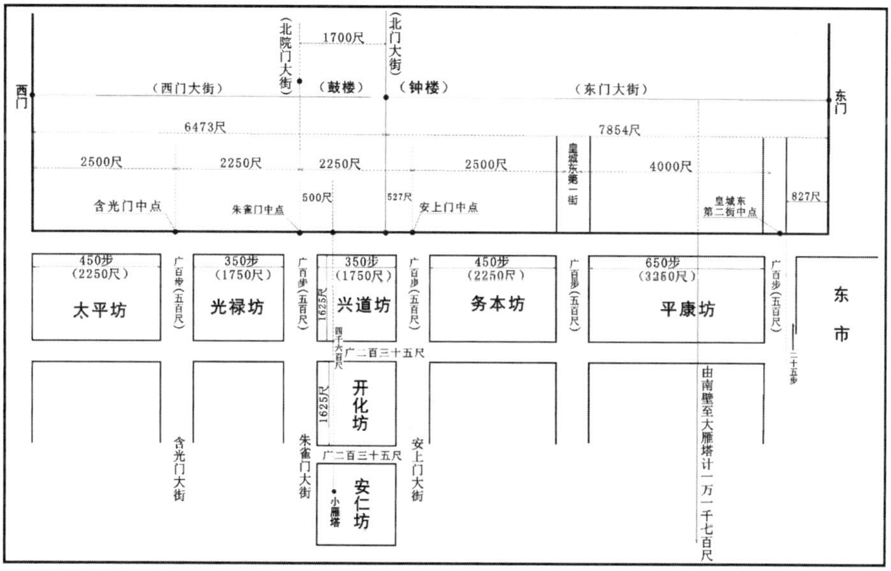

插图二十　西安城南壁与唐城坊比较图

（三）由小雁塔的位置下垂线至南壁，则：

1. 小雁塔与皇城南壁相距四千六百尺。这个数字与皇城南三街（一百四十一步即七百零五尺）二坊（六百五十步即三千二百五十尺）与三十三分之十三坊[①]（一百二十九步即六百四十五尺）相当，因此，小雁塔在安仁坊北街之南六百四十五尺处。

2. 小雁塔垂线的末端，在朱雀门中心点之东五百尺处。因朱雀门街东西为五百尺，故小雁塔的中心点在安仁坊西部，即在朱雀门街东二百五十步处。这与《长安志》所记载安仁坊西北隅的情况大体一致。

（四）南门（永宁门）中心点在安上门中心点西五百二十七尺处。一般认为南门位于长安城安上门的位置。事实上，明洪武年间濮英改筑长安城，在将元（玄）武门向东迁移的同时，也将安上门稍往西移了一点。西

①译者按：小雁塔在安仁坊北墙南六百四十五尺处。安仁坊南北宽一千六百二十五尺，若将它分成三十三份，则小雁塔至北墙的距离约占十三份。

距北门大街一千七百尺的北院门大街，即鼓楼大街，是皇城内承天门大街的边界，正南适当朱雀门的中心点。其实测数与计算数仅差二十三尺。

（五）从南端向北依次测量西安城西壁，（参见插图二十一）则：

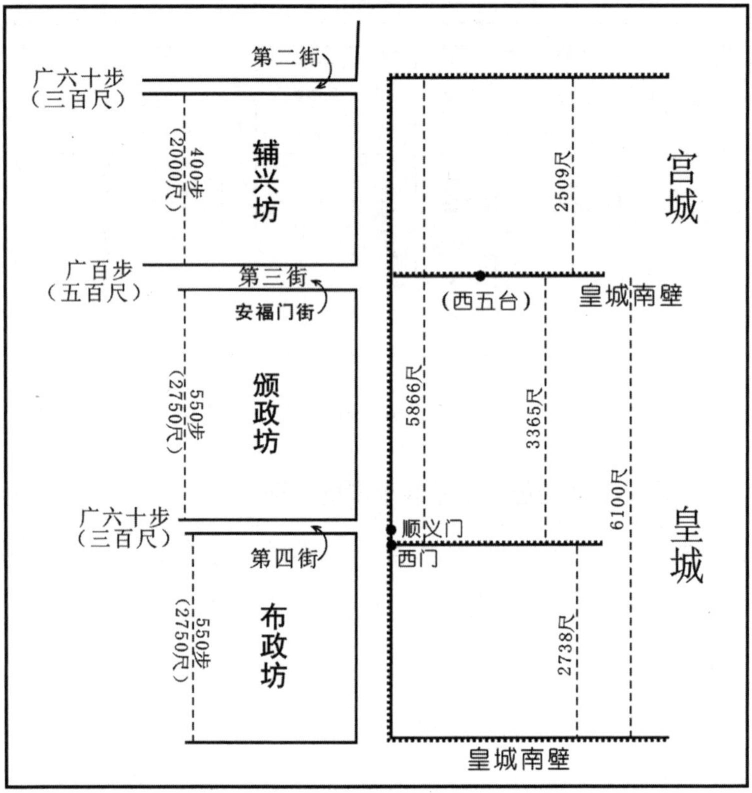

插图二十一　西安城西壁与唐城坊比较图

1. 顺义门中心点（今西安府城西南隅之北），在布政坊五百五十步与第四街南半三十步，计五百八十步，即二千九百尺处。但实测为二千七百三十八尺。事实上，应当南移一百六十二尺。至南壁，顺义门的位置固然没有移动，只因多次改筑，遂产生了差异。

2. 西五台，在顺义门街北半三十步与颁政坊五百五十步及安福门街南五十步，合计六百三十步，即三千一百五十尺处。实测距离为三千三百六十五尺，相差二百一十五尺。在这个数字中，除去顺义门位置偏南一百六十二尺外，仅差十步半，可认为是一致的。假定这一偏差发生于安福门街中心点宫城南壁，则宫城南壁不在安福门街，应再偏北十步，即在与其他皇城左右横街同为六十步的街宽的地方。安福门以西再往北四十步，为一百步的街宽。这样想象，则依坊街方圆距离计算的数据与实测距离完全一致。

3. 宫城之西，从北向南第二街在从顺义门中心点至宫城西第二街的北侧，坊街总计应为五千七百尺，但实测结果为五千八百六十六尺，若由此差数除去顺义门所差的一百六十二尺，则相差仅四尺，故亦可视为一致。

（六）由南端向北依次测量西安城东壁，（参见插图二十二）则：

1. 景风街中心点（今西安府城东南隅之北），在崇仁坊五百五十步与景风门街南半三十步，计五百八十步处。实测为二千五百二十七尺，相差二百七十二尺。这是由于景风门移动时所造成的误差。

2. 宫城南壁。宫城南壁即对延喜门街的部分，从东南隅起，崇仁坊五百五十步，景风门街六十步，永兴坊五百五十步，延喜门街南半五十步，计一千二百一十步，即六千零五十尺处。与西五台正对的位置相较仅差十步，也就是五十尺。如果延喜门中心点因与西五台条中所述同样的理由向北偏十步，即可假定东壁上宫城南壁的位置，是正与西五台相对的。

3. 皇城之东，从北向南第二街。由东门中心点到西安城东北隅坊街的总计长度为五千七百尺。实测为六千零六十九尺，较计算值长二百六十九尺。若以东门中心点较长安景风门街中心点南移三百七十三尺时计算，则二者相差仅为四尺。长安皇城左三坊三街的长度，与现在东壁的实测数完全一致。

4. 五门村正西（即宫城东）。从北第二街起，向北三千三百尺（一街一坊），即为宫城之北端。其东即为大明宫之南壁。这一数字与实测数完全一致。

（七）含元殿与大雁塔结合的直线及大明宫南壁的交叉点，即丹凤门中心点。丹凤门在大明宫南壁中央，故由此点至宫城的东北隅实测为二千七百五十尺。同时测至丹凤门之东时，可求得大明宫东壁南端一点。但大明宫的南壁，当为五千五百尺，即三里二十步。《长安志》记载东西三里，甚相近似。而《长安志图》载二里一百四十八步（四千三百四十尺），

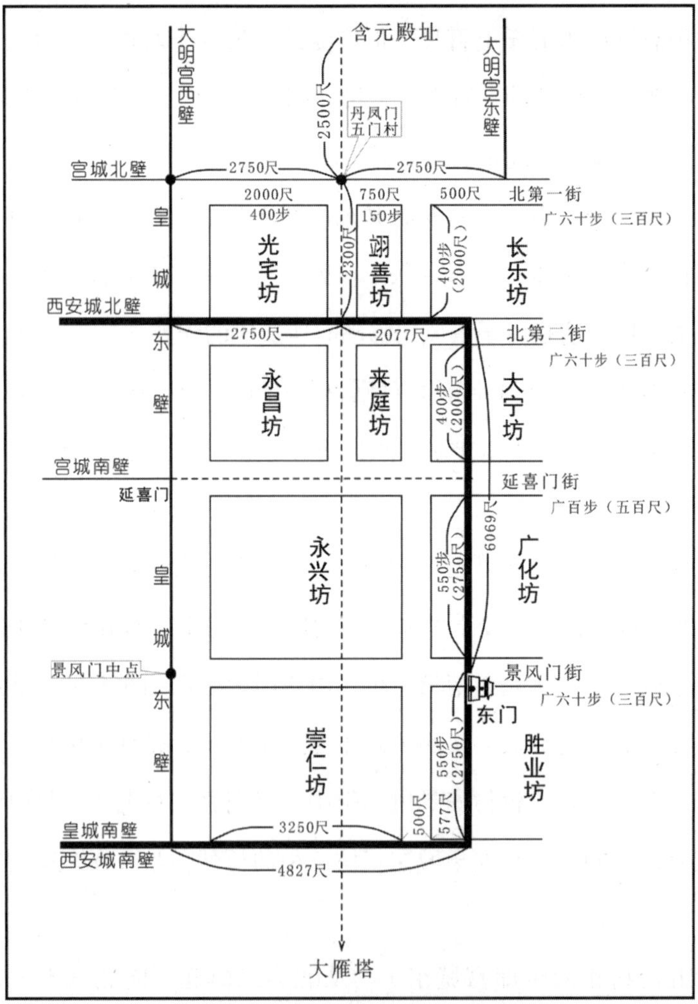

插图二十二　西安城东壁与唐城坊比较图

使人感到失之过小。

（八）翊善坊与光宅坊的东西宽度。由丹凤门中央至宫城东壁北端，实测距离为二千七百五十尺。除去宫城东第一纵街宽度一百步与丹凤门街宽度的一半五十步，合计为一百五十步（七百五十尺），尚余二千尺，合计四百步。这四百步就是光宅坊东西的宽度。再由皇城左右各坊的东西六百五十步中，除去光宅坊东西四百步与丹凤门街宽度一百步，所余一百五十步就是翊善坊东西的宽度。

（九）将大雁塔与含元殿连为直线，与西安城南壁大体垂直相交，距离为一万一千七百尺。其中计有六坊七横街。这些坊街的总长度为一万一千三百九十五尺，故大雁塔占入第七坊三百零五尺。由此可知大雁塔在第七坊中央偏北处，由第七街起，占一坊南北宽度约五分之一处的南端。故推知第七坊为进昌坊。据《长安志》载，大雁塔在进昌坊以南，更列举三坊，以进昌坊为第六坊或皇城以南的第十坊时，则如前所述，是因混入广化坊旧名安兴坊的缘故，所发生的谬误就更加明显了。

（十）由崇圣寺设垂直线至西壁，其距离为八千三百五十尺。崇圣寺距西壁二坊三街即八千尺，占入第三坊（义宁坊）三百五十尺，故其位置在坊中央稍偏北处。这与《长安志》所载“街东之北”是相符合的。

四　结论

根据以上研究，可以确实推测长安城的构造，同时，也能直接或间接地证明下列问题：

（一）汉唐尺度里程研究的结果，在各种场合均可应用，其误差极小。文献上所记载的数字，与实测的结果几乎完全一致。

（二）《长安志》《唐六典》与《唐书》所记载的事项极为正确，但也有不少误记或衍文，很有注意的必要。

（三）长安城文献图的构造全凭史料绘制，但用它与实测图相比较，结果尚属一致，其误差应在可容许的范围之内，以其作为真正的长安城图，是足以凭信的。（参见插图二十三）

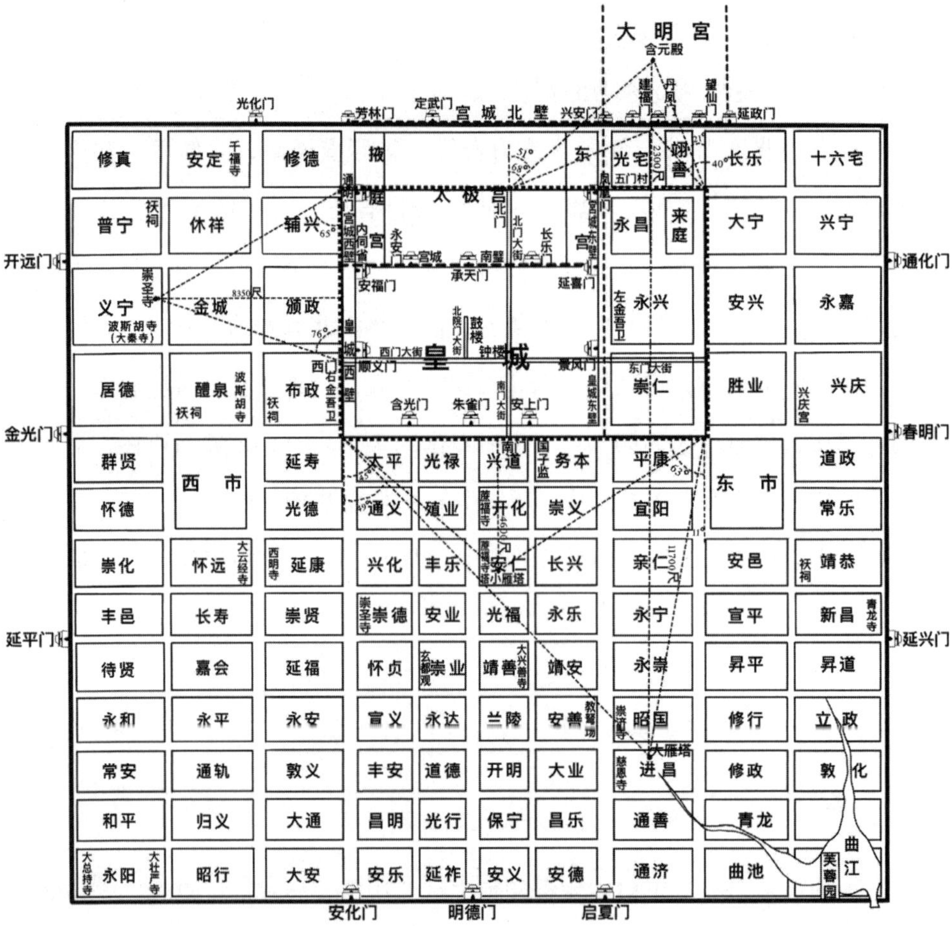

插图二十三　唐长安城实测图

第八章　唐代长安的名胜古迹

第一节　大明宫与兴庆宫

一　禁苑

唐代长安城东北龙首原上的高地，是隋唐时期的禁苑，西包汉城，北至渭水，东迄浐水，范围颇广。苑中栽培花卉，饲养禽兽，有亭台楼榭，显得整齐得体。兽圈（即动物园）中有饲养狮子、猛虎等野兽的痕迹。观唐玄宗石台孝经上雕刻的狮子，明显是对狮子的真实写照，绝不是凭空想象出来的。

二　大明宫

唐太宗在贞观八年（634）选择龙首原上的地势高燥、眺望绝佳的地方，修建永安宫，作为太上皇的避暑之地。但未及竣工，太上皇已死，遂于贞观九年正月将永安宫改为大明宫。至龙朔二年（662）唐高宗患了痹病，嫌太极宫卑湿，对病情不利，于是继续修筑大明宫，改称蓬莱宫，并迁居于此。次年又对大明宫进行改筑。《新唐书·本纪第三　高宗》载：

> 龙朔三年……二月，减百官一月俸，赋雍、同等十五州民钱，以作蓬莱宫。

此后高宗常在此宫处理政务，只有遇到国家大典或国家大事，才会前往太极宫。唐朝诸帝多患此病，即现在学者所说的遗传性中风。因此，其后历代皇帝都居住在蓬莱宫。但文武百官的公衙邸宅及民居，皆在长安城内，并未因此而有所改变。大明宫的名称，到咸亨元年（670）又有改变。《旧唐书·地理一》载：

> 东内曰大明宫，在西内之东北，高宗龙朔二年置。正门曰丹凤，正殿曰含元，含元之后曰宣政。宣政左右，有中书门下二省、弘文史二馆。高宗已后，天子常居东内，别殿、亭、观三十余所。

关于大明宫的广袤，《唐六典》卷七《尚书工部》条虽未明确记载，但《长安志》卷六讲："南北五里，东西三里。"《新唐书》则说其长度为一千八百步，宽度为一千零八十步。《长安志图》解释唐大明宫图时说："大明宫城广二里百四十八步，纵四里九十五步。"实测的结果是三里二十步。这在前面已经讲过了。

据《长安志》记载，大明宫中有二十一门、二十四殿、四阁、四省、十院，还有一些楼台、堂观、池亭等，极为壮丽，且土地高燥，适宜眺望。《长安志》卷六云：

> （此宫）北据高原，南望爽垲，每天晴日朗，南望终南山，如指掌，京城坊市街陌，俯视如在槛内，盖其高爽也。

从太极宫到大明宫的路线，须由宫城的承天门东出延喜门，北进丹凤门，始达大明宫的正门丹凤门。正门之东，有望仙、延政二门，西边则有建福、兴安二门，东西并列。现在城北的五门村（午门村）确为其故地。

入丹凤门五百步（二千五百尺），北边是含元殿。殿右为翔鸾阁，左为栖凤阁，有飞廊相接。这些建筑，都耸立在高达四十尺的龙首原最高点上，看上去宛如海市蜃楼。在含元殿前，有三个曲折的台阶。上阶高二丈，中阶和下阶均为十尺，长度各六十步（三百余尺）。栏杆是用青石制成的，一面砌有花砖。若远自丹凤门仰望，玉座宛在云汉，而台阶状如龙蛇之尾，长曳而下，故有“龙尾道”之称。丹凤门与含元殿之间，有一片广阔的平地，中筑龙首渠，上架下马桥。过了下马桥北行，朝堂、肺石、钟楼、鼓楼等相互并列。每日清晨，禁卫军整列其前，担负守卫殿庭之责。文武百官，缨珮序立，锦绣与金甲葆戈相映生辉，场面想必庄严华丽至极。

《和贾至舍人早朝大明宫之作》

［唐］王维

绛帻鸡人送晓筹，尚衣方进翠云裘。

九天阊阖开宫殿，万国衣冠拜冕旒。

日色才临仙掌动，香烟欲傍衮龙浮。

朝罢须裁五色诏，珮声归向凤池头。

《奉和中书舍人贾至早朝大明宫》

［唐］岑参

鸡鸣紫陌曙光寒，莺啭皇州春色阑。

金阙晓钟开万户，玉阶仙仗拥千官。

花迎剑佩星初落，柳拂旌旗露未干。

独有凤凰池上客，阳春一曲和皆难。

《退朝望终南山》

［唐］李拯

紫宸朝罢缀鸳鸾，丹凤楼前驻马看。

惟有终南山色在，晴明依旧满长安。

贾至是唐玄宗时期的起居舍人，王维和岑参在诗中盛赞大明宫的壮观。李拯则是唐僖宗时期的翰林学士，在诗中表达了对黄巢之乱后车驾由蜀回京所见宫殿废墟的感慨。

三　含元殿遗址

含元殿遗址在西安北门东北三里（约十五町）龙首原的最高处。整个遗址呈方墉形，东西二百七十一尺，南北一百四十一尺。遗址的东南隅和东北隅有略微凸起的瓦砾堆，西南隅则有用黑色大理石制成的圆形柱础。石础下方而上圆，直径约三尺六寸，由于受到风雨的侵蚀，装饰已完全脱落。但从其位置与形状推测，当为含元殿柱础无疑。遗址的西北隅虽无什么痕迹可寻，但就此三点实测含元殿规模，知其长度为二百一十尺，纵深一百三十尺。用直径三尺六寸的圆柱建造殿宇，其宏伟壮丽是可想而知的。此处堆积着许多花砖和瓦砾，其东南面犹如断崖，累累高及数尺。在含元殿之前，龙尾道痕迹明显，可以对它进行实测。其东南侧的翔鸾阁与西南侧的栖凤阁遗迹亦俨然可寻，二者俱在离含元殿址约十尺的地方，凸出地面，呈圆锥形。含元殿的北面，有宣政殿、紫宸殿、蓬莱殿等建筑。吉备真备入唐时，武则天曾设宴于麟德殿。该殿亦应在此，但其遗迹已完全成

图片五十六　大明宫含元殿遗址

为田圃，现在已难以辨认。从地形来看，有些地方平坦，有些则为方形，可以在仿佛间推知其殿阁楼门栉比的痕迹。但想要一一复原唐代的盛况，就不那么容易了。（参见图片五十六及插图二十四）

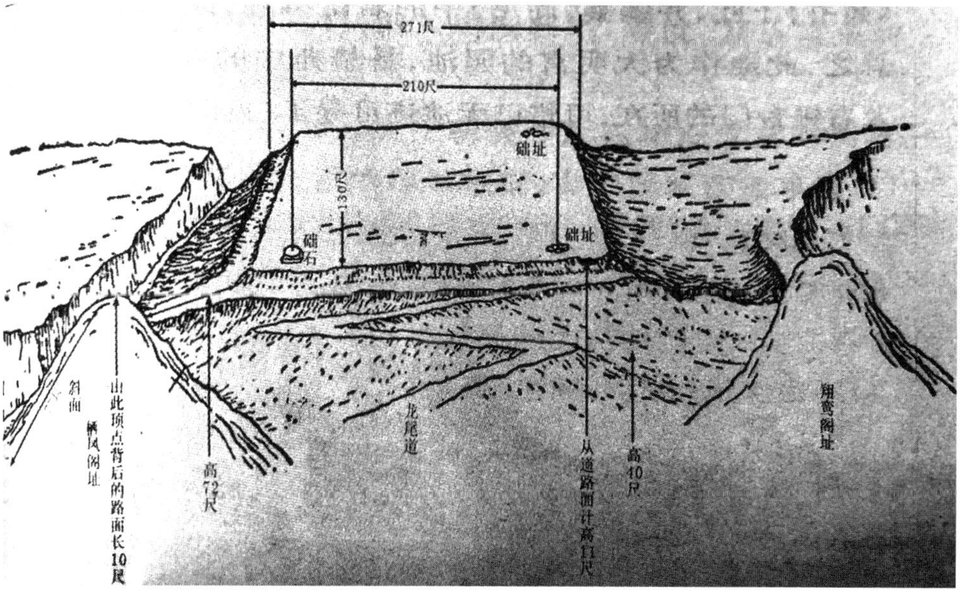

插图二十四 含元殿遗址地形图（由南方向北眺望）

四 太液池

在含元殿西北一里（约五町）的地方，有一个叫孙家凹的村庄。村南有一处广阔的圆形低地，直径三町有余，那便是《咸宁县志》所说的唐代太液池或蓬莱池的旧址。其南面的高地上有珠镜、郁仪、拾翠等宫殿的遗址随地形相互并立，周围散布唐代砖瓦甚多。其他三面则是低平的田圃。在太液池中央，有四边一百三十尺、高达三十尺的墩台。台上有小庙，东边是药王洞。其东麓有乾隆四十二年（1777）十月所立的一通小碑，上书“重修药王洞观音大士殿记”。文中写道：“余乡之药王洞观音大士殿，自康

图片五十七　太液池蓬莱亭遗址

熙十年岁次辛亥创修治，其池基盖大唐蓬莱殿后太液池畔台榭旧址也。”果真如此，则这个墩台当为唐代太液池中的蓬莱山。当时在山上建有蓬莱亭。相传唐穆宗时，曾让儒臣讲解《毛诗》《尚书》于此，并编纂《尚书》中的君臣事迹，以供群臣观览。总之，此地作为大明宫的园池，是禁苑中的西内苑、九仙门及右银台门的所在，可惜已无遗迹可寻了。（参见图片五十七）

五　兴庆宫

唐时把太极宫称作西内，把大明宫称作东内，把兴庆宫称作南内。三大内是上都（长安）的三大宫殿群。但关于兴庆宫的位置，并不是很明确。至于其广袤，《唐书》《长安志》《唐六典》等书亦未明确记载。据传兴庆宫在长安城东垣与春明门内兴庆坊相近之地。唐睿宗赐五王子邸宅于隆庆坊，唐玄宗为太子时曾在此居住，玄宗即位后，改此坊为离宫。开元二年（714），纳入周围邸宅、寺院，其后改革坊名，称之为兴庆宫。

开元十四年（726），唐王朝兼并永嘉坊南半部与胜业坊东半部，扩充兴庆宫的地域范围；以东罗城为夹城营造复道，以便直接从大明宫潜行至此。开元二十年（732），又将东市东北角和道政坊的西北角纳入兴庆宫的范围之内，修筑自东郭至曲江的复道。故皇帝可经通化、春明、延兴三门，自由潜行于大明宫、兴庆宫和芙蓉园之间，外边人无法看到。《旧唐书·地理一》载：

> 南内曰兴庆宫，在东内之南隆庆坊，本玄宗在藩时宅也。自东内达南内，有夹城复道，经通化门达南内。人主往来两宫，人莫知之。宫之西南隅，有花萼相辉、勤政务本之楼。

当时在兴庆宫中建了长庆殿、兴庆殿、南薰殿、交泰殿、沉香殿和五龙坛，并引导浐水至龙首渠，作兴庆池。兴庆池又名景龙池、隆庆池、九龙池。兴庆宫隔兴庆池与终南山相对，是眺望景观极佳的宫殿。在今西安城的东门外，有称作景龙池坊的地方。该池接近东郭城壁，在浐水方向有较长的

图片五十八　兴庆池沉香亭遗址

洼地，可视为龙首渠的古迹。其西北部略高，有马王庙、关帝庙和龙王庙，旁边有明代嘉靖年间重修的秦府龙王庙碑和游览兴庆池古迹的碑碣。碑上明记此处为兴庆宫遗址。龙王庙前，土地平坦，其西南为陷没状的低地，与龙首渠遗址相通，即兴庆池遗迹。在兴庆池周围的断崖面上，堆积着许多唐代砖瓦残片，由此可以想见此池北面的南薰殿、南面的五龙坛、东面的交泰殿和西面的兴庆殿。沉香亭因在龙池东北，所以现在的龙王庙，正是沉香亭的遗址。至于庙前的平地，应当就是开元年间种植牡丹的地方。（参见图片五十八[①]）

六　沉香亭的宴乐

如前所述，兴庆宫是唐玄宗当皇太子时住过的旧宅。天宝年间，唐玄宗偕杨贵妃行幸沉香亭，观赏木芍药，宴酣之际，遣李龟年用金花笺征李白赋诗。当时李白正醉卧于长安街上的一个酒家，接诏后立即赋《清平调》三首献上：

其一

云想衣裳花想容，春风拂槛露华浓。

若非群玉山头见，会向瑶台月下逢。

其二

一枝浓艳露凝香，云雨巫山枉断肠。

借问汉宫谁得似，可怜飞燕倚新妆。

①图中央小树林右边的建筑物所在的地方，就是沉香亭遗址。前边的草地则是兴庆池的遗迹。

其三

名花倾国两相欢，常得君王带笑看。

解释春风无限恨，沉香亭北倚阑干。

李龟年当场歌唱此诗，唐玄宗亲吹玉笛伴奏，贵妃手捧七宝玻璃杯，浅酌葡萄美酒，笑领新调歌意。这种情景，是后世画家追怀盛唐荣华的绝好画题。明代的仇英和唐寅等人，都曾挥其名笔进行描绘。

第二节　骊山华清宫

一　骊山

骊山是高约二千尺的砾岩质山脉，上面覆盖着黄土层，灌木相当茂盛。过去周幽王溺爱褒姒，为了博取褒姒一笑，曾在此山戏举烽火，以诳天下诸侯之兵，最终导致社稷覆亡。今人把骊山的最高峰叫烽火台，据说就是为了让他遗臭万年。山顶上又有老君殿，里面安置着老子石像，是一件精巧的大理石雕刻，确为唐朝遗物。

二　华清宫今昔

唐太宗贞观十八年（644）置温泉宫于骊山之下，玄宗天宝六载（747）改称华清宫。自太宗之后，历朝皇帝多游幸此地，其中玄宗时期的游幸活动最为盛大。当时曾在山上植树，给群臣百僚赏赐宅邸，大规模修筑宫墙楼殿。以温泉为中心，绕山亘谷并麓，共有六门、十殿、四楼、二阁、五汤。

金碧与绿叶相互辉映，极尽盛唐豪奢之能事。每年十月，玄宗照例率后宫行幸华清宫，至岁尽始返回长安。御汤九龙殿是玄宗的浴室。浴室周围砌以白玉，台阶上刻有鱼龙花鸟浮雕。浴室中央设置一对用白玉雕刻的莲花。由于莲花上能喷出澄清的泉水，泉水中又夹杂着一些碎玉，因此被称作莲花汤。芙蓉汤是杨贵妃的沐浴之处，也就是《长恨歌》中所说的“春寒赐浴华清池，温泉水滑洗凝脂”的地方。著名的长生殿是有流涧清音和驯鹿之声之所在。天宝十载七月七日夜半无人之时，唐明皇与杨贵妃在此私语盟誓：要做比翼鸟和连理枝，天长地久永不变。经过安史之乱，这些殿阁楼台均已颓败，无法再现其盛况，徒为唐代诗人寄发感慨的话题。

《华清宫》

［唐］杜牧

零叶翻红万树霜，玉莲开蕊暖泉香。
行云不下朝元阁，一曲淋铃泪数行。

《过华清宫》

［唐］杜牧

长安回望绣成堆，山顶千门次第开。
一骑红尘妃子笑，无人知是荔枝来。

《华清宫》

［唐］崔橹

草遮回磴绝鸣銮，云树深深碧殿寒。
明月自来还自去，更无人倚玉阑干。

《华清宫》

［唐］崔橹

门横金锁悄无人，落日秋声渭水滨。

红叶下山寒寂寂，湿云如梦雨如尘。

《冷日过骊山》

［唐］孟迟

冷日微烟渭水愁，翠华宫树不胜秋。

霓裳一曲千门锁，白尽梨园弟子头。

如诗中所述，唐代华清宫的遗迹悉被埋没。现在的华清宫，是乾隆以后重建的。温泉与过去相比，也发生了很大的变化。现在的温泉由莲花汤、鱼汤、太子汤、香汤、盘汤等五汤组成。莲花汤为主要泉源，想必与唐代的莲花汤处于同一位置。浴槽为大理石砌筑，上部为穹隆形堆积砖瓦的亭榭，有“花清池上夕佳楼”题额。前面的柱础上，有雕刻精美的莲花座，可以确认是唐代遗物。莲花汤中的泉水流出后被导入前房内，与太子汤、鱼汤相合，然后再流出墙外潴积，形成盘汤，以供仆人、牛马等洗濯之用。香汤是后世偶然掘出的，据说其位置与唐代的芙蓉汤相当。

第三节　韦曲、杜曲与曲江

一　韦曲与杜曲

在长安城南，有不少带有“曲”字的名胜区。“曲”有“隈”或“隅”的意思，因地势的变化而饶有风景。韦曲在西安城南二十里的少陵原西端，唐代韦安石别墅中的林石花亭就坐落在这个地方。杜曲在韦曲东十里少陵原的东南端，即樊川北岸的高地上。此地距终南山仅二十里，有樊川、御宿二川流荡其间，芳草萋萋，尤饶风光雅趣。杜甫诗中有“杜曲花光浓似酒”“韦曲花无赖，家家恼杀人”“野寺垂杨里，春畦乱水间。美花多映竹，好鸟不归山”。这些诗都是描写此地浓艳春色的佳句。在唐代，韦、杜二曲处多显贵别墅，又是长安人士游览的好去处。就是到了现在，仍是桃李胜地。每当暮春之际，满目红白，雅客驱马曳帐来游，人数甚众。

二 曲江

韦、杜二曲的雅趣，在中国北方的黄土地带是极为罕见的。至于曲江的景致，更是在自然美的基础上又增添了几倍人工之美。曲江地处城外，远离俗尘，但又接近长安城的东南隅，与长安中心的热闹区域相隔不远，且地势高燥，青林重叠，芙蓉在澄清的江水上盛开，实为帝都的第一胜

插图二十五 曲江地形图

境。（参见插图二十五）秦代称之为隑州，汉代呼之为宜春下园，可见很早就是清游之地了。汉武帝曾多次游幸此地。隋文帝对此地风景更为赞赏，改其名为芙蓉园。到了唐代，复更名为曲江，有时也称之为芙蓉园。但曲江是池的名称，芙蓉园则是指其西北芙蓉众多的庭园。开元年间，曾对曲江进行大规模的疏凿与改造，又开黄渠，导浐水至此，建紫云楼、彩霞亭等楼阁于曲江的西南岸，其他殿楼亭榭亦皆临水而建。碧波烟水与百花杨柳相交，备极明媚春色。在靠近曲江西岸的地方，有个汉武泉，一年四季均有清泉涌出。旱魃之际，例必在此祈雨。曲江有两条支流：一条向北，流经敦化、立政二坊，至昇道坊的龙华寺境内；一条西流，经青龙、通善、进昌三坊，至慈恩寺前。现在观察此地，两条支流的痕迹仍历历可辨。慈恩寺门前横断的一条古渠常有潴水流过，由此可以追怀当年曲江的面貌。曲江附近，又多名胜。其北原即所谓乐游原，贾岛曾隐居于此，吟咏“行坐见南山”的佳句。西边有杏园及芙蓉园，都是亨有盛名的地方。（参见图片五十九）

图片五十九　曲江风景

三　曲江的游乐

曲江不仅是供隋唐诸帝临幸观赏的地方，也是雅客骚人的消闲之处所。以杜甫为首的唐代诗人，多有歌咏曲江的佳作。所谓“曲水流觞”，似乎是在黄渠缓流上所举行的活动，但这种优雅的行乐方式在各地水边均有，绝不仅限于此处。曲江游乐，王侯贵人至于庶民杂人，皆以其所处的位置，互竞豪奢，各尽欢乐，使热闹场面达到极点。特别是在开元年间对曲江进行修整之后，游览者较前更多。每月晦日、三月上巳、九月重阳等节日，场面最为热闹。每年上巳，皇帝例必亲率宫嫔幸临此处，赐宴公卿百官。此日在岸堤上搭结彩幄，与池边的翠柳相映生辉。三师、三公、宰相、省官及翰林学士等乘彩舟在池中游玩，欢声笑语，倾动四邻。唐玄宗与杨贵妃垂帘坐观。庶民百姓亦各携娼妓，在旁边观赏，不论倡优缁黄，齐集于一地。京兆府此日大张筵席，与长安、万年两县互竞豪奢。商贾陈列奇货于市中，富豪将名花散在道上，而少年进士则着盛装，跨肥马，以弟子仆从为前导，扬长而行。长安城内，鲜车健马摩肩击毂，锦绣珍玩无所不有。这种穷奢极侈的情景，诚为盛唐空前繁华的盛事。

四　曲江的衰微

《哀江头》

［唐］杜甫

少陵野老吞声哭，春日潜行曲江曲。
江头宫殿锁千门，细柳新蒲为谁绿。
忆昔霓旌下南苑，苑中万物生颜色。

昭阳殿里第一人，同辇随君侍君侧。
辇前才人带弓箭，白马嚼啮黄金勒。
翻身向天仰射云，一箭正坠双飞翼。
明眸皓齿今何在，血污游魂归不得。
清渭东流剑阁深，去住彼此无消息。
人生有情泪沾臆，江水江花岂终极。
黄昏胡骑尘满城，欲往城南忘城北。

杜甫是少陵原人，安史之乱后潜至曲江，哀叹曲江衰微，感慨时势变迁，故赋有此诗。此后开元盛事不能复见，宫殿亭榭亦渐颓败。观杜甫乾元元年（758）撰写的《曲江陪郑南史饮》《曲江二首》《曲江对酒》《曲江对雨》等，其追怀故乡风光之情溢于言表。这些诗中常有柳阴、碧波、菰蒲、翡翠等语，由此可以推知，曲江在荒废之中，尚有湛湛江水，仍为好事雅客赏芳辰、玩清景的清闲之地。唐文宗读了杜甫的诗，慨然以复兴曲江风景区为己任。于太和九年（835）疏浚池沟，重建紫云楼、彩霞亭。更令有司建亭馆，又模仿故例，每年在此赐宴臣僚。但终究不能与开元天宝年间的盛况相比。唐朝灭亡后，黄渠断流，池底干涸，化为田圃。汉武泉亦被湮塞，仅在春秋积雨之时，才有一点泉水涌出。今日至曲江遗址，寻访昔时豪游的遗迹，见池底有一处直径约有一里（约五町）的圆形凹地。黄渠从曲池东北向东面延伸，有一条宽五六间（三十余尺）、长约数里的渠道残迹。在江头西北岸上，隆起的古冢和墩台颇多，古瓦花砖散布其间，触目皆是，令人不禁回想起唐朝的盛世。

第四节　咸阳古渡

一　咸阳桥

出西安府城西门，向西行走四十里，到达沣水清流之处，牌楼优雅的沣桥俨然在望。过了这座桥，即至咸阳渡头，对岸咸阳城的倒影映在水中，其后则有许多汉陵俨然对峙。渭水的河幅依季节而有变化，据西兰铁路技师实测，计为一千八百英尺。漫漫浊流之上，横有方形平底的渡船。咸阳县城的面积约为西安府城的四分之一，当然这不是过去的咸阳。秦代咸阳城的遗址，在今县城东边二十里的地方。自秦汉以来，把此地称为杜邮或渭城，即长安通往西方诸国的渭水渡头。西汉时，在此架设桥梁，称之为便桥或便门桥，是前往茂陵的必经之路。唐时称之为渭桥或咸阳桥。长安城东有灞桥和浐桥，西面则有沣桥与渭桥。对由长安西去的人，照例要送到此地，以表达惜别之意。开元天宝之际，因与西域交涉渐繁，此地曾上演过一幕幕悲剧。杜甫的《兵车行》就是针对当时实情而发出的感叹。

《兵车行》

［唐］杜甫

车辚辚，马萧萧，行人弓箭各在腰。爷娘妻子走相送，尘埃不见咸阳桥。牵衣顿足拦道哭，哭声直上干云霄。道傍过者问行人，行人但云点行频。或从十五北防河，便至四十西营田。去时里正与裹头，归来头白还戍边。边庭流血成海水，武皇开边意未已。君不闻，汉家山东二百州，千村万落生荆杞。纵有健妇把锄犁，禾生陇亩无东西。况复秦兵耐苦战，被驱不异犬与鸡。长者虽有问，役夫敢申恨？且如今年冬，未休关西卒。县官急索租，租税从何出？信知生男恶，反是生女好。生女犹得嫁比邻，生男埋没随百草。

君不见，青海头，古来白骨无人收。新鬼烦冤旧鬼哭，天阴雨湿声啾啾。

安禄山之乱发生时，玄宗逃往四川，经过此桥后，杨国忠因卑怯毁之，企图通过这种方法阻止叛军追击。玄宗后悔地说："士庶各避贼求生，奈何绝其路？"王维的"渭城朝雨"诗也颇负盛名。

《送元二使安西》

［唐］王维

渭城朝雨浥轻尘，客舍青青柳色新。

劝君更尽一杯酒，西出阳关无故人。

此诗曲调凄壮全极，据说当时和笛歌唱此诗，因迫于情，笛子破裂。后世以此送客，称为阳关三叠，即唱三遍。所谓三叠，实际上是指三唱末句。由此设想唐代往来东都的人至灞亭桥折柳相赠的情景，与送别可能曝尸于西域沙场之人的情绪相对照，就可以察知其世态人情了。（参见图片六十）

图片六十　咸阳古渡

二　渭水三桥

唐代渭水上共有三座桥梁：咸阳桥为西渭桥，日本僧人圆仁所过栎阳渭桥为东渭桥，而位于咸阳城东二十里的渭桥则为中渭桥。中渭桥又名横桥或横门桥。此地原为秦咸阳城的故址。秦始皇夹渭水筑咸阳桥，即架造阁道渡天汉之处。渭桥遗迹，至今犹存。但中渭桥的位置曾多次变迁。据说汉朝中叶至唐代，又往东移，迁到了阳陵之南。因此至今已无法探求。三渭桥的长度及其构造亦不明确。在咸阳与高陵两处，渭水宽度互异。据圆仁《入唐求法巡礼行记》卷三载："渭水阔一里许，桥阔亦尔。"而《长安志》卷十三引《三辅黄图》云："……桥。广六丈，南北三百八十步。"（汉尺）从现在河幅一千八百英尺，大体上可以推知当时的情况。秦咸阳城所架的渭桥固不明了，但汉唐时期的渭桥似乎不够广阔坚牢。现在的灞桥、浐桥、沣桥皆为石造。但当时渭水上是否有架石桥的技术，还是有疑问的。大体来说，渭桥原系木造，经过多次兵燹和水灾，被不断进行改造。据说

图片六十一　咸阳城外的假桥

图片六十二　沣桥

在东汉末年董卓入关中时，就曾焚弃渭桥，因此桥屡屡变迁，到唐末以后，其形迹已经不得而知了。清光绪三十四年（1908，也即明治四十一年）十月，达赖喇嘛进京朝觐光绪皇帝时，为了使其仪仗通过，曾在咸阳渡头架造木桥，但不久即被冲毁。由此可知，汉唐时代的渭桥，绝不是像这样带有敷衍性质的临时性桥梁。（参见图片六十一至六十二）

第五节　马嵬驿

一　宛转蛾眉马前死

长安史迹中，涉及唐玄宗艳史的很多。因为他沉醉于骊山荣华、沉香宴乐、曲江豪奢，久忘天下兵革之事，所以一朝安禄山作乱，二十四郡即落入敌手。唐玄宗与杨贵妃姊妹仓皇出宫门西走，到了正午，甚感饥渴。皇孙将麦豆混合在粝饭之中，手掬而食，犹不能饱。玄宗仅仅吃了些胡饼，饮马于马跑泉[①]（泉在兴平县东二十里，现在水边有残埋的小碑，上书“唐王马”三字），才走到马嵬驿。马嵬驿在今兴平县四门外二十里处，是横跨渭北高原的一个小驿。此时六军皆已疲惫，又得不到食物，将士愤怒已极。

图片六十三　咸阳县西马跑泉

①位于咸阳县西二十五里前往扶风的街道南侧，是一处清泉。当地的村落也叫作马跑泉。左边耸立的土墙当为塔基。其下有用砖垒砌的小池，从地中涌出的泉水先在此池中潴积，然后在图中右下方处形成小流。在终南山一带，也常常可以看到此类泉水，但像这里泉水如此涌出却甚为罕见。相传唐玄宗奔蜀，到这里休息时，曾在此泉饮马。所谓“马跑泉”当为“马饱泉”，地处离咸阳二十五里，到马嵬驿亦二十五里的偏僻地带，人烟稀少，缺乏食物。唐帝蒙尘之际，王子公孙抓菽饭而食，也应当是发生在这里的事。土墙下有一石标，记“唐王……”，下面还应有字，但埋于土中，无法阅读。

于是杀杨国忠，斩韩国夫人和秦国夫人。玄宗虽亲自慰谕将士，但并无多大效果。大将军陈元礼迫使玄宗缢死杨贵妃，埋于道北坎下。至此，扈从将士逐渐息怒。玄宗从四川回来的时候，至此低头徘徊，不忍离去。君臣掩面而泣，泪湿衣襟。玄宗欲厚葬贵妃，但礼部侍郎李揆上书进谏，认为：杨国忠辜负圣上，招致祸端，故将士愤怒，从天下大局出发，将他诛杀，现在如果要厚葬杨贵妃，势将危及陛下等等。玄宗无奈，只好作罢。（参见图片六十三）

二　杨贵妃墓

在马嵬驿的西郊，即扶风街道的右（北）侧，有一通书有“唐杨贵妃墓”的小碑。由此登上数十尺长的石阶，有一座一丈多高的土冢。冢前有毕沅所立石碑，上书“唐元（玄）宗贵妃杨氏墓”。冢的周围绕着土墙，内有老柏数株。冢前有一座祠堂，居住着二三位奉祠的佣妇。堂壁上刻写着许多唐宋名士凭吊杨贵妃的诗词。明清诸家题诗可读者颇多，可惜未能一一摘录。（参见图片六十四、六十五）

《马嵬》

［唐］李商隐

海外徒闻更九州，他生未卜此生休。

空闻虎旅传宵柝，无复鸡人报晓筹。

此日六军同驻马，当时七夕笑牵牛。

如何四纪为天子，不及卢家有莫愁。

图片六十四　马嵬驿杨贵妃祠堂

《长恨歌》

［唐］白居易

汉皇重色思倾国，御宇多年求不得。

杨家有女初长成，养在深闺人未识。

天生丽质难自弃，一朝选在君王侧。

回眸一笑百媚生，六宫粉黛无颜色。

春寒赐浴华清池，温泉水滑洗凝脂。

侍儿扶起娇无力，始是新承恩泽时。

云鬓花颜金步摇，芙蓉帐暖度春宵。

春宵苦短日高起，从此君王不早朝。
承欢侍宴无闲暇，春从春游夜专夜。
后宫佳丽三千人，三千宠爱在一身。
金屋妆成娇侍夜，玉楼宴罢醉和春。
姊妹弟兄皆列土，可怜光彩生门户。
遂令天下父母心，不重生男重生女。
骊宫高处入青云，仙乐风飘处处闻。
缓歌慢舞凝丝竹，尽日君王看不足。
渔阳鼙鼓动地来，惊破霓裳羽衣曲。
九重城阙烟尘生，千乘万骑西南行。
翠华摇摇行复止，西出都门百余里。
六军不发无奈何，宛转蛾眉马前死。
花钿委地无人收，翠翘金雀玉搔头。
君王掩面救不得，回首血泪相和流。
黄埃散漫风萧索，云栈萦纡登剑阁。
峨眉山下少行人，旌旗无光日色薄。
蜀江水碧蜀山青，圣主朝朝暮暮情。
行宫见月伤心色，夜雨闻铃肠断声。
天旋地转回龙驭，到此踌躇不能去。
马嵬坡下泥土中，不见玉颜空死处。
君臣相顾尽沾衣，东望都门信马归。
归来池苑皆依旧，太液芙蓉未央柳。
芙蓉如面柳如眉，对此如何不泪垂。
春风桃李花开夜，秋雨梧桐叶落时。
西宫南苑多秋草，宫叶满阶红不扫。

梨园弟子白发新，椒房阿监青娥老。
夕殿萤飞思悄然，孤灯挑尽未成眠。
迟迟钟鼓初长夜，耿耿星河欲曙天。
鸳鸯瓦冷霜华重，翡翠衾寒谁与共。
悠悠生死别经年，魂魄不曾来入梦。
临邛道士鸿都客，能以精诚致魂魄。
为感君王辗转思，遂教方士殷勤觅。
排空驭气奔如电，升天入地求之遍。
上穷碧落下黄泉，两处茫茫皆不见。

图片六十五　马嵬驿杨贵妃墓

忽闻海上有仙山，山在虚无缥缈间。
楼阁玲珑五云起，其中绰约多仙子。
中有一人字太真，雪肤花貌参差是。
金阙西厢叩玉扃，转教小玉报双成。
闻道汉家天子使，九华帐里梦魂惊。
揽衣推枕起徘徊，珠箔银屏迤逦开。
云鬓半偏新睡觉，花冠不整下堂来。
风吹仙袂飘飖举，犹似霓裳羽衣舞。
玉容寂寞泪阑干，梨花一枝春带雨。
含情凝睇谢君王，一别音容两渺茫。
昭阳殿里恩爱绝，蓬莱宫中日月长。
回头下望人寰处，不见长安见尘雾。
唯将旧物表深情，钿合金钗寄将去。
钗留一股合一扇，钗擘黄金合分钿。
但令心似金钿坚，天上人间会相见。
临别殷勤重寄词，词中有誓两心知。
七月七日长生殿，夜半无人私语时。
在天愿作比翼鸟，在地愿为连理枝。
天长地久有时尽，此恨绵绵无绝期。

第九章 著名的道观

一 景龙观

景龙观创建于唐中宗景龙年间。睿宗景云二年（711）铸景龙观钟，上面刻写御撰御书的铭文。开元二十九年（741），玄宗梦见老子，求老

图片六十六 迎祥观（景龙观）钟楼

子像于天下，最后在盩厔县闻仙谷中得到三尺多高的老子玉像，于是将它安置在景龙观的大同殿内。唐玄宗为了纪念这一吉祥之事，遂将景龙观改为迎祥观。但《长安志》中对景龙观和迎祥观均未作任何记载。

二　迎祥观与景龙观钟

位于今西安城内广济街按察使衙门之西的迎祥观，是从唐景龙观发展而来的一座三层高楼。虽然此观甚为颓败，但楼上仍然缒挂着景龙观钟。观门紧闭，若无按察使特许，不能入内参观。观内有明代成化、弘治年间重修时所立碑碣，但碑面字迹已经磨灭。其右侧又有道光年间重修碑一通，叙述景龙观钟概况。（参见图片六十六）

《重修迎祥观钟楼碑记》

迎祥观铜钟，重三百余钧。唐景云辛亥年铸，上有序铭，睿宗皇帝所制也。其辞典雅可诵，书法尤古秀圆劲，寓篆隶于楷法。相传谓命工拓之，藏袭者可以避水火，其见尊信于人如此。凡物至千余年，虽片瓦残碑，犹爱惜而珍异。而况钟之为器，制古而钜，又托于道患显灵之所，为历世帝王所重。鬼神且呵护之，人其敢忽视之哉！明洪武间，移置于楼。楼三层，高十丈许。钟悬于上层中央。顺治八年重修，有碑记，而字迹剥落，略可识认者，才十之一二。其时尚以司晨暮，声彻城内外甚远。今常以屈戌守楼之门，盖不叩不鸣者久矣。比诸仙灵之像而供奉焉。其见敬慎宝护于人人如此。夫物之足重于世，历千百年来，楼之垣宇甍桷已不复完好，久将倾坏。漏益不可支。其所以敬护之者安在乎？戊申岁，余在长安，葺而治之，期于牢固，不务华也。十月中旬施手，阅两月竣工。乃为文以记于右。

图片六十七　景龙观钟南面（狮子）

图片六十八　景龙观钟东面（凤凰）

图片六十九　景龙观钟东北面

图片七十　景龙观钟西北面

即用知州、知长安县事李文瀚撰文，候补知县、军功赏戴蓝翎江开书丹并题额。

道光二十八年岁次戊申嘉平月　上吉建。

钟高四尺四寸，直径三尺三寸五分，厚三寸五分。《金石萃编》卷六十九所载的寸法失之于过大。钟面上刻有纵六横三的蔓草花纹。按照现在所放的位置，东面为凤凰，南面为狮子，都是颇为典雅的浮雕。但北面的雕刻则不清楚。西面为唐睿宗御书的钟铭。在钟面的其他部位，仅在对角线及其交叉点上，铸有四个乳头。[①]试用手轻轻敲击，即可听到一点千余年前幽邃的声音。（参见图片六十七至七十 ）

三　景龙观钟铭

钟铭的范围纵一尺九寸七分，横二尺一寸五分，共十八行，每行十七字，计二百九十二字。署名虽不明显，但可断定为唐睿宗御书。因为铭文中有“朕翘情八素”的句子，文末的纪年为景云二年（711），与睿宗御书的孔子庙堂碑及顺陵碑额比较，其字体完全相同。因此断定此铭为睿宗御书。这一点前人已有定论。孔子庙堂碑在五代时已经重刻，顺陵碑毁于万历年间的大地震。睿宗御笔书写的作品保存下来的只有这个钟铭，所以具有特别的观赏价值。铭文字体为楷书，但含八分书之遗意，处处夹杂着篆体。看到这些，可使人联想到隋文帝开皇年间刻立的曹子建碑。这种书体至初唐仍多见于造像铭文中。但自开元以后，逐渐流行新的书法，从而丧失了这种含有古意的文字。此外，文中的干支虽为辛亥金、癸酉金、丁亥土，但辛亥的纳音为钗钏金，癸酉为剑锋金，丁亥为屋上土。故列记了干支与

---

①为了显示钟外部所见雕像、纹样的位置等制成图片六十七、六十八。图片六十九展示的是钟吊起来的状态。钟右下方雕刻不明。图片七十展示的是柱、梁及其关系。

纳音。以干支配合年月日，是金石文的惯例，此铭在此基础上又列记纳音。可知这种书法，也是那个时代的一种风尚。

钟铭中写道：

> 自兹千岁，从今亿春，悬玉京而荐福，侣铜史而司辰。

可知当时曾将它作为长安的时辰钟使用。顺治碑中说：

> 其时尚以司晨暮，声彻城内外甚远。

据此，则至顺治之时，早晚仍撞之使其鸣。但在道光之前人们却把它当作神灵供奉了起来。道光二十八年碑称：

> 今常以屈戍守楼之门，盖不叩不鸣者久矣。比诸仙灵之像而供奉焉。

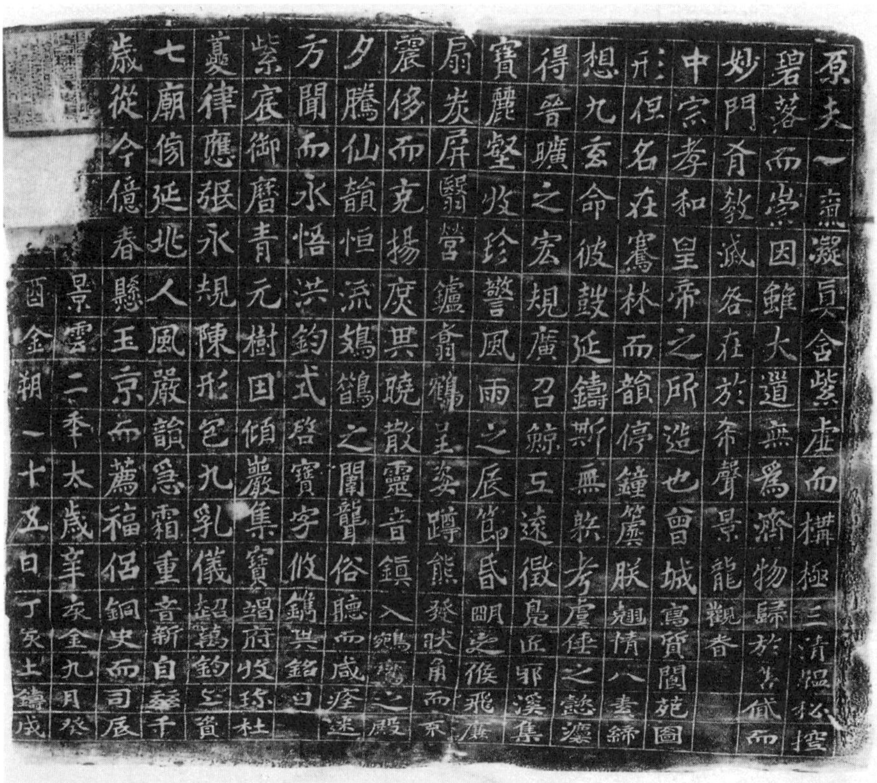

图片七十一　景龙观钟铭

因此，现在要想得到这个钟铭的拓本，已不是一件容易的事。拓工必须得到按察使的特许，才能制造拓本。当局在拓本上盖以印章，此时收藏者照例须缴纳少量税金。因此，凡是拓本上没有官署印章的，都是伪本。相传藏得朱拓者可免水火之灾，可见它是多么受到人们的尊崇。（参见图片七十一）

四　玄都观

玄都观在西安城南门外大兴善寺西侧。大门上悬刻有“玄都观”字样的匾额。相传这里就是唐代玄都观的旧址，但见不到考证资料。隋廾皇四年（584），文帝杨坚出于佛道二教并用的考虑，在与靖善坊佛教兴善寺相对的崇业坊修建了道教玄都观。唐时佛道二教并立于长安城内，互放异彩，此事在《长安志》中也有所记载。故此地为隋唐玄都观遗址是毋庸置疑的。玄都观为唐代桃花胜地，也是长安人士喜爱游览之区。后人游览玄都观，常常会联想到诗人刘禹锡，因为二者之间有着密切的关系。

《元和十年自朗州承召至京戏赠看花诸君子》

［唐］刘禹锡

紫陌红尘拂面来，无人不道看花回。

玄都观里桃千树，尽是刘郎去后栽。

这是刘禹锡假托桃花讥讽新进轻佻政客的诗词。不幸的是，他因此获罪，被贬为连州刺史。十四年后，刘禹锡宥归长安，复来此观，咏诗一首：

《再游玄都观》

［唐］刘禹锡

百亩庭中半是苔，桃花净尽菜花开。

种桃道士归何处，前度刘郎今又来。

五 楼观台

在盩厔县东南二十里处，有一条黑水河。溯其支流田峪川而上，可到达闻仙谷。这里是玄宗梦得老子玉像的地方，与道教关系密切。楼观台就在终南山北麓古木郁蔚的地方，脚下田峪川的清流直奔数十寻之下，远隔渭水可望见西安、咸阳、兴平诸府县。相传楼观台是老子解说《道德经》五千言的说教台。（雍正）《陕西通志》卷七十载：

> 就水，北经大陵，即此吾老洞。有老子首骨石函，土封覆以屋。

如今大陵、老洞、石函等遗迹已不复存在。但在林丛中的小洞穴内，有一尊奇怪的老子铜像。此像固不足考据，堂塔碑碣，也都是元明以后之物。唯庙前高大的古柏、楷书与篆书合写的道德经碑，以及记载玄宗时代祥瑞的

图片七十二　楼观台牌门

玄元灵应颂碑等，尚足以观赏。要之，此地自元朝以来，被尊为道教灵场，山中一木一石，似乎都有相应的传说。（参见图片七十二至七十五及插图二十六、二十七）[①]

图片七十三　祖庵镇祖庵宫遗迹

①图片七十二楼观台牌门，在盩厔县东南的终南山山腹。因牌门为木构建筑，已经腐朽，故用砖支护两根柱子。此门位于楼观台老子说教台南麓的森林中。采用此图旨在展示山中景物之一端，别无他意。图片七十三祖庵镇祖庵宫遗迹。该宫在鄠县西二十里的祖庵镇，是元代以来有名的道观。清朝同治年间，因骚乱而归于荒废。现在所看到的遗址图在碑的后方。碑上刻有“天下祖庭”四个大字。境内有八思巴文字碑四通，各高六七尺，宽约五尺，其文载于《石墨镌华》中。其他碑石俱系明末清初所立。庙宇简素，为近时所造。遗址状况如插图二十六所示。（A是古钟，也是图七十三中央的碑与左侧的小屋之间呈现的白色的影子。B是图七十三中央两棵树的右侧隐现的石碑。C是蒙古文字碑。）

图片七十四　西安城东关八仙庵

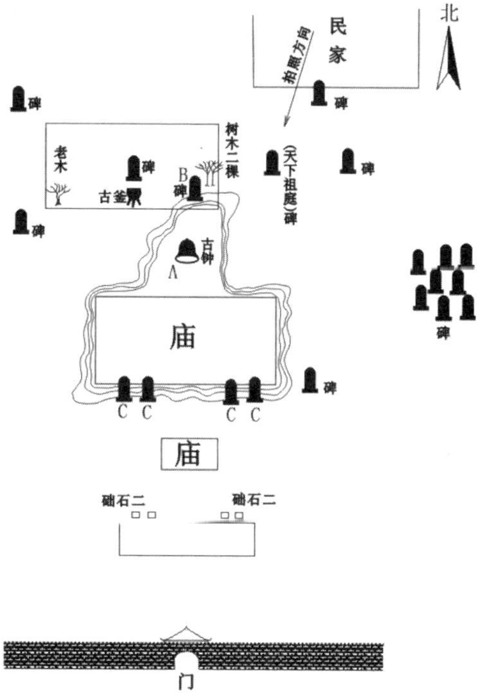

插图二十六　祖庵镇古迹分布图

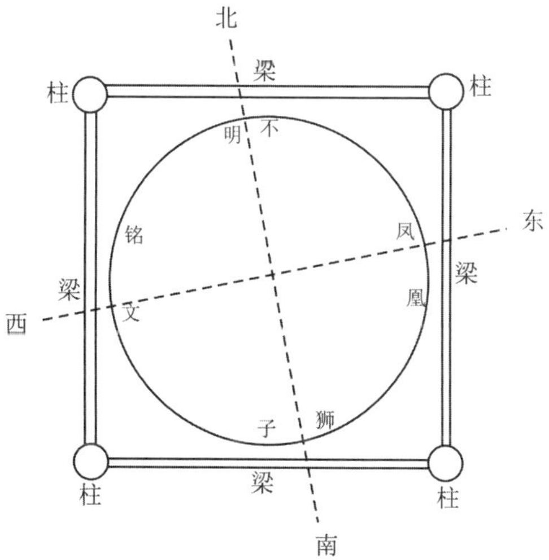

插图二十七　祖庵宫古钟位置图

图片七十五　西安城东关八仙庵道士

第十章　现存的唐代佛寺

第一节　大慈恩寺

一　大慈恩寺的缘起

大慈恩寺原为隋代的无漏寺，唐高祖武德年间即已颓败。贞观二十二年（648），太子李治（即后来的唐高宗）为了报答其母文德皇后的恩典，重新修建了这座寺院，改名为大慈恩寺。此寺位于大明宫的正南方，唐高宗居大明宫时，每日早晚由含元殿遥望而拜。在此之前的贞观十九年（645），高僧玄奘自印度归来，住在弘福寺专译经论。唐高宗遂在大慈恩寺另建翻经院，用郑重的礼仪请玄奘为慈恩寺的上座，由此玄奘被尊称为慈恩大师。

二　慈恩寺塔的修建

唐高宗永徽三年（652），玄奘请按西域窣堵波之法，在大慈恩寺修建大石浮图。高宗惧其难成，用砖瓦替代石料。当时玄奘建成的塔共有五层，高一百八十尺。后来此塔逐渐破损。武则天长安年间，募捐进行改造，增加了此塔的高度。唐人岑参的“四角碍白日，七层摩苍穹”诗，描写的就是当日大雁塔的实景。但《长安志》卷八载此塔“六级，崇三百尺”。塔的级数和高度都与实际情况不同。这究竟是什么缘故呢？《大慈恩寺三藏法师传》卷七载：

> 其塔基面各一百四十尺，仿西域制度，不循此旧式也。塔有五级，并相轮、霜盘凡高一百八十尺。层层中心皆有舍利，或一千、二千，凡一万余粒。上层以石为室。南面有两碑，载二圣《三藏圣教序》《圣教序记》，其书即尚书右仆射河南公褚遂良之笔也。

以此与现在的大雁塔相比较，高度低十四尺，上层也不见有石室的存在。测其基底，约宽一百四十尺。现在基底方八十四尺之外，环绕着宽二十八尺（约五步）的走廊。塔前的两个龛，内设《圣教序》及《圣教序记》两块石碑，根本没有移动的形迹。由此可知，此塔自创建以来，上层虽曾发生过多次变化，但其基础及下层绝无更改。

现在的大雁塔高七层，实测高度为一百九十四尺。塔基各边八十四尺，呈四方形。四面之门系由花岗石叠积而成。各层环绕着矮短的檐廊，均开有四门。塔内共有六阶，从楼梯可拾级而上。据说各阶原来容纳舍利数万颗，壁间又多藏当时名画，装饰极为壮丽。（参见图片七十六至七十八）

图片七十六　大慈恩寺大雁塔

图片七十七　大慈恩寺大雁塔

三　大雁塔的来历

唐时称此塔为慈恩寺浮图，后世则把它叫作大雁塔。“大雁”一名的起源虽不明了，但可以想象已很久远。《大唐西域记》卷九载，在摩伽陀国的因陀罗势罗窭诃山中，有亘娑窣堵波（雁塔），相传大雁投身欲开悟小乘教徒。也许这一记事就是“大雁”名称的出处。

四　大雁塔的游览

大慈恩寺位于唐长安进昌坊的东半部，占地面积很广，寺内院十余座。由进昌坊南至曲江，这一段人烟稀少，尚未形成街衢。其地虽在城内，但水竹深邃，富有自然之美。因此，登临此塔南眺终南，东望杜陵，向北俯视脚下坊衢中来往的豆人寸马，远处渭上的汉陵、嵯峨、九嵕、梁山亦皆收入两眸。此色此景，都是独一无二的。景龙三年（709）重阳节，唐中

图片七十八　大慈恩寺大雁塔

宗登慈恩寺塔赐宴群臣，学士词客献菊花酒，吟诗赋颂和御制。杜甫、高适、岑参等人也曾相偕至此，清游赋诗。当时三人所赋之诗，都是描写大雁塔实景的：

《同诸公登慈恩寺塔》

［唐］杜甫

高标跨苍穹，烈风无时休。自非旷士怀，登兹翻百忧。
方知象教力，足可追冥搜。仰穿龙蛇窟，始出枝撑幽。
七星在北户，河汉声西流。羲和鞭白日，少昊行清秋。
秦山忽破碎，泾渭不可求。俯视但一气，焉能辨皇州。
回首叫虞舜，苍梧云正愁。惜哉瑶池饮，日晏昆仑丘。
黄鹄去不息，哀鸣何所投。君看随阳雁，各有稻粱谋。

《同诸公登慈恩寺浮图》

［唐］高适

香界泯群有，浮图岂诸相。登临骇孤高，披拂欣大壮。
言是羽翼生，迥出虚空上。顿疑身世别，乃觉形神王。
宫阙皆户前，山河尽檐向。秋风昨夜至，秦塞多清旷。
千里何苍苍，五陵郁相望。盛时惭阮步，末宦知周防。
输效独无因，斯焉可游放。

《与高适薛据登慈恩寺浮图》

［唐］岑参

塔势如涌出，孤高耸天宫。登临出世界，磴道盘虚空。
突兀压神州，峥嵘如鬼工。四角碍白日，七层摩苍穹。
下窥指高鸟，俯听闻惊风。连山若波涛，奔凑似朝东。
青槐夹驰道，宫馆何玲珑。秋色从西来，苍然满关中。
五陵北原上，万古青濛濛。净理了可悟，胜因夙所宗。
誓将挂冠去，觉道资无穷。

五　大雁塔的重修

唐代长安人士来游此塔者极多。特别是在春季，游客接踵于道。每年进士及第，照例要在曲江张宴，入慈恩寺，登大雁塔，题其姓名年月于壁上，作为纪念。这就是宋、元、明、清历代所传进士题名故事的起源。唐朝灭亡后，长安凋落，慈恩寺堂宇全部颓毁，剩下的只有大雁塔和塔壁上历历可辨的唐人手迹。北宋元祐元年（1086），张礼在《游城南记》中写道：

> 东南至慈恩寺，少迟登塔，观唐人留题。倚塔下瞰曲江宫殿、乐游燕喜之地，皆为野草，不觉有黍离麦秀之感。

由此可知，到北宋末年，大雁塔内唐人的手迹仍然存在。但时至今日，已难以辨认了。明万历年间，尚书温纯重修此塔，大兴土木，在塔内设置梯阶，使人可以登临塔顶。经过这次整顿，便形成了大雁塔和慈恩寺的现状。即使是现在，仍可遨游塔上。倾听翱翔的家鸽脚上附带的鸣銮，感到长安的上空格外美丽。

六　弥勒菩萨石像

除大雁塔外，现在慈恩寺中再没唐代风格的文物。寺前虽然有十几通石碑，但都是明清时的东西。大雁塔的上层经过多次变革，内部也曾被屡加修葺，能保留唐代面目的只有塔基而已。观察此塔，注意到的文物首先是一尊等身高的弥勒菩萨石像。这个作品虽别无足取，但佛像以白色大理石圆刻而成，可判定确为唐物。此物现在被抛弃在北门内的黑暗处，往往被人们所忽视，使人殊觉可惜。

七　大雁塔楣石上的阴刻画

塔中值得注意的第二种文物，是四面弓形的大理石门楣上所镂刻的精美佛画。四门中东北二门已为泥土封闭，不能辨认；南门破损严重，亦无从鉴赏；只有西门保存完好，可看得十分清楚。弓形门计长三尺六寸，宽二尺四寸，止面均为精巧的密画，阴刻释迦如来在祇园精舍中说法的情景。画中建筑不是印度模式，而是当时中国的建筑风格，因而成为研究建筑式样的好材料。画中堂宇有回廊等，用圆柱组成斗拱，在云形栏间的四柱屋脊，举葺瓦至鸱尾。仔细观察佛菩萨面貌和衣纹等，发现与日本法隆寺的金堂玉虫厨子构造，以及当时的佛像佛画，有很多相同的地方。这是令人很感兴趣的问题。只是明代的游客，不知道保护文物，在上面镂刻无用的文字，使画面遭到一定损坏，确实是很可惜的。（参见图片七十九）

图片七十九　大慈恩寺大雁塔西门楣石阴刻画

八　《圣教序》碑及《圣教序记》碑

值得注意的第三种文物是大雁塔南门左右龛内的石碑。左龛内是永徽四年（653）十月中书令褚遂良所书唐太宗御撰的《三藏圣教序》碑。右

图片八十　大慈恩寺大雁塔《大唐三藏圣教序》碑

图片八十一　大慈恩寺大雁塔《大唐三藏圣教序记》碑

图片八十二　大慈恩寺大雁塔《大唐三藏圣教序》碑冠

图片八十三　大慈恩寺大雁塔《大唐三藏圣教序》碑底

图片八十四　大慈恩寺大雁塔《大唐三藏圣教序记》碑底

龛内为永徽四年癸巳十二月十日唐高宗御撰的《三藏圣教序记》碑，上书“尚书仆射上柱国河南郡开国公臣褚遂良书”字样。右龛之碑因要与左碑相对，故采取了自左向右竖排的体裁。两碑均高九尺四寸。碑文部分高四尺九寸，宽三尺一寸。在碑冠下部，刻有佛、菩萨、四天王。碑底则刻有天人乐舞图。碑的左右两侧，刻有艳丽的蔓草边缘。碑文字体遒健逸雅，“波拂如铁线”，诚为褚遂良书法的代表。后人玩赏褚氏真迹，达到流连不舍的地步。但关于此碑题额，却存在着一些疑问。有人认为是后人补笔，甚至有人因其怀疑此碑的真伪。

褚遂良于贞观二十二年（648）担任中书令。太宗死后，永徽元年（650）被贬为同州刺史。永徽三年（652）被召回京师，任吏部尚书同中书门下三品。四年九月壬戌，在张行成死后十三日，也就是九月甲戌，继任尚书右仆射同中书门下三品。这种经历与《圣教序》碑中所记“永徽四年（653）岁次癸丑十月己卯朔十五日癸巳建，中书令臣褚遂良书”相比，是很不一致的，故判为后人误记。褚遂良谨书太宗御撰，自应署其当时官名。其次，《新唐书・宰相上》虽记永徽四年“九月甲戌，遂良为尚书左仆射、同中书门下三品……壬戌，行成薨”，但《圣教序记》碑载：“永徽四年癸丑十二月十日丁亥建，尚书右仆射上柱国河南郡开国公臣褚遂良书”，以左仆射误记为右仆射。褚氏决不至于误记自己的官职，所以有人认为这是他人的伪作。褚遂良继张行成为右仆射，这在《新唐书・本纪第三　高宗》及《新唐书・褚遂良》中都有明确记载。《新唐书・宰相上》若倒记左右仆射，则张行成与褚遂良的事实相反，正确的表述应当是：“九月壬戌，张行成薨，甲戌，褚遂良为尚书右仆射。”若此说不谬，则此碑所记，是毫无疑义的。因此，可以断定上述问题只是出于表面上的观察。（参见图片八十至八十四）

九　碑林中的《三藏圣教序》并《三藏圣教序记》碑

贞观二十二年（648），玄奘由弘福寺出任慈恩寺上座时，曾上表唐太宗和皇太子，请为所译佛经赐以总序。太宗答应了他的请求，并添敕答于序文，太子也赐笺答于序记。玄奘深以为荣，再上谢序表。当时弘福寺座主圆定请以此刻石，也得到太宗恩准。于是该寺僧怀仁集王羲之书法为《圣教序》《圣教序记》及《敕答》《笺答》，又以《般若波罗蜜多心经》刻载于石上。咸亨三年（672）十月，将碑树起。此碑现存于西安碑林，碑高约七尺，宽三尺一寸。碑冠及下部雕刻七佛像，碑侧模纹雄伟，令人惊叹。当时集王羲之笔迹的风气盛行，但只有此碑所集，均酷似王羲之真迹，因而博得艺林推许。（参见插图二十八）

插图二十八　《大唐三藏圣教序》拓影

十 同州府所立褚遂良书《圣教序》及《圣教序记》碑

此碑仅将《圣教序》及《圣教序记》的正文汇刻在一块石碑上，有“龙朔三年岁次癸亥六月癸未朔廿三日乙巳建，大唐褚遂良书”字样。文字颇为遒健，《石墨镌华》卷二评论说：“（慈恩本）似不及同州本”，又说“（同州本）似胜慈恩本”。但如果详细比较此二碑，不能看作是同一个人的笔迹。此碑的书体与碑的构造均劣于大雁塔碑，二者终难比拟。且褚遂良在永徽四年(653)被贬为同州刺史，一年后被召回京师，显庆三年(658)即客死于爱州。由此推算，龙朔三年是褚遂良死后的第五年。故可知该碑非褚氏真迹。前二碑虽与慈恩寺无直接关系，但却与慈恩寺中的《圣教序》及《圣教序记》碑有间接关系，而且这两块碑是关中所存唐碑中最有名的，所以一并附记于此。（参见插图二十九）

插图二十九 《大唐三藏圣教序记》拓影

十一　大雁塔年表

慈恩寺与圣教碑的年代颇为复杂，兹特列为一览表，以供参考。

大雁塔大事年表

年　代	大　　事
贞观十年（636）	文德皇后去世，葬于昭陵。
贞观十九年（645）	玄奘从天竺回国，在弘福寺翻译佛经。
贞观二十二年（648）	皇太子为报答文德皇后恩典，建立大慈恩寺；请玄奘为该寺上座；褚遂良任中书令，太宗作《圣教序》，皇太子作《圣教序记》。
贞观二十三年（649）	太宗死于长安。
永徽元年（650）	罢褚遂良中书令之职，贬为同州刺史。
永徽三年（652）	以褚遂良为吏部尚书同中书门下三品；玄奘造慈恩寺浮图。
永徽四年（653）	九月，张行成卒，褚遂良代其为尚书右仆射同中书门下三品。十月，建立《圣教序》碑。十二月，立《圣教序记》碑于兹恩寺塔内。
永徽五年（654）	以太宗才人武氏为昭仪。
永徽六年（655）	罢褚遂良宰相之职，贬为潭州都督；以武氏为皇后。
显庆二年（657）	立王行满书《圣教序》及《圣教序记》碑于洛阳；褚遂良转任桂州都督。
显庆三年（658）	褚遂良客死于爱州。
龙朔元年（661）	玄奘法师圆寂。
龙朔三年（663）	建《圣教序》及《圣教序记》碑于同州。
咸亨三年（672）	弘福寺僧怀仁集释王羲之书迹，刻《圣教序》及《圣教序记》碑。

第二节　大荐福寺

一　大荐福寺的缘起

大荐福寺位于西安城南门外三里。文明元年（684）唐高宗死后百余日，武则天为高宗建大献福寺于开化坊。度僧二百人，令居寺中。天授元年（690），对此寺大加营饰，改称为荐福寺。当时寺运甚盛。神龙以后义净三藏的译经工作都是在这里完成的。义净三十五岁时，钦慕法显、玄奘的壮举，遂于咸亨二年（671）游学于印度，前后费时二十五年之久，经历三十余国，于证圣元年（695）返回洛阳。神龙二年（706）进入长安荐福寺翻译院，在这里翻译佛经五十六部、二百三十卷，另著《南海寄归内法传》四卷及《大唐西域求法高僧传》二卷。后来日本求法僧圆仁在会昌元年（841）三月访问此寺，据说曾礼拜佛牙楼，见到翻经院义净三藏的影像和壁画。

图片八十五　大荐福寺（小雁塔）

二　大荐福寺浮图即小雁塔

唐中宗景龙年间，宫人各出钱财，在安仁坊的西北隅，修建高十五级、三百尺的浮图。因该浮图与慈恩寺的大雁塔相对，故后世称之为小雁塔。荐福寺在唐以后屡遭兵燹，完全荒废，只有小雁塔与大雁塔对峙，至今仍俨然存在。不过，塔最上层的二级已经颓塌，唯以下十三级保存完整。小雁塔的塔基呈方形，颇为狭小，各边仅三十七尺五寸。塔的高度约为一百二十八尺，所谓塔高三百尺也许是高一百三十尺之误。据塔下《重修荐福寺塔记碑》载，北宋政和六年（1116）传法沙门曾对此塔进行重修，使它恢复旧观。相传明嘉靖乙卯三十四年（1555）大地震，使塔的中部自上而下产生了一道较大的裂痕。但嘉靖癸亥四十二年（1563）地震时，裂缝又自然结合。至今仍可看出塔顶至塔基的裂痕。这座孤塔屹立在风雨中，人们担心它行将崩折，但却屹立至今，留下千古形迹，确实是个奇迹。塔内无阶梯，无法登临。在南北入口处的黑色大理石弓形门上，有阴刻的蔓草花纹和天人供养图像。该图像具有唐代独特的流丽风格，但却遭受明清游客任意涂刻，毁损大半，实在可惜。（参见图片八十五）

三　钟楼与关中八景

大荐福寺前的钟楼内，悬挂着一口大钟。相传武功县有一位砧妇，在河边捣衣时，远远听到钟声，感到很奇怪，就在其附近地区发掘，结果得到一口巨钟，遂送至寺中。但从其制作工艺和铭文来看，可断定为元代之物，并无特殊的玩赏价值。不过，此钟已被列为关中八景之一，就是所谓的“雁塔晨钟”，故附记于此。关中八景即：华岳仙掌、灞柳风雪、曲江流饮、雁塔晨钟、咸阳古渡、草堂烟雾、太白积雪、骊山晚照。

这些名称大概为明清人士所起。

第三节　长安佛寺的遗迹

一　会昌法难

唐代三百年间，是中国历代各种文化最发达的时代。宗教也极为隆盛：佛教、道教、景教、祆教、摩尼教等均在中国流行，其中佛教尤为发达。《唐六典》卷四《礼部尚书　侍郎》载：

> 凡天下寺总五千三百五十八所。三千二百四十五所僧，二千一百十三所尼。

但这只是唐玄宗开元二十六年（738）的情况。《长安志》卷七《唐京城一》注云：

> 城中一百八坊。韦述记曰："其中有折冲府四，僧寺六十四，尼寺二十七，道士观十，女冠观六，波斯寺二，祆祠四。"

唐玄宗七世孙唐武宗出于尊信道教、排折佛法的目的，于会昌五年（845）五月，命令祠部预先调查天下佛寺，结果发现：

> 佛寺四千六百，兰若四万，僧尼二十六万五百。

所谓兰若就是阿兰若，指空静处，也就是僧庵。据此可以推知当时佛教的盛大景况。唐武宗在当年七月批准道士赵归真之请，急诏天下，破坏佛寺，令僧尼还俗。佛教濒临被歼灭的困境，人们称之为会昌灭佛或会昌法难。《资治通鉴》卷二百四十八《唐纪六十四》叙述当时的情景最为简明。略云：

> 会昌五年秋七月……，上恶僧尼耗蠹天下，欲去之，道士赵归真等复劝之；乃先毁山野招提、兰若，敕上都、东都每街各留寺两所，每寺留僧三十人；天下节度、观察使治所及同、华、商、汝州各留一寺，分为三等：上等留僧二十人，中等留十人，下等五人。余僧及尼并大秦穆护、祆僧皆勒归俗。寺非应留者，立期令所在毁撤，仍遣御史分道督之。财货田产并没官，寺材以葺公廨驿舍，铜像、钟磬以铸钱。

文中所说的上都即指长安，东都则是指洛阳。当时在长安右街，仅留大慈恩寺与大荐福寺，在左街仅留西明寺与庄严寺而已。据《旧唐书·本纪第十八上　武宗》载，唐武宗在会昌五年（845）八月的上谕中盛陈佛教之弊，略云：

> 其天下所拆寺四千六百余所，还俗僧尼二十六万五百人，收充两税户，拆招提、兰若四万余所，收膏腴上田数千万顷，收奴婢为两税户十五万人。隶僧尼属主客，显明外国之教。勒大秦穆护、祆三千余人还俗，不杂中华之风。

主客是职掌朝贡诸蕃事官的职官，祠部则是管理国内宗教祭祀的机构。将佛教由祠部除去而划归主客，明显是把佛教当作外国宗教对待，不认为它是国家宗教。由此可知，武宗此举，已将天下佛寺破坏净尽了。

二　慈觉大师的经历

当时，逗留长安的日本求法僧圆仁，也遭受了此次灭佛的厄运，被驱逐出境。会昌五年（845）五月十五日，圆仁由长安出发，五月二十二日过潼关，六月十三日至汴州，二十三日渡过淮水向扬州进发，并从后面赶来的长安裴舍人口中得知长安佛寺被破坏的消息，并做了如下记载：

“五月廿九日离长安。在城之时，城中僧尼还俗已尽。准敕每寺留三纲勘检钱物，待官家收钱物，已后拟令还俗”，云云。“诸寺见下手毁拆，章敬、青龙、安国三寺通为内园”，云云。（《入唐求法巡礼记》卷四）

八月十六日，圆仁至登州，亲见此地佛寺被破坏的情况。他在行记中写道：

到登州方始见海。登州者，大唐东北地极也。枕乎北海，临海立州。州城去海一二许里。虽是边地，条流僧尼，毁拆寺舍，禁经毁像，收捡寺物，共京城无异。况乃就佛上剥金，打碎铜铁佛，称其斤两。痛当奈何！天下铜铁佛、金佛有何限数，准敕尽毁灭，化尘物。（《入唐求法巡礼行》卷四）

由此可见，不仅京师与都会中残害佛寺，举国上下都在彻底进行废佛毁释的活动。

三　长安佛寺的末路

会昌六年（846）三月，唐武宗死，宣宗即位，立即在长安增设八座寺院，逐渐撤销毁佛的政策。但为时不久，唐王朝倾覆，未能重见佛光普照的盛况。自唐灭亡之后，经过千载星霜，今日即使寻访长安旧迹，也无法追怀昔日的灵刹名塔了。只有慈恩寺的大雁塔与荐福寺的小雁塔幸免灾难，使唐代面目犹能传留于仿佛之间。兹对西安城内外与隋唐长安因缘较深的佛寺的现状作以简单的介绍。

四　大兴善寺

大兴善寺在西安城南门外五里。寺址位于唐代长安城靖善坊内，隔朱雀大街与崇业坊的玄都观相对。寺中殿宇高大，在唐代京城中被推为第一。唐宪宗元和四年（809）又建转轮藏经阁，但因遭会昌法难而破坏。其后逐渐荒废，仅存大王阁和大士阁而已。明永乐年间修造殿堂及钟楼。清顺治年间修筑方丈大雄宝殿和围墙。康熙时，又重修山门、方丈殿、钟楼、鼓楼等，基本上恢复了旧观。但后来又遇同治战乱，全寺化为乌有。现在幸存的只有钟楼、鼓楼和前门。其周围垣墙计东西七百尺，南北一千余尺，占地面积颇广，可惜均已荒废。近年建有一座极小的本堂。堂前种植牡丹和芍药。寺僧供给游客茶水，临行时略出二文或三文茶资，即连声“多谢、多谢”，其状颇为可笑。（参见图片八十六）

图片八十六　大兴善寺现景

五 青龙寺

青龙寺又名石佛寺，是日本弘法大师入唐之初来请益的僧侣留锡之处，为日本佛教史上不可或忘的名刹。寺址在西安城外东南五里，即龙首原支脉乐游原南崖的祭台村。[①]从慈恩寺大雁塔向东北张望，就可以看见它。此地在唐代属于长安延兴门内的新昌坊。《长安志》卷九《唐京城三》载：

新昌坊……南门之东，青龙寺。北枕高原，南望爽垲，为登眺之美。

不仅眺望景观佳，附近又有戏场等设施，可知当时为热闹之地。此寺

图片八十七　青龙寺现景

①译者按：作者在此误认祭台村东北的石佛为唐代青龙寺。文献中所记载的青龙寺在长安城延兴门由新昌坊南门之东的乐游原上，唐以后寺宇全毁。1963年至1980年，考古工作者在祭台村东北铁炉庙北的高地上，勘察发掘了唐青龙寺遗址，并在遗址上重建了青龙寺。

与兴善寺同罹会昌法难，俱归荒废。现在所能看到的只是二三栋极小的殿堂，周围都是田圃，看不到什么遗物。但寺的北侧，有一处高达五六丈的高台。如《长安志》注所说，是可以极尽眺望之美的地方。高台附近散置唐瓦颇多，地下堆积层厚及数尺。由此可以想见唐时建筑的壮观与会昌灭佛的残酷。

关于这座寺院的位置问题，最近桑原博士在昭和二年七月的《史林》杂志上发表《长安青龙寺遗址》一文，读者可以去参考它。大兴善寺为西域高僧不空三藏广布密教之所。而不空的弟子慧果阿阇梨则常住青龙寺，是日本名僧空海的师傅。因此，大兴善寺与青龙寺都是与日本真言宗有深切因缘的名刹。可惜今日已沦于荒废，不能一睹其旧时盛况，令人感慨万千。（参见图片八十七）

六　宝庆寺

宝庆寺在西安城内的安仁坊中，始建于隋代的仁寿年间，亦为唐中宗的临幸之所。唐末司空曙《经废宝庆寺》诗云：

> 黄叶前朝寺，无僧寒殿开。池晴龟出曝，松暝鹤飞回。
>
> 古砌碑横草，阴廊画杂苔。禅宫亦销歇，尘世转堪哀。

可知唐末此寺已荒废。唐代此寺所在的位置，已难以确定。现在所看到的遗址，恰在唐皇城中的太庙上。所以不能不怀疑此寺在后世曾经被迁移。寺中有美丽的砖塔，故世人称之为“花塔寺”。花塔的四壁上，刻有十几个精致美丽的半裸石佛。在本殿内壁上，又嵌有佛像二十尊，均极为精巧，可视为盛唐名作。其中有些砖上还存留着开元、长安年号。据说石佛原在光宅寺，韩建改筑长安城时，才被移到此处。（参见图片八十八至九十）

图片八十八　宝庆寺塔东面

图片八十九　宝庆寺壁中镶嵌的石佛

图片九十　宝庆寺石佛

七　卧龙寺

卧龙寺在西安城内六海坊，本为隋代的福应禅院，唐代改称观音寺，到宋代才改为现在的称呼。现在的寺院是明正德十六年（1521）重修的。寺门前建有高大的石牌坊。寺内收拾得很整洁，为西安城内最壮丽的寺院。寺内的唐代石柱头面人物残片与陀罗尼经幢（年代不明）及北魏时代的小石佛等，都是引人注目的。

八　开元寺

开元寺在西安城内钟楼南大街东侧。始建于开元元年（713），实为唐代规模盛大的寺院之一。但经过宋建隆年间、明嘉靖年间、清康熙年间的三次修筑，致使该寺的往昔面目俱已湮没。此寺与卧龙寺一样，也是后世被迁移到此地来的。至于唐代寺院在什么地方，已经难以考证了。

九　牛头寺

牛头寺在西安城南二十余里少陵原的南崖上，南临樊川，与终南山相对，周围山清水秀，风光明媚。寺中有久负盛名的四季柏，但栽培更多的则是蔷薇、牡丹等花卉。因此，春季西安雅客来游者颇多。寺为唐太宗贞观六年（632）所建，明隆庆年间重修①。境内有杜甫祠堂。因此处是杜工部的居住地，故明代在此建祠祭祀。（参见图片九十一）

十　木塔寺

木塔寺在西安城外西南方十五里的木塔寨，原名禅定寺，系隋代仁寿年间所建。唐高祖武德年间改称为大庄严寺。这座寺院原来是唐长安城西南隅永阳坊中有名的大寺。因为当时寺中有高一百尺、周长一百二十尺的大木塔，故民间称之为木塔寺。因同治年间的战乱，寺院全部化为灰烬，致使往昔文物无一幸存。

十一　香积寺

香积寺在西安城南三十五里的神禾原上，南临子午谷，是最幽邃的所在。

---

①牛头寺四季柏。牛头寺在西安城南二十余里少陵原的南崖上。图中所见寺侧的古柏以四季著花而闻名。

图片九十一　牛头寺四季柏

《过香积寺》

［唐］王维

不知香积寺，数里入云峰。古木无人迳，深山何处钟。

泉声咽危石，日色冷青松。薄暮空潭曲，安禅制毒龙。

寺为神龙二年（706）所建，也是唐代名刹之一。宋太平兴国年间，改称开和寺，后亦毁于战乱。今在田圃之间仅存二塔。这两座塔虽非唐代建筑，但其四周所嵌的十二个鞍形半裸石佛却十分精巧。塔周堆积古代砖瓦及碑石破片，足以想见其当时的盛况。（参见图片九十二）

图片九十二　香积寺塔壁中保存的石佛

十二　慧果寺

慧果寺在泾阳县城内，始建于隋代。当时因与长安城中的大兴善寺相对，故被称为中兴善寺。唐代改名为大壶寺，是一座隆盛的寺院。清同治年间，泾阳一带受战乱影响较大，此寺亦被烧毁。现在该寺仅存前门，猪羊鸡犬在累累砖瓦碑碣破片间逐来奔去。废墟中有一块镂刻着永昌年号的尊胜陀罗尼经幢，文字已磨灭不明。该幢盖为四角，共有三层，周围浮雕

图片九十三　慧果寺经幢及石佛

的莲瓣及释尊出家像尤为遒劲。长安附近，固多经幢，但像这样结构完美的还不多见。与此经幢相并，刻有太和七年(833)四月沙门法果等人的题名。在右侧的小屋中，有一尊高约八尺的白色大理石阿弥陀如来像，其雕刻之精巧绝妙，差不多可被推为关中第一。虽被一再涂抹泥土彩色，但今已剥落。从佛像现在的相貌和衣纹形式观察，其确为隋代或初唐时代的杰作。像基的侧面，雕刻数十名供养者的立像及其姓名[①]。千余年间屡经自然或人为的破坏，犹能保存完整，不能不说是一个奇迹。（参见图片九十三至九十七）

①慧果寺是唐代的名称，现在俗称泾阳大寺。图片九十五慧果寺经幢展示的经幢在图片九十三所示内容右侧五间许的地方。累累砖瓦堆积的地方是废寺的残迹，其后的墙壁是寺域边缘的土墙。右方所见小碑的内容现在已经忘记。图片九十六泾阳塔在泾水北岸的永乐镇。因地处泾水之阳，士人俗称之为泾阳塔。附近虽应存在寺址，但同治后荒废已甚，现已无从寻觅。塔侧有明末及清代的三四通石碑，因与汉唐长安无关，当时未进行详细调查，故不能详述。塔高二百三十余尺，大体位于从西安渡渭水至三原的中央，由远方就可以清楚地看到，作为行人的路标而成为一座名塔。图片九十七高陵塔，在高陵县，高二百四十尺，是一座秀丽的砖塔。本塔的附近，也应有寺址存在，但今已无从辨认。著者从车中望见此塔，但未能亲至其地踏查。照片为友人所摄。

图片九十四　慧果寺石佛

图片九十五　慧果寺经幢

图片九十六　泾阳塔

图片九十七　高陵塔

十三　兴教寺

兴教寺在西安城南四十里的少陵原上，创建于总章二年（669）。唐时殿宇相当壮丽，可惜后来逐渐荒废，现在已经看不到一点影迹。只有记载玄奘三藏事迹的大遍觉法师塔铭碑和慈恩寺基公法师塔铭碑尚存。大遍觉法师就是玄奘，因其传记颇为详细，故与《三藏法师传》对照研究即可。至于基公法师则指窥基法师，此人性格磊落不羁，为玄奘所赏识，并被尽力传授佛法。自从玄奘圆寂后，窥基即入居慈恩寺翻译院，专门从事译经工作，永淳元年（682）仲冬入寂，享年五十一岁，后陪葬于樊川北原的玄奘塔侧。

第十一章　外国宗教寺院

第一节　波斯胡寺

一　醴泉坊的波斯胡寺

“波斯胡寺”这个名称，听起来很暧昧，有时指祆教寺院，有时则是指景教寺院。据《长安志》所载，唐长安城中有两座波斯胡寺：一座是醴泉坊的旧波斯胡寺，即祆教寺。另一座为义宁坊的波斯胡寺，属于景教寺院。关于旧波斯胡寺的情况，《长安志》卷十《唐京城四》载：

> 醴泉坊……街南之东，旧波斯胡寺。仪凤二年，波斯王卑路斯奏请于此置波斯寺。景龙中，幸臣宗楚客筑此寺地入其宅，遂移寺于布政坊之西南隅祆祠之西。

卑路斯是波斯王伊嗣俟之子，唐高宗即位之初，伊嗣俟王为大食所杀。卑路斯逃至吐火罗，向唐王朝告急求救。唐高宗以鞭长莫及，予以拒绝。龙朔元年（661）唐王朝设置波斯都督府，任命卑路斯为都督，又为大食所逐。于是卑路斯入朝，担任右骁卫大将军，最后客死于唐。因此，卑路斯奏请建立的波斯胡寺当与祆教（即拜火教）有关，这是不容置疑的。此寺自景龙年间移于布政坊之后，便无记录可寻。确实可考的，只有从仪凤二年（677）到景龙年间在醴泉坊的三十多年时间。

二　义宁坊的波斯胡寺

这座波斯胡寺就是建立著名的大秦景教流行中国碑的大秦寺。大秦景教流行中国碑记载说：

> 贞观十有二年秋七月诏曰：道无常名，圣无常体，随方设教，密济群生。大秦国大德阿罗本远将经像，来献上京。详其教旨，玄妙无为。观其元宗，生成立要。词无繁说，理有忘筌。济物利人，宜行天下。所司即于京义宁坊造大秦寺一所，度僧廿一人。

据此可知这座波斯胡寺名叫大秦寺。《长安志》卷十《唐京城四》条载：

> 义宁坊……街东之北，波斯胡寺。贞观十二年，太宗为大秦国胡僧阿罗所立。

不言而喻，阿罗斯为“阿罗本”之误。唐初把祆教寺和景教寺都叫作波斯寺。自唐玄宗天宝四载（745）以后，为了避免混乱起见，才将景教寺称为大秦寺。会昌五年（845）佛教罹难之际，此寺亦遭破坏，景教流行中国碑被埋入土中。在此以后的七百八十多年间，没有人了解大秦寺和景教流行中国碑，所以在宋元时代，几乎没有波斯胡寺和景教流行中国碑方面的文献存在。明末在西安西关外的崇圣寺境内挖出了景教流行中国碑，东西方学者始将它作为耶稣教的重要史料进行宣传和研究。从此，唐代景教的流行状况以及大秦寺的遗迹逐渐为世人所了解。

三　景教流行中国碑埋没的经过

大秦寺因会昌法难遭到破坏，景教流行中国碑也被埋没。这是一般的推测之辞。只有考察当时的实际情况，才能做出正确的判断。《旧唐书·武宗》载有当时的敕书，略云：

> （会昌五年）大秦穆护等祠，释教既已厘革，邪法不可独存，其人并勒还俗，递归本贯充税户。如外国人，送还本处收管。

大秦穆护系指大秦景教与波斯袄教的穆护而言。关于大秦寺与景教碑被破坏的情况，虽然没有直接的史料，但佛寺既已被毁，景教寺院岂能例外，自然也逃脱不了被放逐僧徒、拆毁寺院的厄运，于是景教碑亦被打倒，埋没土中。这是可想而知的。如此，则大秦寺在长安城自贞观十二年（638）至会昌五年（845），共存在了二百零八年。至于景教碑立于该寺，则是从建中二年（781）至会昌五年，共六十五年时间。

四　崇圣寺的缘起及其现状

会昌六年（846），唐武宗死，宣宗即位，不久即弛禁外教。当时佛教虽稍具再兴之运，而景教终于一蹶不振。原在义宁坊的大秦寺遗迹，不知何时被移到了崇德坊的崇圣寺。崇圣寺又名崇仁寺、金胜寺，明清时代曾被一再修筑。后经乾隆十四年（1749）陕西巡抚毕沅的大修，寺前建立了壮丽的牌楼，上揭“崇圣寺”三字匾额，以其宏丽的殿堂、广阔的境域，遥驾于西安城内诸寺之上。同治年间，沦为荒野。除小堂和山门外，剩下的东西只有万历二十年（1592）所建并刻有“祇园真境”四字的精巧牌楼、乾隆时所造的白色大理石水盘，以及颓若扇状的五方

砖壁花岗岩柱础而已。其中石碑之一即为传自唐代的大秦景教流行中国碑。（参见图片九十八①、九十九及插图三十）

图片九十八　崇圣寺外廓

①本图是由西北向东南眺望崇圣寺外廓的景观。（参照本文插入的崇圣寺平面图）图中央站着的人是著者，右侧牌楼背面（即正南面）的楣间题写着“祇园真境”。

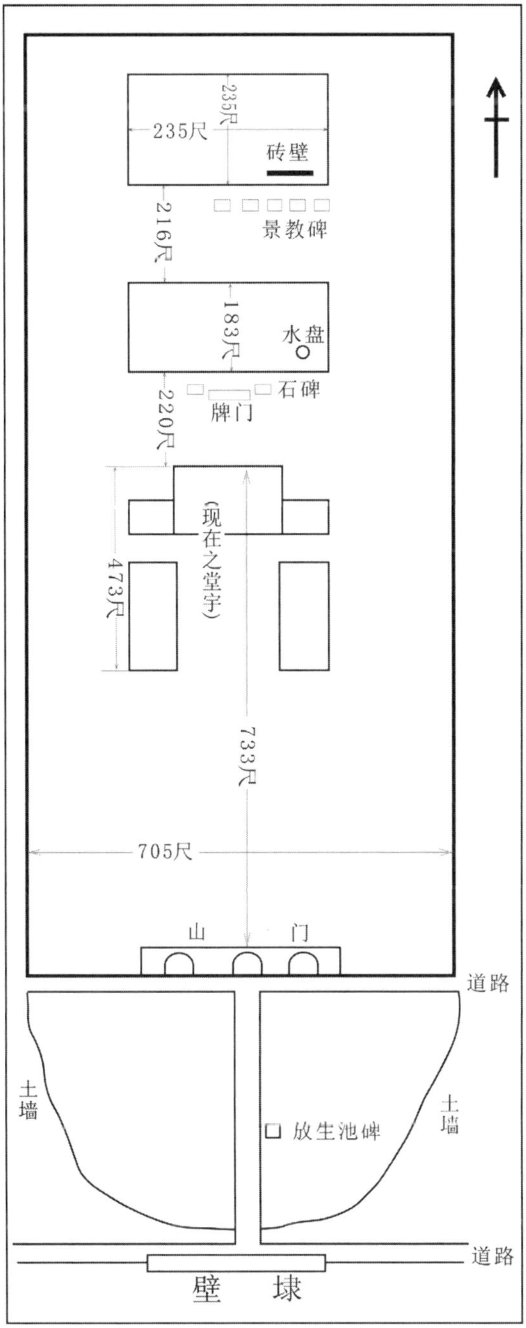

插图三十　崇圣寺遗址平面图

图片九十九　崇圣寺外廓石碑

五　景教流行中国碑的发掘及其近况

关于景教流行中国碑发掘的时间、地点及相关事宜，学术界有多种观点。清初钱谦益在《景教考》（《牧斋有学集》卷四十四）中说：

万历间，长安民锄地，得唐建中景教碑。

同时代的林侗则在《来斋金石刻考略》卷下中说：

明崇祯间，西安守晋陵邹静长先生有幼子曰化生，生而隽慧，甫能行，便解作合掌礼拜，二六时中，略无疲懈。居无何而病，微瞑笑视，祐攸然长逝。卜葬于长安崇仁寺之南，掘数尺得一石，乃景教流行碑也。

这两种说法俱难凭信。欧美学者归纳当时耶稣教士的报告，判定为天启五年（1625）掘得，似乎此说最为确切。

发掘地点虽多异说，但可以凭信的推断是必在崇圣寺或其附近。碑石出土后，置于现在的位置。当时掘出石碑，即建造碑亭，对它进行郑重的保护。因为碑左题字云：

后一千七十九年，咸丰己未，武林韩泰华来观，幸字画完整，重造碑亭覆焉。

据此可知，该碑亭建于咸丰九年，即发掘后的二百三十四年，韩泰华重修碑亭。其后遭遇战乱，碑亭和寺院均被烧毁，碑石曝于旷野，幸未遭到损坏，确实属于天赐之幸。此碑的价值被欧美学者看重，舆论一致主张保护这块委弃于西安城外遭受天然与人为迫害的景教碑。另有一部分人士主张移往欧洲为妥。于是丹麦人何尔谟（Holm）等风尘仆仆，赶往西安，出银三千余两收买此碑，并欲运往伦敦。正当着手秘密搬运之际，清政府得到消息，急电陕西巡抚妥善保管此碑。当时陕西高等学堂教务长王猷先生，擅长英语，从中担当斡旋之任。经过多方交涉，才解除了契约，允许

图片一百　崇圣寺外廓大秦景教流行中国碑

何尔谟照原碑仿造一通带回。著者虽未亲自看到这块模造的石碑，但想必也很精巧，酷似原碑。假若后世原碑损坏，亦足以掩人耳目。陕西巡抚从特意保护考虑，于光绪三十三年（1907）八月二十七日（明治四十年十月四日）将此碑移入碑林。王猷以此功出任澄城县知事。关于景教流行碑发掘年月、处所、该碑的真伪以及何尔谟模造碑等问题，可参考当时滞留西安，亲见实况的桑原博士所撰写的《西安府的大秦景教流行中国碑》。此文揭载于《艺文》第一年第一号中。博士在《东洋史说苑》中著《大秦景教流行中国碑》一节，内容尤为精博，足资参考。（参见图片一百、一百零一及插图三十一）

图片一百零一　崇圣寺外廊大理石水盘

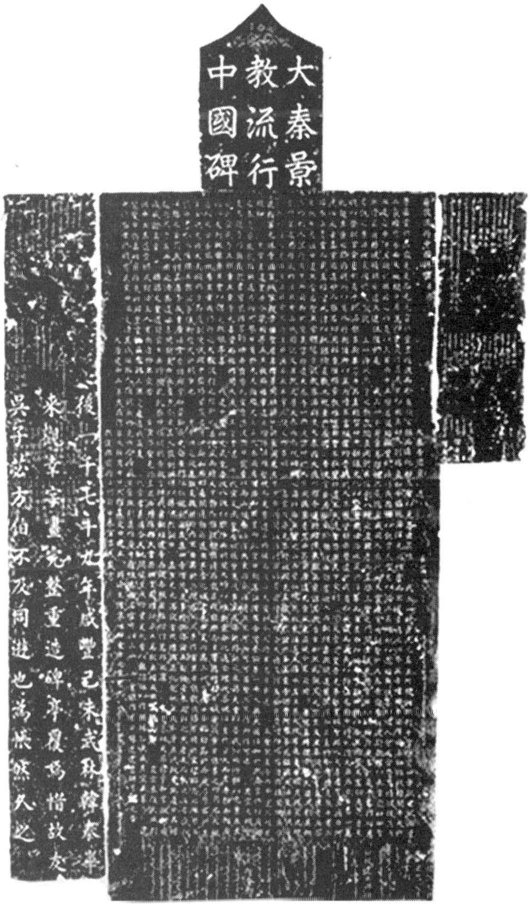

插图三十一　大秦景教流行中国碑拓影

六　对景教流行中国碑碑文的训点

景教流行中国碑的文句很难解读。因此碑与耶稣教有关，日本德川时代将碑文列为禁书。最初对它进行训点并公之于世的是中村正直，他在明治十二年（1879）出版了《天道溯原》一书。但该书对碑文的训点错误很多。现据全碑原文加以训点。佐伯好郎在《景教碑研究》一文中大体对碑文进行了解释，可供参考。

景教流行中国碑颂并序

大秦寺僧景净述

粤若常然真寂，先先而无元，窅然灵虚，后后而妙有总，玄抠而造化。妙众圣以元尊者，其唯我三一妙身无元真主阿罗诃欤。判十字以定四方，鼓元风而生二气。暗空易而天地开，日月运而昼夜作。匠成万物，然立初人，别赐良和，令镇化海。浑元之性虚而不盈，素荡之心本无希嗜。洎乎娑殚施妄，钿饰纯精。闲平大于此是之中，隙冥同于彼非之内。是以三百六十五种，肩随结辙，竞织法罗。或指物以托宗，或空有以沦二，或祷祀以邀福，或伐善以矫人。智虑营营，恩情役役，茫然无得。煎迫转烧，积昧亡途。久迷休复。于是我三一分身，景尊弥施诃，戢隐真威，同人出代神天宣庆。室女诞圣于大秦。景宿告祥，波斯睹耀以来贡。圆二十四圣有说之旧法，理家国于大猷。设三一净风，无言之新教。陶良用于正信，制八境之度，炼尘成真。启三常之门，开生灭死。悬景日以破暗府，魔妄于是乎悉摧。棹慈航以登明宫，含灵于是乎既济。能事斯毕，亭午升真。经留二十七部，张元化以发灵关。法浴水风，涤浮华而洁虚白。印持十字，融四照以合无拘，击木震仁惠之音，东礼趣生荣之路。存须所以有外形，削顶所以无内情。不畜臧获，均贵贱于人。不聚货财，示罄遗于我。斋以伏识而成，戒以静慎为固。七时礼赞，大庇存亡。七日一荐，洗心反素。真常之道妙而难名，功用昭彰，强称景教。惟道非圣不弘，圣非道不大。道圣符契，天下文明。太宗文皇帝光华启运，明圣临人。大秦国有上德曰阿罗本，占青云而载真经，望风律以驰艰险，贞观九祀至于长安。帝使宰臣房公玄龄总仗西郊，宾迎入内。翻经书殿，问道禁闱，深知正真，特命传授。贞观十有二年秋七月诏曰：道无常名，圣无常体，随方设教，密济群生。大秦国大德阿罗本，远将经像来献上京。详其教旨，玄妙无为；观其元宗，生成立要。词无繁说，理有忘筌。济物利人，宜行天下。所司即于京义宁坊，造大秦寺一所，度僧二十一人。宗周德亡，青驾西昇 ；巨唐道光，景风东扇。旋令有司将帝写真转摸寺壁。天姿泛彩，英朗景门。圣迹腾祥，永辉法界。案西域图记及汉魏史策，大秦国南统珊瑚之海，北极众宝之山，西望仙境花林，东接长风弱水。其土出火绕布、返魂香、明月珠、夜光壁。俗无寇盗，人有乐康。法非景不行，主非德不立。土宇广阔，文物昌明。高宗大帝克恭缵祖，润色真宗，而于诸州各置景寺，仍崇阿罗本为镇国大法主。法流十道，国富元休，寺满百城，家殷景福。圣历年释子用壮，腾口于东周，先天末下士大笑，讪谤于西镐。有若僧首罗含，大德及烈，并金方贵绪，物外高僧，共振玄网，俱维绝纽。玄宗至道皇帝令宁国等五王亲临福宇，建立坛场。法栋暂桡而更崇，道石时倾而复正。天宝初令大将军高力士送五圣写真寺内安置，赐绢百匹。奉庆睿图，龙髯虽远，弓剑可攀，日角舒光，天颜咫尺。三载，大秦国有僧佶和，瞻星向化，望日朝尊。诏僧罗含、僧普论等一七人，与大德佶和于兴庆宫修功德。于是天题寺牓，额戴龙书，宝装璀翠，灼烁丹霞，睿札宏空，腾凌激日。宠赉比南山峻极，沛泽与东海齐深。道无不可，所可可名；圣无不作，所作可述。肃宗文明皇帝于灵武等五郡重立景寺。元善资而福祚开，大庆临而皇业建。代宗文武皇帝恢张圣运，从事无为，每于降诞之辰，锡天香以告成功，颁御馔以光景业。且乾以美利，故能广生；圣以体元，故能亭毒。我建中圣神文武皇帝披八政以黜陟幽明，阐九畴以惟新景命。化通玄理，祝无愧心。至于方大而虚，专静而恕，广慈救众苦，善贷被群生者，我修行之大猷，汲引之阶渐也。若使风雨时，天下静，人能理，物能清，存能昌，殁能乐，念生响应，情发目诚者，我景力能事之功用也。大施主、金紫光禄大夫、同朔方节度副使、试殿中监、赐紫袈裟僧伊斯，和而好惠，问道勤行，远自王舍之城，聿来中夏，术高三代，艺博十全，始效节于丹庭，乃策名于王帐。中书令、汾阳郡王郭公子仪初总戎于朔方也，肃宗俾之从迈，虽见亲于卧内，不自异于行间，为公爪牙，作军耳目。能散禄赐不积于家，献临恩之颇黎，布辞憩之金罽，或仍其旧寺，或重广法堂，崇饰廊宇，如翚斯飞，更效景门，依仁施利。每岁集四寺僧徒，虔事精供，备诸五旬，喂者来而饭之，寒者来而衣之，病者疗而起之，死者葬而安之。清节达娑，未闻斯美，白衣景士，今见其人。愿刻洪碑，以扬休烈。词曰：真主无元，湛寂常然，权舆匠化，起地立天。分身出代，救度无边。日升暗灭，咸证真玄。赫赫文皇，道冠前王。乘时拨乱，乾廓坤张。明明景教，言归我唐，翻经建寺，存殁舟航。百福偕作，万邦之康。高宗纂祖，更筑精宇，和宫敞朗，遍满中土。真道宣明，式封法主，人有乐康，物无灾苦。玄宗启圣，克修真正，御牓扬辉，天书蔚映。皇图璀璨，率土高敬。庶绩咸熙，人赖其庆。肃宗来复，天威引驾。圣日舒晶，详风扫夜，祚归皇室，袄氛永谢。止沸定尘，造我区夏。代宗孝义，德合天地，开贷生成，物资美利。香以报功，仁以作施，旸谷来威，月窟毕萃。建中统极，聿修明德。武肃四溟，文清万域。烛临人隐，镜观物色。六合昭苏，百蛮取则。道惟广兮应惟密，强名言兮演三一。主能作兮臣能述，建丰碑兮颂元吉。

大唐建中二年，岁在作噩，太蔟月七日，大耀森文日建立。时法主僧宁恕知东方之景众也。

朝议郎前行台州司士参军吕秀岩书。

七　对景教流行中国碑日期的考证

大唐建中二年，为唐德宗即位的第二年，即公元781年。《尔雅》以“酉”为“作噩”，《汉书·天文志》载：“在酉曰作詻。”由此可知，“作噩”与“作詻”皆为十二地支中“酉”的异名。所谓“岁在作噩”，即岁星在酉位，系指酉岁而言。建中二年正好是岁次辛酉。

太蔟是六律中第二音的名称。周代以六律六吕十二音的名称与十二个月相配合。《礼记·月令》讲：

> 孟春之月律中大簇。

《汉书·律历志》云：

> 太族：族，奏也，言阳气大，奏地而达物也。位于寅，在正月。

“太族”即“大簇”，与一月配合。故太蔟月七日即一月七日。若用阳历换算，则为二月六日。大耀森文日的“大”字是形容词，意思是“大的耀森文日”。《宿曜经》卷下载：

> 日曜，太阳。胡名密，波斯名曜森勿，天竺名阿你泥以切底耶。

故“耀森文”与“曜森勿”同音，皆为波斯语Yak-Sambat的音译。与胡名“密”（Mir），天竺名阿你泥以切底耶（Aditya）相同。如此，波斯语中的耀森文，就是星期日的意思。

第二节　摩尼教、祆教与回教

一　摩尼教

唐代的外国宗教，除景教之外，还有摩尼教与祆教。时人将此类外教寺院合称为三夷寺。长安城内也有三夷寺。这些宗教与佛教、道教势力相比固然有较大的差距，但当时似乎已经相当流行。从有关资料来看，摩尼教在武则天延载元年（694）始传入唐朝。也有人推测摩尼教在此之前已与祆教混合而浸润于中国。由中唐时起，摩尼教为回纥人所信仰。回纥人大多数居住在中国内地，因此教徒在长安、洛阳以及其他地方建立摩尼教庭，使其教运日益昌盛。后来唐武宗排斥回纥，在禁止外教的过程中，对与回纥有密切关系的摩尼教攻击最烈。《佛祖统记》卷五十四载：

会昌三年敕天下末[摩]尼寺并废，京城女末尼七十二人皆死，在回纥者流之诸道（死者大半）。

由此可以察知当时摩尼教徒的惨状。其后至南宋时期，摩尼教虽在中国内地尚有几分势力，但终归走上衰亡之途，无法挽回。

二　祆教

南北朝以来，波斯人与中国的通商活动日益频繁。与此同时，被波斯视为国教的祆教也传入中国。据《长安志》记载，唐长安城内有祆教教祠四座，其分布情况如下：

（一）布政坊西南隅胡祆祠（注：武德四年立，西域胡祆祠也。祠内有萨宝府官主祠祆神，亦以胡祝充其职）。

（二）普宁坊西北隅祆祠。

（三）靖恭坊街南西侧祆祠。

（四）醴泉坊西门南侧祆祠。

以上四祠是当时居住在长安的波斯人活动的宗教场所。自唐武宗时起，先遇会昌三年（843）摩尼教之禁，后遭会昌五年（845）佛教、景教、祆教之禁，具体情况前已述及，此处姑且从略。唐武宗死后，其宗教政策虽被中止，但大体说来，祆教、摩尼教等外国宗教自遭会昌法难之后，未能恢复到过去的水平。关于摩尼教与祆教的问题，可参照民国陈垣的《火祆教入中国考》（《国学季刊》第一卷第一号）及《摩尼教入中国考》（《国学季刊》第一卷第二号）。

三　创建清真寺碑记

中国信奉回教的人很多。教徒遍布全国，据说有几百万人，散处各地。在西安府城内，也有相当多的回教教徒居住。

这些回教教徒从什么时候开始定居西安府城，目前尚不十分清楚。但中国的回教教徒深信他们的祖先是从唐代移居长安的。现在西安城内花角（化觉）巷的清真寺中，有一通天宝元年（742）王鉷撰书的创建清真寺碑。兹特介绍其碑文如下：

创建清真寺碑记

赐进士及第户部员外郎兼御史王鉷撰篆

窃闻俟百世而不惑者道也，旷百世而相感者心也。惟圣人心一而道同，斯百世相感而不惑。是故四海之内，皆有圣人出。所谓圣人者，此心此道同也。西域圣人谟罕默德生孔子之后，居天方之国，其去中国圣人之世之地，不知其几也。译语矛盾，而道合符节者何也？其心一，故道同也。昔人有言，千圣一心，万古一理。信矣。但世远人亡，经书犹存。得于传闻者，而知西域圣人生而神灵，知天地化生之理，通幽明死生之说。如沐浴以洁身，如寡欲以养心，如斋戒以忍性，如去恶迁善而为修己之要，如至诚不欺而感物之本。婚姻则为之相助，死丧则为之相送。以至大而纲常伦理，小而起居食息之类，罔不有道，罔不立教，罔不畏天也。节目虽繁，约之以会其全。大率以化育万物之天为主，事天之道，可以一言尽，不越乎吾心之敬而已矣。殆与尧之钦若昊天，汤之圣敬日跻，文之昭事上帝，孔之获罪于天无所祷。此相同之大略也。所谓百世相感而不惑者足徵矣。圣道虽同，但行于西域，而中国未闻焉。及隋开皇中，其教遂入于中华，流衍散漫于天下。至于我朝，天宝陛下因西域圣人之道有同于中国圣人之道，而立教本于正，遂命工部督工官罗天寿董理匠役，创建其寺，以处其众。而主其教者摆都而的也。其人颇通经书，盖将统领群众，奉崇圣教，随时礼拜，以敬天而祝延圣寿之有地矣。是工起于元年二月吉日，成于本年八月二十日。的等恐其世远遗忘，无所考证，遂立碑记，以载其事焉。时天宝元年岁次壬午仲秋吉日立。

关中万年县石公刻。

此碑被认为是回教在唐代中期进入长安的唯一实物史料。但据桑原博士考证，此碑确系明代伪作。其论文《创建清真寺碑记》刊于明治四十五年（1912）七月的《艺文》中，对此有详细考证，兹不赘述。此碑现在存放在唐皇城内司农寺故地，自然不是当时建立清真寺的处所。

在这个清真寺境内，除创建清真寺碑记外，还有明清时期所建三四方汉文石碑及二三方阿拉伯文字石碑。本书中附有阿拉伯文石碑的照片。唐时大食（阿拉伯）人以通商为目的，到中国南方的广州以及其他港口从事贸易活动。因此，长安、洛阳等内地自然也应当有他们的踪迹。但那时并未集体奠居内地，故当亦无建寺尊教之事。唐代中国纵有景教、摩尼教、袄教方面的记录，但对回教确未注意。原因是回教教徒居住于现在的西安城内，是元代以后的事情。由于元代广拓领土，才使西域的许多回教教徒自由移居于中国内地。现在居住在西安城内的回教教徒无疑是其后裔。西安城内清真寺中的石碑俱为明清时期所建，也间接证明回教教徒迁居西安是元朝以后的事情。（参见图片一百零二、一百零三）

（B）

（A）

图片一百零二　西安城内清真寺中的二碑拓影

（A）创建清真寺碑

（B）阿拉伯文碑

图片一百零三　西安城内清真寺中的阿拉伯文碑

四　西安城内的清真寺

西安城内西大街之北与北大街之西，都是回教教徒的居住地，在此范围内的小皮院巷、大皮院巷和花角巷，各有一座大清真寺。清真寺是回教教徒的会堂。回教教徒每周参集一次，进行礼拜，故清真寺又被称为“礼拜寺”。考察这些清真寺的结构、形式均类似，均为木造碧瓦建筑。在铺设地板、洒扫清洁的大厅正面安置祭坛，上列回教经典《古兰经》，没有诸如佛教寺院的那些偶像和装饰，仅有对天祈祷之处。每周规定金曜日（星期五）为礼拜日。届时教徒参集于此大厅内，跪诵《古兰经》，叩头祈祷，场面极为热烈。寺内还设有学校，以教育子弟，传授阿拉伯语。据说有常请阿拉伯本国的高僧来此说教的惯例。西安城中的清真寺，以位于花角巷的清真寺规模最大。相传此寺为明洪武十七年（1384）所建，永乐十七年（1419）重修。门内僧院甚多，院中僧侣皆努力勤修，朝夕礼拜，态度相当严肃。（参见图片一百零四至一百零七）

图片一百零四　西安城内清真寺

五　回教教徒的风俗

回教教徒虽然数百年与汉人杂居相处，但其宗教自不待言，甚至其相貌、生活、风俗、习惯等方面与汉人仍有很大的差别，彼此容易区分。大体说来，回教教徒相貌魁伟，行动敏捷。很少有高鼻梁、黄头发、蓝眼睛，宛如欧洲人的回教教徒。他们建造中国式的房屋，穿戴中国式的服装，却信奉固有的宗教，固守传统的习俗，不与汉人通婚，不买汉人调理的食品，也不在汉人家里过夜。因此，其外出旅行时，一定是到回教教徒家中求食投宿。如果找不到回教教徒之家，则自己制作食物，露宿于外。回教教徒一般以车夫、马夫、商贾为生业。因其敏于见利，无论对何种卑贱的职业都不气馁。回教教徒生性勇悍，不食用酒类及鸦片，勤勉力行，任侠仗义，注重情谊，信义坚定。以上几点都是回教教徒的长处，值得尊重。

图片一百零五　西安城内清真寺

图片一百零六　西安城内清真寺

图片一百零七　西安城内清真寺二碑与回教儿童

第十二章　唐代的陵墓

第一节　唐代十八陵

一　高祖献陵

献陵在三原县东北四十三里的唐朱村，由村的北端登上高原，向东北走三华里即到陵前。陵的形状为方墻形，酷似汉代的长陵和杜陵，但陵体较小。实测东西长四百一十五尺，南北宽三百八十五尺，高不过五十尺。陵前有毕沅所建“唐高祖献陵”碑。神道石像如平面图（参见插图三十二）所示，排成两行：自北向南，计有石虎一对，高约七尺，很有古朴之风。其次为大石础一对，不知作何之用，有人推测是石马遗址。冉次为石柱一对，左边的已倒折，仅存基础；右边的尚为完整，高约三十三尺，柱头刻有狮子踞像，柱周雕刻蔓草花纹。此陵的东北西三面，各有门址一对，相互并立。陵的附近有陪葬墓数座。据《文献通考》卷一百二十五《王礼考·山陵》条载，陪葬者计有楚国太妃万氏及馆陶公主等近亲二十五人，但现在已难一一探究。（参见图片一百零八至一百一十）

图片一百零八　唐高祖献陵

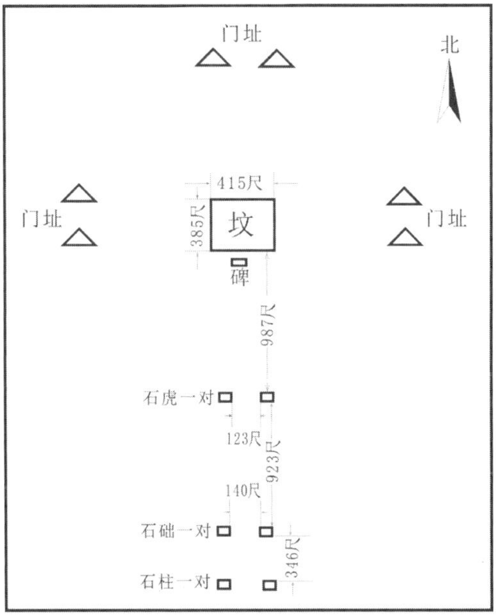

插图三十二　唐高祖献陵平面图

图片一百零九　唐高祖献陵

图片一百一十　唐高祖献陵前的石虎

二　太宗昭陵

昭陵在醴泉县东北五十里的九嵕山上。九嵕山是关中西北部高峻的山峰。天气晴朗的日子，从西安城可以看得很清楚。从山下石鼓赵村（村内广济寺中，有一通有名的用白色大理石制成的大石鼓，石鼓周围雕刻佛与尊胜经咒），上山有两条路：西道坡度较大，但路程近；东道平坦，但比较远。唐朝诸帝拜谒昭陵均取东道，故该道又被称作“御道”。在山腹稍平坦之处，有一块被称作乱冢坪的地方，分布着诸公主与妃嫔的陪葬墓。这些陪葬墓相互并列，可惜其石碑皆已倒折，没有一块完整。由此上行一里左右，至断崖边上，隔着深谷可望见前面岩石突兀、巍然屹立的峻峰，这就是昭陵。（参见图片一百一十一及插图三十三）

昭陵是在九嵕主峰南面的山腰上架设飞阁栈道，凿山腹岩石修建玄宫。《旧唐书·太宗下》载：

图片一百一十一　唐太宗昭陵中的玄武门残壁

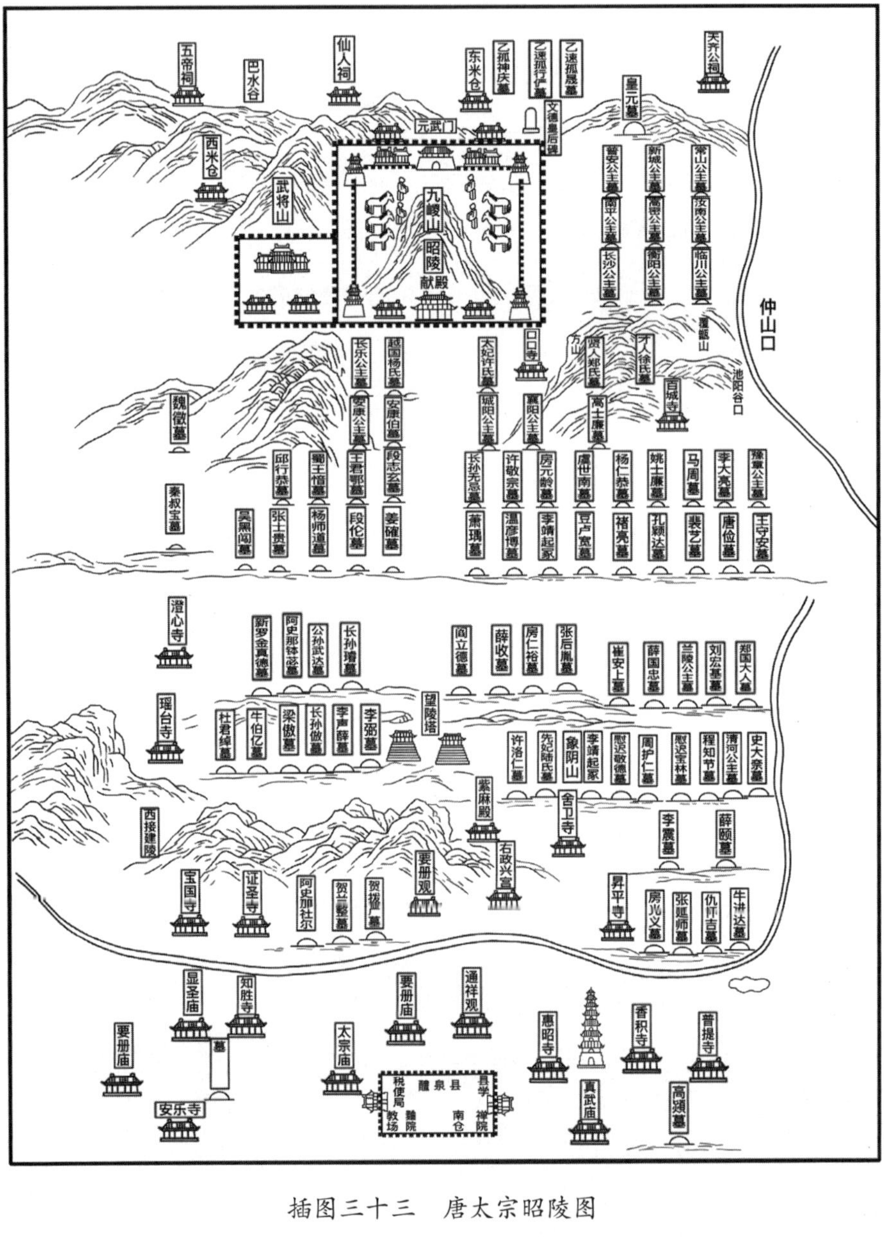

插图三十三　唐太宗昭陵图

冬十一月庚寅，葬文德皇后于昭陵。

唐太宗在贞观十一年二月丁亥颁布的诏书中叙述九嵕山陵制，略云：

今预为此制，务从俭约，于九嵕之山，足容棺而已。积以岁月，渐而备之。

由此可知，昭陵的营建是从贞观十一年（637）开始，到贞观二十三年（649）结束的。《文献通考》卷一百二十五《王礼考二十・山陵》条载：

昭陵。在京兆府醴泉县，因九嵕层峰，凿山南面，深七十五丈，为玄宫。缘山旁岩，架梁为栈道，悬绝百仞，绕山二百三十步，始达玄宫门。顶上亦起游殿。文德皇后即玄宫后，有五重石门，其门外于双栈道上山起舍，宫人供养，如平常。及太宗山陵毕，宫人亦依故事留栈道，惟旧山陵使阎立德奏曰："玄宫栈道，本留拟有今日，今既始终永毕，与前事不同。谨按故事，唯有寝宫安神供奉之法，而无陵上侍卫之仪，望除栈道，固同山岳。"上呜咽不许，长孙无忌等援引礼经，重有表请，乃依奏。

据此可知，在文德皇后葬后，栈道依旧存留。至办完太宗的葬礼，才把它撤去。这是因为无栈道不能到达玄宫的缘故。至于祭祀供奉，则在寝殿举行。寝殿后来失火，贞元十四年（798）修筑时，朝臣普遍认为此处山高无水，不便供奉，主张将寝殿移至山下。于是移至距陵十八里的瑶台寺侧。但现在山下并不见有寝殿废圮的痕迹。从岩头用望远镜探望断岩中腹，也难以辨认玄宫门的位置。

（一）玄武门内的石造物

沿着断岩迂回到九嵕山东南，可以看到山陵的正北面是一片向北倾斜的广阔平地。此处即玄武门遗址。一部分门址上残留着堆积的砖瓦，这是北宋乾德年间重修时留下的。据说门内立有贞观时降服唐朝的十四国蕃酋的石像，这十四个人分别是：突厥颉利可汗左卫大将军阿史那咄苾、突厥（突）利可汗左卫大将军阿史那什钵苾、突厥乙渗泥孰俟利苾可汗、右武卫大将军阿史那社尔、薛延陀真珠毗伽可汗、吐蕃赞普、新罗乐浪郡王金真德、吐谷浑河源郡王乌地也拔勒豆可汗慕容诺曷钵、龟兹王诃黎布失布失毕、于阗（王伏阇）信、焉耆王龙突骑支、高昌王右武卫将军麴智勇、林邑王范头利、婆罗门帝那伏帝国王阿（罗）那顺。因当时积雪七八寸厚，未能精细调查，石像一个也没有看到，感到十分遗憾。（参见图片一百一十二）

经过门址，登上数十个石阶，前面立有石碑数方，分别是文德皇后昭

图片一百一十二　唐太宗昭陵玄武门内东庑

陵碑及历代记载祭祀、重修之事的碑碣。由于处于高山之巅，受到剧烈风雨的侵蚀，字迹已完全磨灭，甚为可惜。再登小石阶，两侧有石室对立，屋顶破败，墙壁崩坏，看上去颇为荒废。室内各置半裸式的六骏碑三座。六骏是唐太宗乘坐的爱马：一为平窦建德时乘坐的青骓；二为击王世充、窦建德时乘坐的什伐赤；三为讨伐宋金刚时所乘的特勤骠；四为平定东都时所乘的飒露紫；五为平定刘黑闼时乘坐的拳毛䯄；六为征讨薛仁杲时乘坐的白蹄乌。这些雕刻皆雄壮巧妙，可判定为唐代原物。所幸尚少破损磨灭，得以完整保存。近因某欧洲人前来秘密收买，运至西安城，被官府没收，现在保存在图书馆中。（参见图片一百一十三至一百一十八）

（二）陪葬

攀岩登上九嵕之巅，顶上分为东西二峰，中间有游殿遗址。由此眺望四周：右为梁山，左为嵯峨山，前隔关中平原与太白、终南诸峰相对，泾水并合后山诸水向东南流去，渭水则在平原中部流向东方。西安城在远霞中隐约可见，渭北汉陵有如海岛。再观脚下，由山腹的乱冢坪起，亘及山下二十余里，排列着许多陪葬墓（陪葬者为七王、二十一公主、八妃嫔、十三宰相、六十四功臣及丞郎三品以下五十三人，共计一百六十六人），其规模之大，可以说古今无出其右者。《文献通考》卷一百二十五《王礼考二十・山陵》条载：

> 帝谓侍臣曰："……佐命功臣，义深舟楫，追念在昔，何日忘之，汉氏相将陪陵，又给东园秘器，笃终之义，恩意深厚。自今以后，功臣密戚及德业佐时者，如有薨亡，赐茔地一所，及赐以秘器，使窀穸之时，丧事无阙，凡功臣密戚请陪陵葬者听之。以文武分为左右而列；坟高四丈已下三丈已上。若父祖陪陵，子孙从葬者，亦如之。"若宫人陪葬，则陵户为之成坟。凡诸陵皆置留守，领甲士，与陵令日知，巡警左右，兆域内，禁人无得葬埋。古坟则不毁之。

当时规定公主妃嫔之墓在山上，密戚功臣将相之墓在山下，武人在左，文人在右，即所谓文武分左右排列。

《唐会要》《文献通考》《陕西通志》《醴泉县志》《唐昭陵图》等书中虽列举陪葬人姓名，但互有出入。由于今日碑石已佚，坟丘亦失其形，若欲逐一探求，实际上并非易事。明末人赵崡曾历访昭陵陪葬者的碑石，在其所著《石墨镌华》的《游九嵕山》条中录有许洛仁、薛收、姜遐、段志玄、监门将军王君（鄂）、长孙无忌（可疑）、房梁公玄龄、高士廉、李靖、李勣、温彦博、褚亮、阿史那忠、张后胤、孔颖达、豆卢宽、张阿难、兰陵公主、马周、唐俭、崔相公敦礼、尉迟敬德、魏郑公、乙速孤昭祐（乙速孤神庆）、乙速孤行俨等二十四碑（加入可疑的长孙无忌碑，计二十五碑）。此外，赵崡未能亲见的还有牛进达、裴艺、清河公主、杜君绰等数碑。以上均为明末仍存在的石碑，总计不过三十块而已。而且碑石纵然幸存，但墓已削平，失去形迹，所以能够确切识别的陪葬墓比碑石更少。时至今日，所能辨认的陪葬墓恐怕不到二十个。

关于昭陵陪葬者的碑石，宋、明、清诸家著录的很多。其中以清末罗振玉《昭陵碑录》最为翔实，但对于冢墓存亡实情的记载却很少见。兹特揭载元人李好文《长安志图》中的《唐昭陵图》以供参考。（参见插图三十三）此图以北宋末年游师雄的《昭陵石刻图》为蓝本，来历虽古，但陪葬者的姓名动辄脱误，兹特加注于旁，以资订正。总之，此图对于公元834年前的昭陵面貌，应当是有几分参考价值的。

（三）李勣墓

此墓在醴泉县的刘洞村，是现存昭陵陪葬墓中最明显的一座。坟由三个小丘组成，象征与其军功有关的铁山、阴山和乌德鞬山。相传此墓是仿照汉代功臣霍去病墓建造的。在昭陵陪葬者中，军功煊赫的是李靖和李勣。他们的坟墓都是由三丘并成。一般人将前者称为上三冢，将后者称为下三

图片一百一十三　唐太宗昭陵六骏碑之一（什伐赤）

图片一百一十四　唐太宗昭陵六骏碑之一（青骓）

图片一百一十五　唐太宗昭陵六骏碑之一（特勤骠）

图片一百一十六　唐太宗昭陵六骏碑之一（白蹄乌）

图片一百一十七　唐太宗昭陵六骏碑之一（拳毛䯄）

冢。在李勣墓前，有一通高十八尺、宽五尺五寸的墓碑。碑文系唐高宗御撰御书，颇为秀丽。《新唐书·李勣》载：

> 总章二年，卒，年八十六。帝曰：“勣奉上忠，事亲孝，历三朝未尝有过，性廉慎，不立产业。今亡，当无赢赀。有司其厚赗恤之。”因泣下。举哀光顺门，七日不视朝。赠太尉、扬州大都督，谥贞武。给秘器，陪葬昭陵。起冢象阴、铁、乌德鞬山，以旌功烈。

后世探访此碑的人，多以踏荒田圃为苦而厌弃之。由于农民无知，破坏剥落碑上文字，所以，现在碑的下半部已看不到完整的字。制作此碑拓本的人，一般只拓其中央以上的部分。（参见图片一百一十九）

图片一百一十八　唐太宗昭陵六骏碑之一（飒露紫）

图片一百一十九　唐太宗昭陵前的李勣碑

三 高宗乾陵

乾陵在乾州城西北五里的梁山上，为唐高宗与皇后武氏的合葬之所。《新唐书·严善思》载：

> （武）后崩，将合葬乾陵。善思建言："尊者先葬，卑者不得入。今启乾陵，是以卑动尊，术家所忌。且玄关石门，冶金锢隙，非攻凿不能开，神道幽静，多所惊黩。若别攻隧以入其中，即往昔葬时神位前定，更且有害。曩营乾陵，国有大难，易姓建国二十余年，今又营之，难且复生。合葬非古也，况事有不安，岂足循据？汉世皇后别起陵墓，魏、晋始合葬。汉积祀四百，魏晋祚率不长，亦其验也。今若更择吉地，附近乾陵，取从葬之义。使神有知，无所不通；若其无知，合亦何益？山川精气，上为列星。葬得其所，则神安而后嗣昌；失其宜，则神危而后嗣损。愿割私爱，使社稷长久。"

严氏虽然反对以武后合葬于乾陵，但中宗并未采用他的主张。

图片一百二十 唐高宗乾陵朱雀门遗址

图片一百二十一　唐高宗乾陵

（一）梁山

梁山比乾州城高九百九十尺。春夏之交，从西安城西门附近西北六十一度张望，可以看见它。山体为尖锐的圆锥形，但从醴泉县附近望之，则有三座山峰：北峰最高，即乾陵所在之处。南面两峰稍低，相对并立。山麓绵长，宛如山野，实为石灰岩山脉。出乾州城北门，迂回攀登至梁山西北，山路愈行愈险。在累累岩石之间约行一个小时，始至两峰之间。此处有陪葬墓数座，据《文献通考》卷 ·百二十五《王礼考二十 · 山陵》条记载，在此陪葬的有章怀太子贤、懿德太子重润等十七人。南两峰各高十七丈左右，是裸露黑色大理石（通常称之为青石）山骨的小山，其顶部有高约十五尺的土墙，因受风雨的侵蚀，原形已不存在。根据史书中“陵正南两峰对峙，上表双阙，曰朱雀门”的记载，推测为双阙遗址。朱雀门内右侧，原有狄仁杰等六十位朝臣画像祠堂，现已成为堆积砖瓦残片的空地了。（参见图片一百二十至一百二十三）

图片一百二十二　唐高宗乾陵

图片一百二十三　唐高宗乾陵

（二）陵前的石造物

南两峰与北峰的正中，是一条直线形的参道，两侧配列着石柱、石人、石马等等。最前方有高达二丈的石柱一对，倒折在左右两侧。柱础和柱盖均属于精美雕刻。柱身上镂刻着蔓草花纹，也很雄壮，但因磨损过甚，已经无从鉴赏。其次有飞龙马一对，高一丈五尺，系纯粹的亚述式翼马，制作精致。但右边的已埋入土中，仅露出头部；左边的也转倒一旁。再向前走数百尺，有刻的半裸朱雀一对，形状像鸵鸟或食火鸟。其次有石马五对，依次排列，右边的幸皆完整，左边的缺损较多。石马大小如同实物，但头部略小，四足与尾部过于长大，与体形不太相称。这样雕刻的目的在于支撑马的体重。后世一般不凿开四足，只刻云状花纹，以为天马标志。德宗崇陵前的天马，就是其中的一个例证。其次有石人十对，整列两侧，各高一丈五尺，皆直立，衣冠束带，形若文官，只是腰间佩戴着宝剑。这些石人若是当时名臣图像，则其背部应当铭刻姓名，可惜今日已无从辨认。石人面貌虽不相同，但均丰颊温雅。右边有两个石人倒地，其他尚属完整。左列石人多已倾倒，完整者仅占半数。这一带地势不平，左侧的朱雀、石马、石人等石刻所处的位置比右侧的低五六尺，其间存有台阶。明嘉靖三十四年（1555）大地震时，这些石刻皆倒坏，其后扶立至现在的位置，而未按照原来的位置排列。（参见图片一百二十四至一百二十七）

图片一百二十四　唐高宗乾陵中的石鸵

图片一百二十五　唐高宗乾陵中的翼马

图片一百二十六　唐高宗乾陵中的翼马

图片一百二十七　（A）唐睿宗桥陵石兽　　（B）唐高宗乾陵标石

（三）无字碑与述圣记碑

石人之北，有高大的土墙左右相对，这是内城门的遗址。门前右方，有于阗国献奉的无字碑，高约两丈。在碑的两侧，刻有雄伟的云龙模纹。螭首与龟趺上的雕刻，与普通唐碑无异。但为什么碑的正面和背面不刻一字，却很难揣测。一般将此碑称作“无字碑”，但宋金以后的人，看到它无字，便在碑上尽勒题名。在众多的题名当中，最著名的是“大金皇弟都统经略郎君行记”。因题记上刻有天会十二年（1134），故所谓大金皇弟，应当是金太宗的弟弟。但金太祖有十一子，此皇弟究竟是谁无法确定。此行记系用被人推为奇珍的同时也难解的女真大字写成，好在旁边刻有汉语译文，译文上说：大金皇弟感慨乾陵荒废，从而对它进行修理。无字碑之西，有一块与它相对的述圣记碑。碑上刻写唐高宗的一代功业。相传为武则天撰文，唐中宗御书。此碑现已倒折为数断，文字亦多磨灭，颇不明了。

（四）蕃酋石像

在内城门中，有蕃酋石像。右侧现存二十四尊，其中二十一尊竖立，三尊扑倒。左侧二十九尊，立者十六尊，倒者十三尊。石像高度都在五尺左右，服装姿态一致，均为短袖阔裙，腰间曳带佩剑，两手前拱。可惜这些石像均已失去头部。这大概是后人有意打坏其头，以示残害的缘故。石人的背部原来都刻有官职姓名，但现在文字已经磨灭，无法辨认。这些蕃酋，都是在营建乾陵时前来帮助工役的。武则天为了将自己的盛威夸示后世，就在乾陵雕刻了这些石像。（参见图片一百二十八、一百二十九）

图片一百二十八　唐高宗乾陵蕃酋石像

图片一百二十九　唐高宗乾陵蕃酋石像（东侧一群）及石狮

（五）石狮与献殿

蕃酋石像之北，有一对颇为精巧的石狮。二狮之间，有清人毕沅所立“唐高宗乾陵”碑。实测朱雀门内石柱到此碑之间的距离，为一千六百尺。碑后有一块方形的平地，即献殿遗址。献殿的础石至今仍残留原地，四周散积古砖古瓦颇多。由此能想见当时献殿的结构。

（六）山陵

献殿之北，是乾陵的北峰，也就是乾陵陵丘的所在。实测此峰的高度，由献殿至峰顶，计一百五十余尺。陡峭的圆锥形山巅上，露出黑色大理石（青石）山骨。由累累岩石攀上峰巅，可见山的东南两面覆有土壤。所谓穿石门、纳灵柩的玄宫门，当在南面的中部，但未看到任何痕迹。从陵丘顶上展望：东麓的青龙门遗址上有石狮一对，西麓的白虎门与北麓的玄武门，仅见土

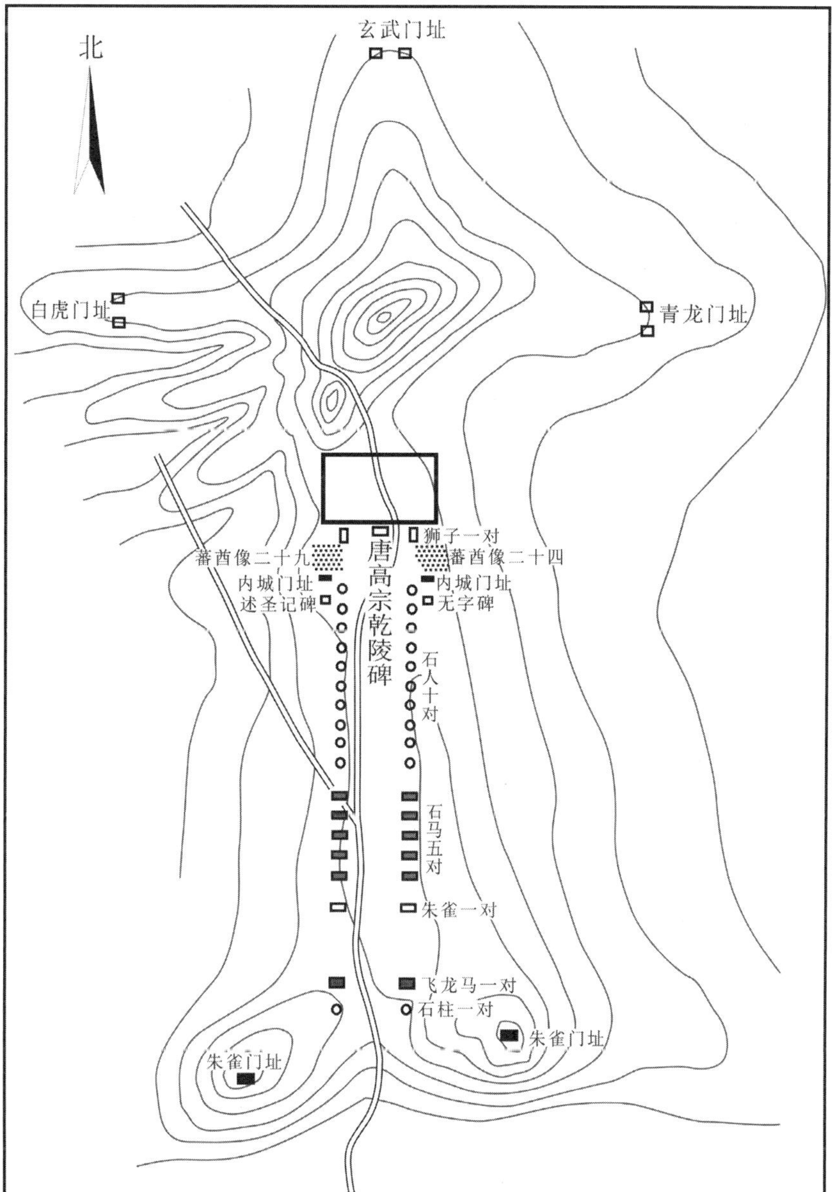

插图三十四　唐高宗乾陵平面图

墙残存。这些遗迹一般被认为是北宋乾德年间重修时残留的。据说白虎门内，原来也有石狮、石马等雕刻，但因乾陵西侧适处武水上流，大小水蚀山谷相交，地形变化剧烈，至今石刻已无片影存在。再向远处眺望，则后方为重峦叠嶂的北岭，前面是关中平原，开阔有如大洋。在晴朗的日子，可以隐隐约约地看见秦岭，泾阳、兴平、咸阳、咸宁、长安诸县散布于平原之上，皆在指顾之间。此处与九嵕山昭陵相并，诚有睥睨千古关中的气概。此陵形势秀绝，规模宏壮，形式整齐，石刻精巧，不仅凌驾于昭陵之上，恐怕也是中国历代皇陵之冠。（参见插图三十四）

四　武氏顺陵

顺陵位于咸阳东北三十多里的平原上。关于此陵传说不一：一说是武则天与其父武士彟及其母杨氏三人的合葬墓，一说只有其母杨氏埋葬于此。北宋人宋敏求在《长安志》卷十三中记载说：

> 顺陵。在县东北三十里。唐武后追尊其母，曰孝明皇后，号顺陵。

清初学者顾炎武在《金石文字记》卷三中说，顺陵碑的旧拓本上有“大周孝明高皇后碑铭并序”字样。根据这些记载，将此陵定为武后母杨氏之陵较为妥当。武则天篡夺唐朝天下，将她母亲的坟墓僭号为顺陵。陵前的顺陵碑系武三思撰文，相王李旦（即后来的唐睿宗）书丹，至明嘉靖年间已经倒坏。相传这些倒坏的顺陵碑残片，曾被用于渭河护岸工程，后被好事者发现，有一部分被保存下来。

实测顺陵东西约一百六十六尺，高四十七尺，陵丘颇为陡急。在陵前右方稍偏处，排列着十三个石人、五只石羊、两只石狮。现在看上去序列不整，这是因为经过嘉靖地震后重新扶立的缘故。在陵前四百五十七

图片一百三十　唐武后母杨氏顺陵

图片一百三十一　唐武后母
杨氏顺陵南面西侧石狮

图片一百三十二　唐武后母
杨氏顺陵南面东侧石狮

尺处，有两个小土丘，可能是朱雀门的遗址。距陵前一千三百二十七尺处，有巨大的石狮一对。其前方五百二十六尺处，有独角兽一对。再往前四百一十四尺，又有小丘一对。这一对小丘想必是楼门遗址。（参见图片一百三十至一百四十）

此外，在距陵四隅约七百尺的地方，各有一个小丘，呈不正规的四边形，

图片一百三十三　唐武后母杨氏顺陵南面西侧翼兽

图片一百三十四　唐武后母杨氏顺陵南面东侧翼兽

图片一百三十五　唐武后母杨氏顺陵东面石狮

图片一百三十六　唐武后母杨氏顺陵西面南侧石狮

图片一百三十七　唐武后母杨氏顺陵西面北侧石狮

图片一百三十八　唐武后母杨氏顺陵北面石狮

图片一百三十九　唐武后母杨氏顺陵南面西侧文臣石像

图片一百四十　唐武后母杨氏顺陵西面南侧石狮台石刻纹

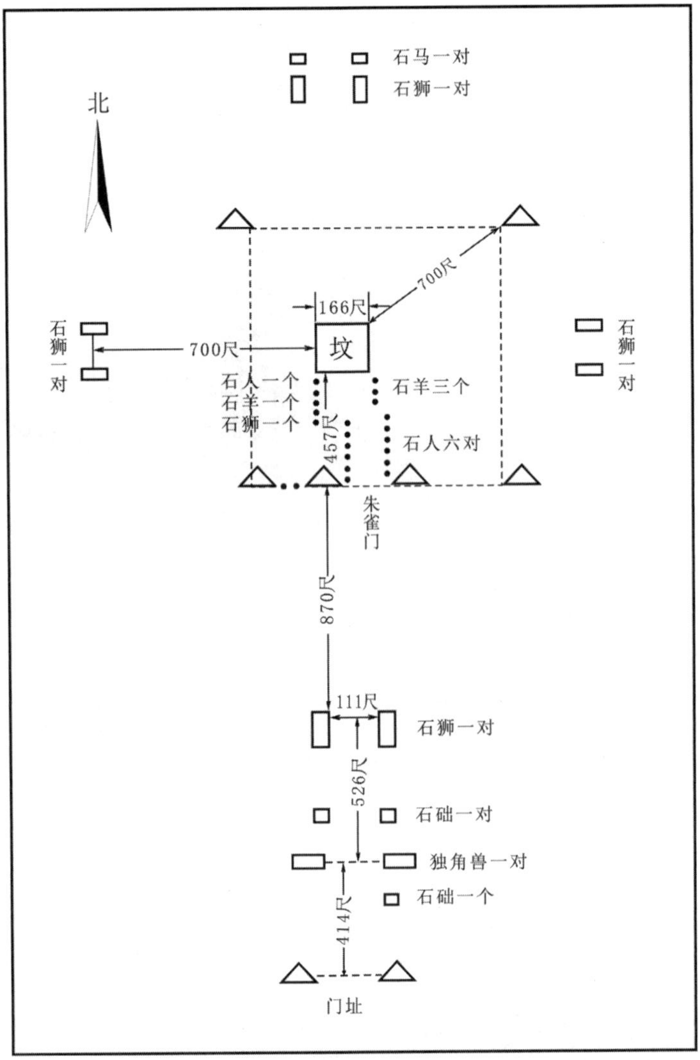

插图三十五　唐武后母杨氏顺陵平面图

可能是陵周垣四隅的楼阁遗址。周垣南部有朱雀门，北有玄武门，东有青龙门，西有白虎门。除朱雀门外，其他三门遗址现在已难以辨认。但在门外相当的位置，约距陵七百尺的地方，各有一对巨大的石狮。在玄武门外，还有石马一对。石狮一般都是踞像，但朱雀门外的是立像。这种情况在其他唐陵中是没有的。而且，这里的石狮和独角兽均在一丈以上，高大无比。

特别是独角兽，高达一丈七尺四寸，系用整块青石分刻基础和石像，不能不令人惊叹。石像不仅雄伟高大，而且颇为精致，遥驾于帝王陵墓之上。由此可以看出当时武则天的权势是何等旺盛，也可以看出她的所作所为是多么专横。（参见插图三十五）

五　德宗崇陵

《新唐书·宪宗》载："永贞元年……己酉，葬神武圣文皇帝于崇陵。"同书《后妃下》载，贞元三年，德宗昭德皇后王氏去世，葬于靖陵。至永贞元年，改葬于崇陵。据此，则崇陵为唐德宗与昭德皇后的合葬之所。此陵位于泾阳县西北四十里嵯峨山南面的中部。若由三原县前往，北行至嵯峨山南麓的安吴堡，再攀登三里，即达陵下。

陵前现有朱雀门遗址及石柱一对。石柱高三十尺，表面上刻有大型蔓草花纹图案，可惜大部分已被磨灭，唯独左侧石柱的正面，仍鲜明可辨。石柱之次为天马一对，但左右形制不同。再次为石鹅一对，石马三对，石人十一对。现在左侧石鹅与两侧石马俱已颓败，仅有一部分露出地面。石人倒坏者左三右六，完整的还不到一半。除石柱外，这些石像均较平常，且规模较小。此外，还有一块台石，一面镂刻着细密的蔓草花纹，可惜为风雨剥蚀，已磨灭难辨。台石之北，为内城遗址。附近散布古旧瓦砾残片甚多。其次有石狮一对，并有毕沅所立"唐德宗崇陵"碑。碑的北边是正方形的献殿遗址，酷似高宗乾陵。但此陵在石狮与毕沅碑之间，有础石四个，与献殿基底平行，呈直线排列，较为特别。（参见图片一百四十一至一百四十五及插图三十六）

登陵眺望，其隔关中平原与终南山相对，固然雄伟高大，但与九嵕山、梁山相比，则不免有所逊色。

图片一百四十一　唐德宗崇陵

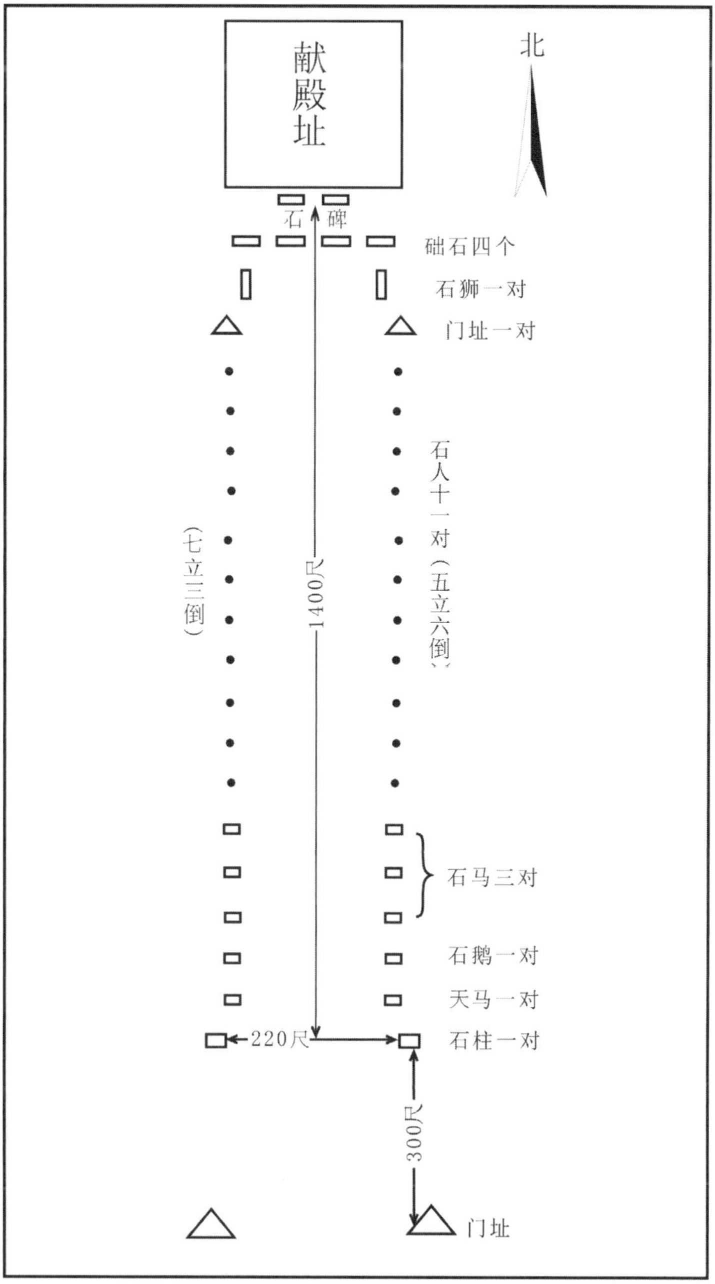

插图三十六　唐德宗崇陵平面图

图片一百四十二　唐德宗崇陵前西侧文臣石像

图片一百四十三　唐德宗崇陵前西侧石马

图片一百四十四　唐德宗崇陵前东侧石马

图片一百四十五　唐德宗崇陵石鸟

六　武宗端陵

武宗端陵在三原县东北三十里神禾乡的平原上。《新唐书·宣宗》载：

> 会昌六年……八月……壬申，葬至道昭肃孝皇帝于端陵。

同书《王贤妃》载：

> 武宗贤妃王氏……审帝已崩，即自经幄下。当时嫔媛虽常妒才人专上者，返皆义才人，为之感恸。宣宗即位，嘉其节，赠贤妃，葬端陵之柏城。

据此，端陵为武宗与王贤妃的合葬之处。陵丘高度仅四十尺，有毕沅所立“唐武宗端陵”碑。前面有石狮一对，石人六对。除五个石人外，其余石刻均已颓败。次南有朱雀门遗址。其前虽有石马两对、石鹅一对、天马一对、石柱一对，但除左侧一根石柱外，均已倒折，仅存础石。在陵的东、北、西三面，各有石狮一对，构造与顺陵相同。如果将二陵的平面图加以比较，就可以看得很清楚。至于陵园中石刻的样式与大小，则与德宗崇陵没有多大差别。但此陵倾颓破败的程度，远在崇陵之上。这也许是他生前灭佛的报应吧！不必为他感到伤心。（参见图片一百四十六至一百四十七及插图三十七）

图片一百四十六　唐武宗端陵

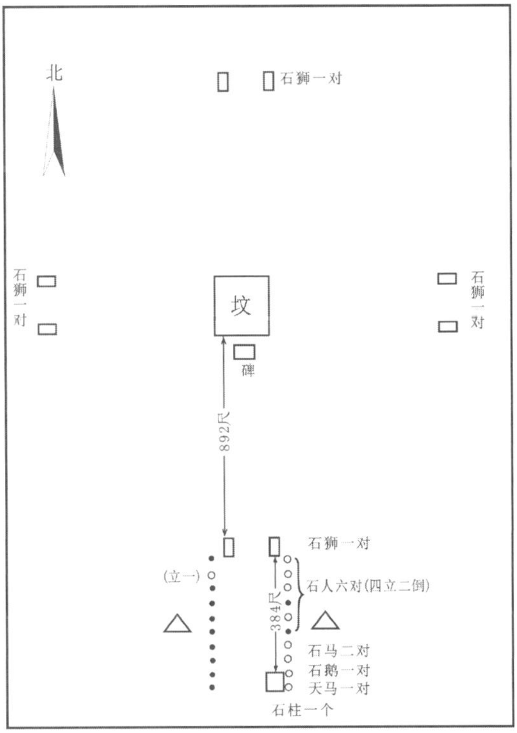

插图三十七　唐武宗端陵平面图

图片一百四十七　陵前右侧石狮

七　唐代十八陵

唐代十九位皇帝（加上哀帝共二十位）中，除昭宗和陵位于河南外，其余十八陵都在渭北地区。如果对这十八陵逐一进行详细说明，固然是很有益处的事，但一再反复记述同一形式的陵墓，却有繁杂之嫌，读者也会感到乏味。故仅选择地处平原、山岳中属于初唐、中唐、晚唐具有代表性的陵墓，如献陵、昭陵、乾陵、崇陵、端陵等进行论述，据此亦不难推知唐陵的全貌。为避免繁复的介绍，在此仅列十八陵的位置于下：

高祖献陵 在三原县东北四十三里唐朱村。

太宗昭陵 在醴泉县东北五十里九嵕山。

高宗乾陵 在乾州城西北五里梁山。

中宗定陵 在富平县西北十五里龙泉山。

睿宗桥陵 在蒲城县西北三十里丰山。

玄宗泰陵 在蒲城县东北三十里金粟山。

肃宗建陵 在醴泉县东北十八里武将山。

代宗元陵 在富平县西北三十里檀山。

德宗崇陵 在泾阳县西北四十里嵯峨山。

顺宗丰陵 在富平县东北三十三里金瓮山。

宪宗景陵 在蒲城县东北十三里金帜山。

穆宗光陵 在蒲城县北二十里尧山。

敬宗庄陵 在三原县东北三十里大平乡胡村。

文宗章陵 在富平县西北二十里天乳山。

武宗端陵 在三原县东一十里神泉乡张村。

宣宗贞陵 在泾阳县西北六十里仲山。

懿宗简陵 在富平县西北四十里紫金山。

僖宗靖陵 在乾州城东北十五里铁佛乡鸡子堆。

第二节　关于唐陵的几个问题

一　唐陵的位置

唐代诸帝之陵，都在北山之阳。西由乾州起，东至蒲城金粟山，横亘二百五十里，十八代帝陵散布其间。试以西安城为枢轴进行观测，由梁山至金粟山，展开形成七十度的扇面，则反观渭北高原上的九座汉代帝陵（除去杜陵与霸陵），由武帝茂陵至惠帝安陵，均排列在扇面的内缘；而唐代十八陵，由高宗乾陵至玄宗泰陵，皆包围于扇面的外缘。无意之间暗示了汉唐国力的发展状况。唐代帝陵中，有像献陵、庄陵、端陵这样建于平原的陵墓，但其他十五陵皆分布于山丘之上，占据着北山景胜之地。

二　唐代因山为陵的由来

贞观九年（635），唐高祖去世，唐太宗准备按照汉高祖长陵之例，制定崇厚的山陵制度。但虞世南上书劝谏。《旧唐书·虞世南》载：

> 臣闻古之圣帝明王所以薄葬者，非不欲崇高光显，珍宝具物，以厚其亲。然审而言之，高坟厚垄，珍物毕备，此适所以为亲之累，非曰孝也。是以深思远虑，安于菲薄，以为长久万代之计，割其常情以定耳。……今为丘垄如此，其内虽不藏珍宝，亦无益也。万代之后，但见高坟大墓，岂谓无金玉耶？臣之愚计，以为汉文霸陵，既因山势，虽不起坟，自然高显。今之所卜，地势既平，

不可不起，宜依《白虎通》所陈周制，为三仞之坟，其方中制度，事事减少。事竟之日，刻石于陵侧，明丘封大小高下之式。明器所须，皆以瓦木，合于礼文，一不得用金银铜铁。使万代子孙，并皆遵奉，一通藏之宗庙，岂不美乎！且臣下除服用三十六日，已依霸陵，今为坟垄，又以长陵为法，恐非所宜。伏愿深览古今，为长久之虑。

唐太宗将虞世南的意见书交给群臣详议。司空房玄龄及其官职以下群臣进行了讨论，结果是：

谨按高祖长陵高九丈，光武陵高六丈。汉文、魏文，并不封不树，因山为陵。窃以长陵制度，过为宏侈；二丈立规，又伤矫俗。光武中兴明主，多依典故，遵为成式，实谓攸宜。伏愿仰遵顾命，俯顺礼经。（《唐会要》卷二十）

在这种情况下，唐太宗终于改变初衷，采用此议，史载山陵制度颇有简省。若以东汉光武帝原陵高六丈换算唐尺，则约合五丈。回观唐高祖献陵高五十尺，可知它与所定制度大体是一致的。

唐代自营造献陵起，皆采用陵制从简的方针，至唐太宗与其文德皇后，更是固守这一方针，从而使唐代的山陵制度确立下来。

《新唐书·文德长孙皇后》载：

文德顺圣皇后长孙氏……及大渐，与帝决……后曰："……妾生无益于时，死不可以厚葬，愿因山为垄，无起坟，无用棺椁，器以瓦木，约费送终，是妾不见忘也。"……及崩。……谥曰文德，葬昭陵，因九嵕山，以成后志。帝自著表序始末，揭陵左。

《文献通考》卷一百二十五《王礼考二十·山陵》条载：

贞观……十八年，帝谓侍臣曰："昔汉家皆先造山陵，既达始终，身复亲见，又省子孙经营，不烦费人功，我深以此为是。

古者因山为坟，此诚便事。九嵕山孤耸迥绝，因而旁凿，可置山陵处，朕有终焉之理。”乃诏：营山陵于九嵕山之上，足容一棺而已，务从俭约。

如前所述，秦汉以来，厚葬之风达到极点，既靡国费，以营高坟，又须严密警卫，即便如此，仍难免后世发掘之灾。何况厚葬足以诱导盗掘，这种情况西汉人刘向已经讲过。利用自然形势以为山陵，用瓦石代替金玉珍宝，不仅节省，而且可以避免盗掘之难。这种高远贤策，肯定是有识之士的共识，未必即为虞世南的创见。但要不囿于旧习，不碍于颜面私情，来实行这种新的改革，确实不是一件容易的事情。就此而言，唐太宗采用因山为陵的制度，不能不说是千古之英断。

制定因山为陵制度的目的，主要在于以下几点：

（一）利用自然山势，可以节省人力。

（二）从平地仰观山上，形势雄伟。

（三）容易防止盗掘。

如果亲自考察九嵕山昭陵与梁山乾陵的情况，就会感到北宋游师雄所说“民力省而形势雄”是很中肯的。

从唐太宗与文德皇后起，规定送终俭约之制。但这一制度在唐代三百年间究竟实行到什么程度，却是值得怀疑的。9 世纪后曾经亲至中国的阿拉伯人苏莱曼说：

从前，中国的王公死后，有将所有财产，即器具、衣服及高贵玉带等与遗骸一同埋葬于陵墓之中的风习。但此风习现在已不流行。原因是为获得埋藏的财宝，盗贼曾多次发掘陵墓。

这种说法仍难绝对凭信。纵然此后不如秦汉时代那样奢靡，但唐代帝陵，厚葬财宝的情况仍相当普遍，这是可想而知的。在五代初期，唐代诸陵差不多皆遭发掘。当时就曾发生过从陵中盗出所埋金玉财宝的事（《旧五代史》卷七十三《温韬》）。这是胜过一切的证据。

三　唐陵构造概说

接前所述，唐代帝陵除利用自然山峰而因山为陵以外，还有在平地上筑造汉陵式陵丘的情况。因此，随着地形和时代的变迁，陵墓的构造也产生过一定的变化。概括来讲，有以下几种形式：

（一）在平地上筑造的陵墓，是圆锥形的陡急小丘，高约五十尺。陵基为正方形，方约三四百尺。

（二）利用山丘建的陵墓，在南面山腰上开凿玄宫，锁闭羡门，形迹不明。

（三）陵前建立献殿（寝殿），藉以供奉。

（四）献殿前有石狮、石马、石人、石羊、石鹅、石柱等精巧的黑色大理石雕刻，并列于两侧，以示庄严。至于昭陵在后面设置石像，则是由于地形的缘故，应视为例外。

（五）四周回绕墙垣，四隅建立楼阁，以资警卫。

（六）在周垣四面所对应的东、西、南、北四方，开设青龙、白虎、朱雀、玄武四门。

（七）在四门之前，又排列石狮、石马等雕刻。

第十三章　长安的古碑

一　关中的金石

关中是历代帝都名区，古碑丰富，为天下之冠。其中长安一带，更被推为古碑的渊薮。但自唐朝灭亡之后的一千多年间，此类古碑多已破损或者佚亡。唐末天祐元年（904），节度使韩建在缩小长安规模而另筑新城时，许多古碑就被委弃于郊外。后梁时，刘鄩调集古碑，用以修理长安城壁。到了北宋，姜遵用长安附近的汉唐碑石营造寺院，韩缜又用碑石修理灞桥。降至明代，因嘉靖年间的大地震，长安一带的古碑再度遭受破损的厄运。《西安府志》的作者在叙述此事时，曾十分感叹地说：

> 关中金石之文，甲于海内。……顾自唐末五季兵燹而后，一坏于宋姜遵之营浮图，再坏于韩缜之修灞桥，三坏于嘉靖乙卯地震。先后数百年间，十盖已亡其七八。

此外，本地的乡人田夫，为避免访碑者应接之烦，防止拓碑者蹂躏田地，故意破坏的古碑也不在少数。在自然和人为因素不断破坏的情况下，尽力保护古碑使若干古碑得以传存至今之功，不能不归于碑林的设立。

二　碑林的创设及其续修

碑林位于西安城内文庙的后边，即接近北面的地方。（参见图片一百四十八）关于碑林的由来，可以追溯到唐代。起初，唐文宗开成二年（837），将《周易》《尚书》《毛诗》《周礼》《仪礼》《礼记》《春秋左氏传》《春秋公羊传》《春秋穀梁传》《孝经》《论语》《尔雅》等十二部经书勒于碑石，立于长安务本坊的国子监中。这便是有名的“开成石经”。然而到了天祐元年(904)，佑国军节度使韩建在改筑长安新城之际，即将这些碑石弃置于郊外。后梁时，节度使刘鄩始将其移入城内，但因存碑之处土地卑湿，又没有注意保护，致使碑石略受折损。这样经过七八十年，到北宋元祐二年（1087），龙图阁学士吕大忠最终将这些碑石安置于城内的府学中，并予以妥善保护。他还将长安附近颜真卿、褚遂良、欧阳询、徐浩、柳公权等人书写的碑石汇列于一处。碑林现存元祐五年（1090）黎持所著《京兆府学新移石经记》碑，详细叙述了这件事。黎氏在该《记》中说：

> 经始于元祐二年初秋，尽孟冬而落成。门序旁启，双亭中峙，廊庑回环，不崇不庳，诚故都之壮观，翰墨之渊薮也。

此即现今碑林之滥觞。此后从南宋至明初约三百年间，碑林的沿革情况不太清楚。到了明成化九年（1473）马文升对碑林进行了维修。但为时不久，嘉靖三十四年（1555）和四十二年（1563），碑林遭受两次大震之灾，石碑全部倾倒，因此缺损断折者不少。万历二十一年（1593），沈听之、李得中等人曾一度对碑林进行过修理。清朝康熙五十九年（1720）及乾隆三十七年（1772）又两度修葺碑林。其中乾隆三十七年的修理，是在陕西巡抚毕沅的主持下进行的大规模改筑。毕氏一方面加意保护唐宋古碑，另一方面又汇集明清新碑。现在碑林的设计与屋宇，都是当时毕沅的遗构。

图片一百四十八　西安城内文庙

其后虽屡经修理，但都保持了乾隆时代的旧态[①]（见本节后）。毕沅改筑碑林的要旨，见于他所撰写的《关中金石记》和《陕西资政录》等书。总的说来，毕沅对于显扬关中旧迹是有功的，在对碑林中古碑的保护方面，更是一位功臣。（参见图片一百四十九至一百五十四及插图三十八）

图片一百四十九　西安城内碑林内景

图片一百五十　西安城内碑林内部

图片一百五十一　六朝镀金铜佛

图片一百五十二　六朝石佛

图片一百五十三　唐大理石仁王像

① 图片一百五十西安碑林内部：左端是玄秘塔碑，其次为大智禅师碑，第三为篆书千字文碑，第四为道因法师碑，第五为大广智三藏碑，第六为多宝塔碑。图片一百五十一六朝镀金铜佛：这尊铜佛是明治四十一年（1908）十月从三原清河的泥沙中偶然发掘出来的。面部等处虽有腐蚀的地方，但大体上可以看出六朝时代镀金灿然的风格。像有二尺多高，面孔、衣纹等明显具有西域佛像的特征，当是丢失的珍品。故考田太文氏购回后带来我国。图片一百五十三唐大理石仁王像（终南山发现）：高二尺三寸，丰满强壮，是盛唐时代的杰作。大理石的表面呈苍褐色，古香可掬。这种形式的仁王像在中国很稀少，因酷似我国奈良东大寺南大门的佳作，使人有浓厚的兴趣。此像原存终南山的古寺中，现存美国华盛顿市的弗利尔美术馆。

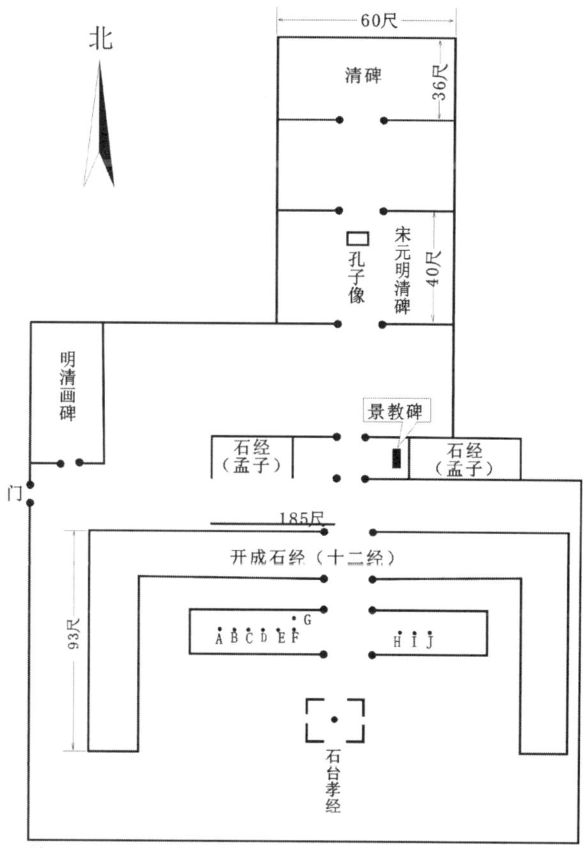

注：
A.多宝塔碑　B.大广智不空碑
C.道因法师碑　D.篆书千字文碑
E.大智禅师碑　F.玄秘塔碑
G.集王羲之字圣教碑　H.颜氏家庙碑
I.隆阐法师碑　K.李斯峄山碑

插图三十八　碑林平面图

图片一百五十四　唐大理石佛及力士头像

三　碑林的拓工

碑林属陕西巡抚直辖，常置守卫进行看护。冬季三个月锁闭不开，其余时间则任人观览。碑林中常有职工七八人，专门从事古碑拓本的制作。碑林之外，有十几个翰墨堂（即碑帖店）贩卖拓本。来西安观光的中国人姑且勿论，凡是日本人或欧美诸国人士，都要购买一部以资纪念。故碑帖市场相当繁昌。

据调查，现在碑林中收藏的碑石共有六百六十七方。拓工为满足顾客的需要，各碑均有拓本。除特别情况外，普通帖肆皆预先将其中最好的五十五种碑帖合并为一组进行贩卖。为了方便起见，兹据乾隆十六年（1751）设立于碑林中的《石刻拔萃》中的题目，将这五十五种拓本的内容简述如下表。《石刻拔萃》中间有谬误之处，特择二三种显著者予以订正。

碑林名碑信息表

时代	碑帖名称	书丹者	时代	碑帖名称	书丹者
夏	禹王衡岳碑	—	唐	玄宗注孝经	—
清	圣祖仁皇帝御笔碑	—	清	世宗宪皇帝御笔碑	—
清	果亲王书碑	—	秦	峄山模本碑	李 斯
隋	皇甫府君碑	欧阳询	隋	真草千字文	智 永
唐	集圣教序	王羲之	唐	大雅集碑	王羲之
唐	孔子家庙	虞世南	唐	多宝塔碑	颜真卿
唐	颜氏家庙	颜真卿	唐	争座位稿	颜真卿
唐	题名石柱	颜真卿	唐	玄秘塔碑	柳公权
唐	玄秘碑阴	柳公权	唐	冯公神道	柳公权
唐	不空师碑	徐 浩	唐	道因师碑	欧阳通
唐	楚金师碑	吴通微	唐	大智师碑	史维则
唐	隆阐师碑	（不明）	唐	大智师碑阴	史维则
唐	精舍碑铭	梁昇卿	唐	精舍碑阴	梁昇卿

续表

时代	碑帖名称	书丹者	时代	碑帖名称	书丹者
唐	李氏先茔	李阳冰	唐	断千字文帖	张　旭
唐	草书心经	张　旭	唐	肚痛帖	张　旭
唐	圣母帖	怀　素	唐	藏真律公	怀　素
唐	草书千字文	怀　素	唐	邠公国碑	杨承和
唐	法琬师碑	刘钦旦	宋	牧爱堂碑	朱文公
宋	石经记碑	安宜之	宋	译圣教序	云　胜
宋	劝慎刑碑	卢　经	宋	劝慎刑箴	卢　经
宋	清静护命	庞仁显	宋	摩利经碑	袁正己
宋	阴符经碑	郭忠恕	宋	篆千字文序	皇甫俨
宋	篆书千字文	梦　英	宋	偏傍篆碑	梦　英
宋	抄高僧传	梦　英	宋	十八体篆	梦　英
宋	刻草书碑	彦　修	宋	游师雄碑	邵　觫
元	天冠山诗	赵子昂	明	勒寿萱碑	永寿王（庄僖王）
明	淳化阁帖	费甲铸	明	古柏行碑	（不明）
明	徐公家训	董其昌	—	—	—

中国人的拓法颇为精妙。预叠宣纸为五寸大小的四方形，使之含有适度水分，然后展开贴于碑上。先用小刷刷之，再用大刷扑打。这种处理湿纸的技巧，是日本职工所不及的。待碑面湿纸干燥，再用绵椎醮墨汁轻轻拍打。精制的拓本是用醮墨汁的刷子推磨而成的。像这样每日墨拓，会导致碑面变成黑色。拓印最频繁的，可使墨滓堆积于碑面。所以，要精制拓本时，必须预先洗涤碑面，方可拓印。因这里终日拓印碑石，历年既久，则碑面必然逐渐磨灭。如此损伤古人笔迹，确实是不得已而为之。（参见图片一百五十五至一百五十八）

图片一百五十五

（A）梦英篆书千字文碑侧拓影

（B）大智禅师碑侧拓影

（C）道因法师碑侧拓影

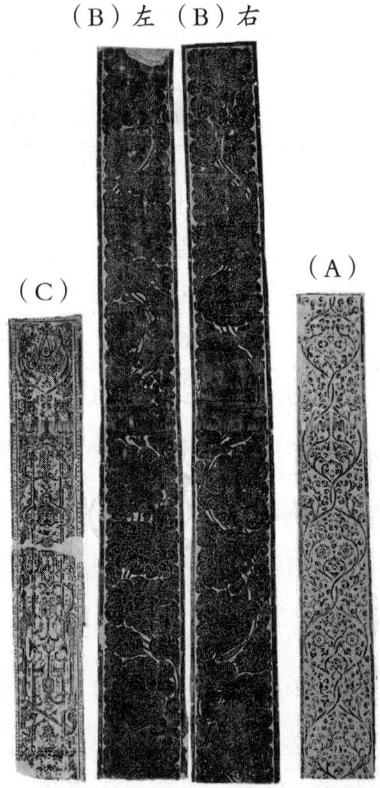

图片一百五十六

（A）隆阐禅师碑侧拓影

（B）郃国公功德碑侧拓影

（C）濮阳令于孝显碑侧拓影

图片一百五十七　碑林所存北魏石佛

图片一百五十八　宋梦英篆书千字文碑冠并其二额

四 碑林中的唐碑

在碑林所藏碑石中，除夏禹王碑及秦峄山碑属于模刻之外，六朝以前的古碑几乎均已失传，惟独唐碑最多，的确是研究旧都长安绝好的实物资料。书法隆盛的唐碑，既富有观赏价值，又可作为习字的样本。而且碑文的内容，多直接或间接地与长安有关。中国学者常把古碑作为观赏及考据的对象。何况唐碑碑首、碑侧的雕刻模纹，还富有审美价值。

总之，研究唐碑的字体、内容、装饰等等，即可从一个重要的侧面阐明唐代长安的文化与艺术。故著者在此拟对碑林中的唐碑略作介绍。因为这些唐碑在明代赵崡《石墨镌华》、清代毕沅《关中金石记》、朱枫《雍州金石记》、毛凤枝《关中金石存佚考》以及王昶《金石萃编》等书中已有详细记载，这里仅作一简单的介绍。对于过去人们所忽视的冠首、侧面、底边等处的雕刻模纹，在此亦略加说明，聊供研究艺术者参考。

（一）道因法师碑

此碑系龙朔三年（663）李俨撰，欧阳通正书。碑长十尺三寸，阔三尺三寸，厚约九寸。碑文计长七尺三寸。道因法师是与玄奘共同翻译佛经的高僧。碑冠雕刻释迦如来、观自由、大势至等三尊佛像。其下部横书“故大德因法师碑”，“因”字在尊像之下，而将“道”字省去。《华严大疏》上说：“通至佛果故名道。”释迦如来的尊像是果，因此，上达至果者，标识即为道。这大概就是表示道因之义吧。其碑阴面雕刻的模纹，相当可观。（参见图片一百五十九、一百六十）

（二）比丘尼法琬碑

景龙三年（709）五月释承远撰，刘钦旦正书。

（三）镇国将军吴文碑

开元九年（721）十月僧大雅撰，集王羲之行书而勒石。碑的下部，

图片一百五十九　道因法师碑上部

图片一百六十　道因法师碑侧

仅存三尺左右。此碑原在长安城南的城隍中，后移至碑林保存。以此碑与僧怀仁撰集王羲之字迹所作的《圣教序》碑相比，似乎略逊一筹。故大雅所集羲之行书，是不是王羲之的真迹尚属可疑。

（四）御史台精舍碑

开元十一年（723）崔湜撰文，梁昇卿八分书。碑阴及碑侧，俱有正书题名。按，唐御史台精舍，在皇城承天门内第六街。碑阴及碑侧的题名，计有侍御史内供奉一百二十一人，殿中侍御史内供奉四百九十七人，监察御史四十二人，知杂御史五十一人。但人名中有若干重复，也有后来追书的情况。题名中像王维、颜真卿、徐浩之类的名士实不少见。

（五）大智禅师碑铭

开元二十四年（736）九月严挺之撰，史维则八分书。碑阴为开元二十九年（741）五月阳伯成撰，史维则书。碑长十一尺，阔三尺八寸五分，厚一尺一寸五分。碑文计长七尺七寸。碑文完整，无一字缺损。碑侧有宝相花纹，颇为精绝。此碑是碑林中最完整的碑石，也是最优秀的碑石之一。（参见图片一百六十一）

图片一百六十一　大智禅师碑侧（左边）

（六）石台孝经

此碑建于天宝四载（745）九月，系唐玄宗御笔八分书的台碑。碑上有皇太子（即后来的肃宗）题额。碑长一丈七寸，由四方阔四尺八寸的厚石板结合而成，安置于台石之上。之所以称作“石台”，就是由于这个缘故。在碑的正面及四周，刻有唐玄宗所作的《孝经序》《孝经注》及《孝经》的经文。字体是遒丽的八分书。碑的最后勒有李齐古的表文和李林甫及以下四十五人的题额。碑冠计高一尺三寸，为卷云蟠龙雕刻。碑的底部雕刻阔三寸的蔓草花纹。础石是高七寸、阔八尺七寸的方形石台，四面雕刻狮子，俱极精巧遒丽。台碑全长一丈五尺三寸，体态宏壮，石质亦坚致无比。唐玄宗原将此碑建在国子监中，后来移至碑林，并专门修建了石台孝经亭。（参见图片一百六十二、一百六十三）

图片一百六十二　石台孝经

图片一百六十三　石台孝经础石纹样拓影

（七）隆阐法师碑

此碑建于天宝二年（743）十二月。有人传说此碑为僧怀恽所撰书，事实上这种说法是错误的。僧怀恽即隆阐法师，大足元年（701）即已入寂，自然不会在四十多年后亲自撰书这块石碑。但撰者究竟是谁，现在还不明确。碑上行书甚佳，碑侧的雕饰也很秀丽。（参见图片一百六十四）

图片一百六十四　隆禅师碑侧

（八）多宝塔碑

此碑系天宝十一载（752）四月岑勋撰，颜真卿正书。当时颜真卿恰为四十四岁。壮年笔迹，倍觉可观。故此碑在颜书中是最值得玩赏的作品之一。

（九）颜氏家庙碑

建中元年（780）七月颜真卿撰书，碑上有李阳冰的篆额。其时颜真卿已七十二岁，但笔力依然谨严刚健。故此碑当推为颜真卿正书书法的代表。

（十）集右军书三藏圣教序并心经碑

咸亨三年（672），僧怀仁集合王羲之的行书，勒《圣教序》于石，形成此碑。碑中文字系王氏真迹，故在艺林中受到推重。

（十一）大秦景教流行中国碑

建中二年（781）景净撰，吕岩秀正书。原在西安西门外的崇圣寺内，光绪三十三年八月二十七日被移入碑林。碑长九尺二寸，宽三尺二寸五分，厚六寸。此碑因与古代基督教有关，在世界上享有盛名。关于此碑的详情，前面已有交待，这里就不再赘述了。（参见图片一百六十五）

图片一百六十五　移至西安碑林的大秦景教流行中国碑

（十二）孔子庙堂碑

武德九年（626）十二月虞世南撰文并正书。碑上有相王旦的篆额。相王旦即后来的唐睿宗，武德九年时尚未出生。故此篆额无疑是武则天统治时期添加上去的。原碑在五代时已破损亡佚。现存碑石是北宋初期由王彦超摹刻的。

（十三）太子宾客白道生碑

永泰元年（765）六月于益撰文，挚宗正书并篆书碑额。

（十四）楚金禅师碑

此碑系贞元二十一年（805）七月沙门飞锡撰，吴通微正书，位于多宝塔碑的碑阴上。

（十五）三藏不空法师碑

建中二年（781）十一月严郢撰文，徐浩正书。

（十六）邠国公梁守谦功德碑

长庆二年（822）十二月杨承和撰文并正书。杨承和虽为宦官，但书法甚佳，由此唐代之风尚可见一斑。碑侧模纹，亦极遒丽。（参见图片一百六十六）

（十七）梓州刺史冯宿碑

开成二年（837）五月王起撰文，柳公权正书并篆额。

（十八）大达法师玄秘塔碑

会昌元年（841）十二月裴休撰，柳公权正书并篆额。全长十二尺七寸，幅宽四尺二寸，厚及一尺五分。碑身由中部折为两截，但碑冠雕刻精巧秀丽，是其他碑碣所难匹敌的。（参见图片一百六十七、一百六十八）

（十九）李氏迁先茔记

大历二年（767）李季卿撰，李阳冰篆书。现在所看到的碑石，是北宋大中祥符三年（1010）重刻的，并非原碑。

图片一百六十六　郃国公功德碑侧（右面）

图片一百六十七　大达法师玄秘塔碑

图片一百六十八

（A）大达法师玄秘塔碑侧纹样拓影（左侧）
（B）大达法师玄秘塔碑侧纹样拓影（右侧）
（C）德宗崇陵石柱阴刻纹样拓影

（二十）李氏三坟记

大历三年（767）李季卿撰，李阳冰篆书。疑此碑与前碑情况相同，系后人重刻，但难以确证。因李阳冰为秦汉以来篆书名手，故此碑亦为翰墨界所珍重。

（二十一）争座位稿

此碑系颜真卿撰文并草书，但年代没有明确记载。若从碑文内容来看，可推断为代宗广德二年（764）所作。

（二十二）敕内庄宅使牒

大中五年（851）正月书，未记撰书人姓名。此牒勒于大达法师玄秘塔碑的碑阴，对于研究文书体例及经济史，都有一定的参考价值。

（二十三）国子学石经

开成二年（837）十月建，即人们通常所说的“开成石经”。《旧唐书》等文献记载说“刻九经于石”。这种表达方法是不正确的。实际上是在九经之外，加上《论语》《孝经》《尔雅》等为十二经，再将与这些经书关系较深的《五经文字》《九经字样》等一同勒于石上。石经原置于长安务本坊的国子监，碑文皆为正书。与此碑关系较大的书丹者、校勘者、检校官姓名，备载于碑中，这里一并从略。至于碑的大小，尚有若干差异。大体而言，高七八尺，阔三尺，厚一尺左右。碑的两面均分为上下八段，各段勒字三四十行，每行约十字。（参见图片一百六十九）[①]反观东汉熹平年间所立石经与曹魏正始年间所立石经，俱已亡佚，不能见到片石，惟独“开成石经”毫无破损，得以俨然保存至千年后的今天，确实是弥足珍

①图中所示为《周易》上经乾传第一与同泰传第二的首部。由第一行至第三十七行是一块碑石的正面，第三十八行至第四十二行是其左侧面，第四十三行以下则是其背面的部分。

贵的。试据清人王昶《金石萃编》卷六十九所载，将“开成石经”中每经的石数与字数区分如下。但该书所举字数，系因袭当时的“开成石经”，故未必即与现存开成石经的字数相符。至于石数系据何书则不明，与前面所介绍的《石刻拔萃》所举石数显然是不一致的。究竟何者正确，因考察时未注意计数，故难以判断。

开成石经数据表

书 名	注 解	卷 数	石 数	字 数
《周易》	王弼注上经下传	2	9	24437
	韩康伯注系辞说卦	2	—	—
《尚书》	孔子传并序	13	10	27134
《毛诗》	郑氏笺	20	16	48048
《周礼》	郑氏注	11	17	49516
《仪礼》	郑氏注	17	20	57111
《礼记》	郑氏注（其中月令一卷为李林甫注）	20	33	98994
《春秋左氏传》	杜预集解并序	30	67	198945
《春秋公羊传》	何休注并序	12	17	44748
《春秋穀梁传》	范宁集解并序	12	16	42089
《孝经》	明皇（玄宗）御注并序	1	1	2013
《论语》	何晏集解并序	10	7	16509
《尔雅》	郭璞注并序	3	5	17091

除以上十二经石刻外，还有补唐刻石经十三石及唐刻《五经文字》《九经字样》合计十石。这些石刻都嵌入本石经对面的墙壁间。“开成石经”中原来未加入《孟子》。康熙三年（1664）陕西巡抚贾汉将《孟子》刻在十七块石碑上，置于碑林中，以符十三经之数。

图片一百六十九　唐开成石经之一部

（二十四）东陵圣母帖

此碑系贞元九年（793）五月怀素草书。

（二十五）藏真律公二帖

此碑无年月，为怀素草书。

（二十六）草书千字文

此碑亦无年月，为怀素草书。

（二十七）肚痛帖

无年月，为张旭草书。

（二十八）断千字文帖

亦无年月，为张旭草书。

（二十九）题名石柱

无年月，为颜真卿正书。

（三十）净域寺法藏禅师塔铭

开元四年（716）五月，田休光撰文并正书。

（三十一）魏君夫人赵氏墓志铭

会昌五年（845）十一月，王俦撰文并正书。

（三十二）宣州司功参军魏府君（邈）墓志铭

元和五年（810）四月，魏匡赞撰文并行书。

（三十三）河内张氏墓志铭

会昌五年（845）六月，子镇撰，字子正书。

（三十四）京兆韦公玄堂志

贞元六年（790），子纾撰文并正书。

（三十五）雁门郡夫人令狐氏墓志铭

天宝十二载（753）立，行书。

（三十六）韩君宝才墓志铭

咸亨四年（673）立，正书。

（三十七）孔圣立像

系吴道子画。

（三十八）观世音菩萨像

吴道子画。碑全长七尺八寸五分，宽二尺八寸五分，厚八寸。菩萨像高五尺八寸。（参见图片一百七十）

图片一百七十　传为吴道子画观世音菩萨碑

附　　录

足立喜六先生简介

足立喜六（1871—1949），原籍日本静冈县磐田郡袖浦村字冈。1933 年（昭和八年），他的个人著作《长安史迹研究》被列为日本《东洋文库论丛》第二十之一、之二两册正式出版。1935 年，我国历史著作翻译家杨錬将其译成中文（书名译作《长安史迹考》），由上海商务印书馆出版。足立氏的个人经历和著述，与古代长安和今日西安有很大关系，因而给读过本书的中国人，尤其是西安人留下很深的印象。

明治三十一年（1898），足立氏毕业于东京高等师范学校，任山梨县师范学校教员。根据他的事迹判断，其所从事的专业当在数理方面。

明治三十九年（1906）春，清朝政府在实行近代教育改革中，急需大批具有新知识的教师，日本帝国教育会就在国内组织选拔。足立氏选拔上后，被派往位于西安城内的陕西高等学堂（1902 年创建为关中大学堂，1905 年改为高等学堂）任教习。他的寓所在东柳巷，门前贴着写有“东教习足立公馆”字样的红纸条。与足立喜六同时在陕西高等学堂任教的日本籍教员还有铃木直三郎等六人。这所学堂当时每六日有算学三节、理化一节，所占课时不多。

明治四十年（1907）九月，日本东西方交通史专家桑原骘藏博士陪同宇野哲人博士游历中国，来到陕西省。1908 年 9 月 20 日（礼拜日）上午，桑原博士访问了陕西高等学堂，下午访问了师范学堂，之后滞留西安一个月。同桑原博士的西安相遇，成了足立氏一生的关键。足立氏对此自述，“自后遂专心对于西安附近并邻县之长安遗迹，做更进一步之踏查，并尽力搜集其史料。……”由此可见，足立氏早有自己的调查计划，得到桑原博士指教、鼓励后，其意更坚。

在余下的两年半中，足立氏以调查长安史迹为已任，“课余之暇兼及汉唐旧都长安规模、遗迹之研究”，前后踏查了当时的长安县、咸宁县（清时属西安府，1914 年并入长安县）、咸阳县、三原县、高陵县、临潼县、泾阳县、鄠县（今户县）、盩厔县（今周至县）、兴平县、醴泉县（今礼泉）、乾州（今乾县，1913 年改名），对未及前往的扶风县、岐山县、凤翔县、富平县、蒲城县等县留下了很深的遗憾。

明治四十三年（1910）春，足立氏任教习期满，按时归国，在西安侨居共四年。归国后，先后在爱知县立第一高等女学校、一宫高等女学校等校任教职，如同当年在中国一样，仍然利用课余时间研究中国历史，志趣同桑原博士一样——专攻东西交通史。随后不久，他的论文开始发表于日本的各种历史、宗教、民族杂志上。迄于 1926 年（昭和元年），《长安史迹研究》终于定稿，1928 年（昭和三年）春，他请求桑原博士给予校阅，并嘱托其代为斡旋出版。

1933 年，足立氏著作《长安史迹研究》被纳入日本《东洋文库论丛》出版，那波利贞先生代替刚去世的业师桑原博士为之作序。足立本人 1932 年 3 月为该书写有“小引”，言“爰于今日、获得完成年来研究之结果”。从 1906 年春去西安任教习到此时，前后调查、撰写和整理《长安史迹研究》一书，共历时二十多年。书中内容有序说，关中的形势，汉唐尺度里程考，秦以前的遗迹，汉代的长安城，汉代的陵墓，逍遥园，隋唐长安城，唐代长安的名胜古迹，著名的道观，现存的唐代佛寺，外国宗教寺院，唐代的陵墓，长安的古碑，图片目次、插图目次等。

1941 年和 1943 年，足立氏著作《法显传——中亚、印度、南海纪行的研究》、《大唐西域求法高僧传》（上、下册）又陆续出版，足立先生随之即成为日本东洋史学界的一员宿将。

1947 年 10 月 8 日，足立氏译注的《入唐求法巡礼行记》脱稿，稿本藏于比睿山文库，后经盐入良道氏补注，由平凡社分两卷出版，上卷出版于 1980 年 2 月 28 日（纳入东洋文库，编号 157），下卷出版于 1985 年 2 月 25 日（纳入东洋文库，编号 442）。1949 年足立氏逝世，他未能看见《入唐求法巡礼行记》译注本的问世。

足立氏一生任教，兼及著述。35 岁时赴中国任学堂之教习，用课余调查长安之遗迹，算得上他一生中最为光彩夺目的一段。《长安史迹研究》一书的价值，在于特定时期对于那一批汉唐著名遗址的实地测量和研究。鉴于“从来中国学者，例多根据文献，而忽略实地调查，然典籍所记，谬误滋多”，足立氏尽其力调查古代遗址，以实地测量为手段，与各种历史记载及研究论著相对照，考订谬说，得出己见，自然更加精确。足立先生的著作，大都是精心思考的篇章，而少有编集、抄录的成分，他研究唐长安城，结论之一即“由文献上所得之长安城图，虽其构造全凭史册，但以之与实测者较，尚属一致，足资凭信”。

杨鍊中译本所附 52 幅照片、23 张插图，除少量出自其他书，基本上都是出于足立先生之手，今日看来，尤其宝贵。可以说，在现存有关长安史迹资料中，其他类似足立先生摄于 20 世纪初的这组珍贵的历史照片，是很难找到了。此外，利用该书进行研究的学者很多，日本方面就有伊藤东涯、石田幹之助、平冈武夫、镰田重雄、小野胜年、佐滕武敏、和田清、盐入良道、爱宕元、妹尾达彦、户崎哲彦等人，中国方面利用此书进行研究的学者也不少。但是此书于 1935 年出版以后，国内无再版之书，原版书已很难找到，致使对该书的利用受到影响。可以相信，此书若再版之后（兰州古籍书店 1990 年影印出版的《中国西北文献丛书》第 113 册已全部收入），书中所提供的资料、数据、观点和疑问，必将成为日后继续深入研究长安城的有用的线索和依据。

1983 年，东京原书房出版《长安史迹研究》新版本。内容分序说和十三章正文，插图仍为 23 幅（其中 7 幅袋装），书末附有 170 幅照片，加上序前 1 幅，共 171 幅，为中译本的 3 倍有余。该书标价 13000 日元，说明《长安史迹研究》在作者的母国依然洛阳纸贵。

西北大学李健超教授认为，外国人研究长安，足立先生是最早最有成就的一位，他作为一名教理化的人，用当时先进的科学方法研究长安，确实给后人留下了珍贵的资料。例如，他对大明宫含元殿的素描地形，最近就被安家瑶教授研究含元殿时所引用，他拍下来的西安每个城门的照片也弥足珍贵。当然，限于当时的科学水平以及清乾隆年间毕沅对关中诸多古迹的张冠李戴，《长安史迹研究》一书中难免有些错误。这还可以作进一步的研究。

侯甬坚

后　　记

日本学者足立喜六撰写的《长安史迹研究》，是一部很有参考价值的著作。20世纪30年代，杨鍊将此书译为《长安史迹考》，给中国读者提供了很大的方便。但经过60余年的岁月，此书在社会上已很少见。

鉴于该书传世甚少，加之当初的译文并不完整，有些地方欠妥，有些地方还存在着错误，不少学者要求重译此书。著名史学家黄永年先生及李健超教授向三秦出版社领导谈及此事，建议重译出版。三秦出版社领导表示大力支持，并委托我们重译此书。

今年春天，我们根据昭和八年（1933）出版的《东洋文库论丛》本得译此书，到9月基本完成翻译工作。在翻译与出版的过程中，始终得到三秦出版社和学术界同仁的鼓励与支持。三秦出版社社长兼总编魏全瑞编审不仅解决了出版此书的经费问题，而且委托三秦出版社副总编赵建黎编审亲自担任本书的责任编辑。陕西师范大学黄永年教授审阅了书稿，并为本书作了序。西北大学李健超教授审读了译稿，并提出了很好的意见。陕西师范大学侯甬坚教授撰写了足立喜六先生简介。香港教育学院方骏博士为本书提供了部分重要资料。在此，谨向他们表示诚挚的谢意！

《长安史迹研究》原有171幅珍贵的照片，杨译本只用了一部分。这次重译时，承蒙西北大学图书馆提供日文原书图版，为重译本增色不少。孙建国先生为本书清绘了插图。在此一并表示感谢！

我们在主观上想将此书译好，力争做到信、达、雅，但由于时间仓促，加之我们的水平有限，错误之处在所难免。请各位专家、学者批评指正。

译　者

2002 年 10 月 7 日

补记：《长安史迹研究》是足立喜六的代表作，对了解西安地区的历史文化遗存具有重要价值。此书中译本在 2003 年出版后不久即告售罄。近十年来，网上炒作每本售价高达数百元。常有专家来函索书，亦有学者建议再版。三秦出版社的贾云先生对此书颇为重视，将其纳入《丝路·长安国际译丛》系列。在此次编印的过程中，我们对书中的个别地方进行了修订。编辑赵炜、范馨为此书的出版付出了辛勤的劳动。在此一并致谢！

2021 年 7 月